战国时代 丰臣的覆灭

樱雪丸 —— 著

重庆出版集团　重庆出版社

图书在版编目（CIP）数据

战国时代：丰臣的覆灭 / 樱雪丸著. —重庆：重庆出版社，2022.1
（樱雪丸高清日本史；6）
ISBN 978-7-229-15791-3

Ⅰ.①战… Ⅱ.①樱… Ⅲ.①日本—中世纪史—战国时代(日本)—通俗读物 Ⅳ.①K313.340.9

中国版本图书馆CIP数据核字（2021）第071343号

战国时代：丰臣的覆灭
ZHANGUO SHIDAI: FENGCHEN DE FUMIE
樱雪丸 著

丛书策划：李　子　李　梅
责任编辑：李　梅
责任校对：朱彦谚
装帧设计：九一设计

重庆出版集团　出版
重庆出版社

重庆市南岸区南滨路162号1幢　邮政编码：400061　http://www.cqph.com
重庆升光电力印务有限公司印刷
重庆出版集团图书发行有限公司发行
E-MAIL:fxchu@cqph.com　邮购电话：023-61520646
全国新华书店经销

开本：890 mm×1240 mm　1/32　印张：10.25　字数：360千
2022年1月第1版　2022年1月第1次印刷
ISBN 978-7-229-15791-3
定价：60.00元

如有印装质量问题，请向本集团图书发行有限公司调换：023-61520678

版权所有　　侵权必究

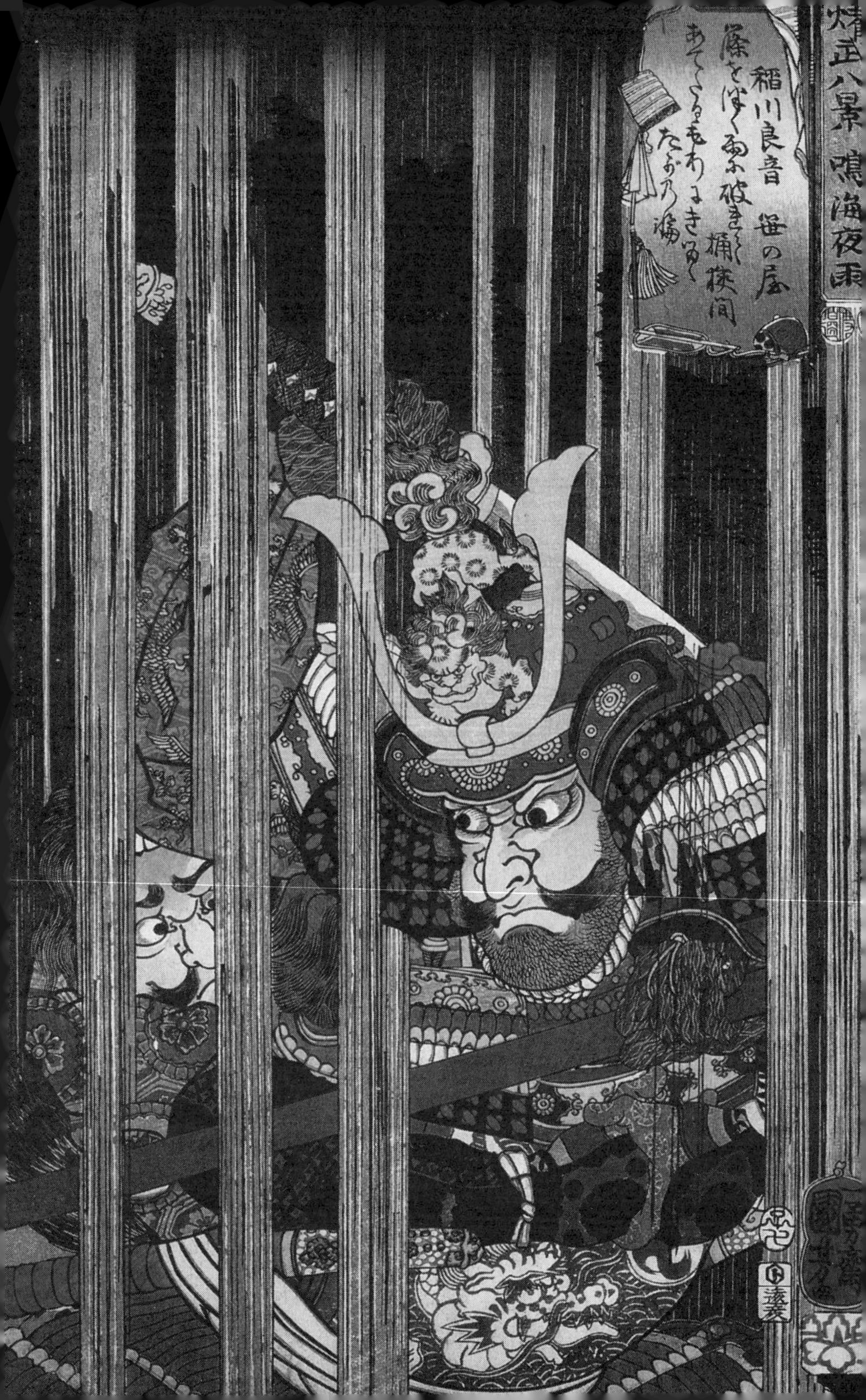

武八景 鳴海夜雨
稲川良音

目录
CONTENTS

第一章
关原后的第一场较量
001

第二章
德川家的继承人
011

第三章
第一个儿子
019

第四章
少年小早川秀秋
030

第五章
千姬出嫁
039

第六章
儿子们的事儿
046

第七章
少主诞生
054

第八章
将军托拉斯
060

第九章
江户城物语
069

第十章
二代将军秀忠
077

第十一章
家人
087

第十二章
本多派 and 大久保派
094

第十三章
琉球往事
099

第十四章
萨摩征琉
106

第十五章
天皇的家事
114

第十六章
皇位买卖
121

第十七章
二条城会见
125

第十八章
将军一家
137

第十九章
母与子
142

第二十章
亲方谢名利山
149

第二十一章
一个馒头引发的故事
159

第二十二章
冈本大八事件
171

第二十三章
武藏！小次郎！
179

第二十四章
邻家姑娘的信
190

第二十五章
Samurai
198

第二十六章
大久保忠邻事件
207

第二十七章
福音传来
213

第二十八章
切支丹武士
223

第二十九章
伊达政宗你去死吧
229

第三十章
日本版文字狱
235

第三十一章
写信，找朋友
242

第三十二章
失业了也能很强
250

第三十三章
大阪冬之阵
264

第三十四章
大阪夏之阵
272

第三十五章
最后一战
285

第三十六章
平衡之术
296

第三十七章
东照大权现
312

第三十八章
看不见的危机
319

第一章 关原后的第一场较量

庆长五年（1600年）九月二十四日，德川家康正式再度进驻大阪。他进城之后的第一件事，自然是去拜会一下丰臣秀赖。

关原合战从点燃战火到开打再到结束，作为日本名义上仅次于天皇的最高统治家族——丰臣家，自始至终都保持着一个置身事外的姿态，坚持认为这是一场家臣和家臣的私斗，和自己无关。当然，这仅仅是表面而已，实际上，不管是从丰臣家的存亡立场，还是从个人内心喜好来看，丰臣家的诸君，尤其是淀夫人，肯定是希望石田三成赢了才好。

可惜如今事与愿违，也就只能走一步看一步了。

淀夫人说："这次内府大人能够顺利讨伐反贼三成，实在是可喜可贺。"

德川家康说："能有如此胜利，都靠夫人您在背后撑腰，真是谢天谢地谢谢您。"

淀夫人又说："难得今儿个如此高兴，不如来个双喜临门吧。"

家康愣了愣问："不知喜从何来。"

"让秀赖少君和千姬这一对尽快完婚吧。"淀夫人满面春风。

众所周知，丰臣秀赖和德川秀忠的女儿千姬是有婚约的，这事儿早在秀吉还没死的时候已经定了下来。只不过因为两人年龄都还太小，考虑到即便在一块儿也干不了什么实质性的事儿，再加上千姬的母亲

001

阿江夫人又舍不得那么小的女儿远嫁他乡，所以婚事一直就这么拖着没办，双方父母都打算等孩子大了之后再说。

然而现在淀夫人突然又提起了这茬儿，着实让人有些摸不到头脑。

不过，别人不知道，德川家康却是心知肚明——丰臣家如此心急火燎地想让千姬嫁进来，肯定不会是想着早日抱孙子之类的好事儿——秀赖当年7岁，而千姬更是不过3岁，俩小屁孩别说睡一块儿，就算是拿胶水给他们粘一起都不会开花结果，丰臣家之所以要这么做，无非是打算要一个来自德川家的人质罢了。

在明知实力不济、潜力未明的情况下，为了能够多少牵制一下日益强大的德川家，淀夫人也就只能出此下策了。

家康闻言后倒是落落大方得有些出人意料："夫人能如此看得起我家孙女，那真是荣幸之至，对于这事，我没有任何异议，就让他们尽快完婚吧。"

淀夫人很高兴，她觉得自己的计划成功了；家康也很高兴，因为他心里在盘算着另一个计划，至于嫁孙女还是嫁女儿，那都算不上个事儿。

家康心里想的，简单来说，是天下。具体说来，是先成为三职之一。

三职就是太政大臣、关白和征夷大将军这三个职务，详细介绍之前我们已经讲过，总之，在当年的日本，谁要是坐上了这三个位子中的其中一个，那么至少在名义上，他就是仅次于天皇的日本最高权力拥有者。

此刻的日本已经有些日子没有出现过三职人员了，截止到关原合战之前，日本的最后一任将军是明智光秀，已经死了差不多快二十年了；最后一任太政大臣是丰臣秀吉，虽说死了没两年但终究还是死了；最后一任关白是丰臣秀次，死了也有好几年了，总而言之一句话：位子都空着没人坐，想上去的得趁早。

说句良心话，德川家康是经过验证的源家之后，有当年天皇亲批的血统鉴定证明，再加上现在他的实力、他的官位（正二位内大臣），想要坐上专门为源家打造的征夷大将军之位其实也不算什么太难的事儿，可偏偏在那大阪城里还住着一位少君丰臣秀赖，这小朋友尽管尚且不懂人事，但却是太阁秀吉的独生子，经过秀吉秀次父子俩的世袭罔替，在当时的日本人心目中，这关白之位，就是丰臣家特有，只等秀赖成年，便能继承大位了。

于是，问题就来了，如果德川家康和丰臣秀赖一起成为大将军和关白，那么后果是怎样的呢？

后果只有一个：福岛正则、加藤清正、黑田长政那一干人等只会认同丰臣家的关白，很难跟德川家的幕府有任何共鸣。别忘了，人家帮你是为了打石田三成，而不是丰臣秀赖。

所以，摆在家康眼前的只有一条路：自己做将军，但不能让秀赖做关白。

看起来似乎挺有难度，但实际上也不是怎么特别难办。

你得明白这么一件事儿：虽说秀吉、秀次父子连任关白，但并不意味着关白就真的只能是他们丰臣家的家族职业了。在日本历史上，够资格担任关白的主要有五大家族，都是藤原出身，他们分别是近卫家、九条家、鹰司家、一条家和二条家，通称五摄家。丰臣家尽管有近卫家养子的名号，但其实属于新贵暴发户那一类，秀赖这种人说白了连贵二代都算不上，充其量只是一个富二代。再加之现在老爹已死，也没人罩着，只能让凭实力说话的家康自由行动了。

做了小兵就想当武士大将，做了武士大将就会想拥有一座城池，而当成为了一城一国之主后，便会想成为天下的霸主。

不要觉得家康是在算计人孤儿寡母，胜者为王——这就是战国时代的武士道。

整整一个十月，德川家康都在派人四处游说，主要对象是住在京都的五摄家。他告诉他们，自己决定不日上奏天皇，将被丰臣家强行霸占多年的关白之位还给公家阶级。

公家们自然很高兴,换了是你能白白做个关白你也不会不乐意的。

十一月二十八日,正在家康依然沉浸于游说各路公家的工作中时,一个喜讯传了过来,说是他的小老婆阿龟为他生下了一个男孩,仔细算来,已经是他第九个儿子了。

这一年德川家康虚岁58,老来得子本来绝对是一件值得大事庆祝的喜事,但家康却并不忙着下帖请客,而是先让人把秀忠给叫到了跟前。

"老夫已经有了第九子了。"家康很严肃,面无表情。

"恭喜父亲大人。"秀忠很开心,笑得像一朵牡丹花儿。

"浑蛋!"德川家康忍不住了,"你呢?"

"在下很好啊……"秀忠相当茫然。

"你老婆一连生了两个女儿,如今年纪也不小了,如果你还没有儿子,德川家今后怎么办?"家康相当愤怒。

德川秀忠这一年21岁,在他11岁时,便在秀吉的安排下娶了织田信雄的女儿小姬,那一年,女方不过6岁。这也是一场相当典型的政治婚姻。只不过天有不测风云,仅仅一年后,小姬就因病夭折,年仅12岁的秀忠小同学就这么成了一名丧偶少年。对此,拉红线的秀吉表示万分遗憾,同时也保证,自己一定会再给秀忠君物色一个好妹子,不但长得漂亮,身体也一定是健健康康的。

要说秀吉到底是秀吉,是一个说一不二的男子汉,三年后,也就是文禄四年(1595年)的九月,在他一手策划下,秀忠再次娶上了美娇娘。正如秀吉所承诺的那样,新娘非常美丽——是大美女织田市的小女儿阿江,她深得母亲遗传,天资靓丽;同时也非常健康——健康地生下过一个女儿,孩子的父亲是她那已经过世的前夫,丰臣秀吉的外甥,同时也是丰臣秀次的亲兄弟丰臣秀胜。

面对这个比自己大上整整6岁,之前有过两次婚姻的大姐,秀忠一言不发地接受了,毕竟是秀吉的意思,违抗了终究没啥好果子。

完婚之后的两人其实关系还不错，短短几年阿江就为德川家生了两个女儿，可在那万恶的封建社会，女儿对大地主阶级而言不过是生儿育女和拉扯关系的政治道具，除此之外没有丝毫用处，只有儿子才能成为家族和国家的继承人。所以对此老爹家康非常着急，隔三岔五就来问候一次秀忠，并且督促他赶紧给自己弄个孙子。老实人秀忠自然不敢得罪父亲，每次都是唯唯诺诺地答应，但日子还是依然过着。这倒也不能怪他，话说阿江都已经二十七八岁了，在那个年代属于高龄产妇，怀孕的可能性极小，而且就算怀了孕，也不见得能安全生产。

久而久之，家康便失去了耐性，他明确指示自己的儿子："换一块田种吧。"

言下之意就是换个女人生儿子。

秀忠低下了头："这个……这个……"

家康眉头一皱："怎么，你怕阿江？"

当时一直有这么个传言，就是阿江不但是个大姐，更是个母老虎，根本不讲什么嫁鸡随鸡，嫁夫从夫那一套传统美德，而是完全把秀忠当成了自己的小弟弟，将其管教得死死的，姐姐说一，弟弟就不敢说二。

对此，我不得不本着一颗揭露真相还原历史的热切之心插上一句——这不是传言，而是真事儿。

据说曾经发生过那么一件事儿，有一次，德川秀忠、松平忠吉以及结城秀康哥仨在一起喝酒聊天，三个大男人说着说着就很自然而然地把话题给转到了女人的身上。忠吉和秀康一边说着自己喜欢的姑娘类型，一边说着一些引以为傲的恋爱战绩，秀忠在一旁听得非常入迷，可一句话也插不上。

过了好一会儿，他才弱弱地问了一句："你们刚才一直在说姑娘姑娘的，可怎么样才能认识姑娘呢？"

由于这哥们儿是德川家的世子，所以尽管秀康很想说他是傻蛋，但也是强忍着满腔笑欲，很正经地回道："其实很简单，当你看到自己中意的姑娘后,只需问上一句'请教小姐芳名',彼此双方就算是认识了,之后你们可以谈天说地,也能让家臣牵线搭桥。"

"原来如此。"秀忠恍然大悟。

这天夜里,他口中不断念叨着"请教小姐芳名"这句搭讪秘笈进入了梦乡,虽然人是睡着了,可嘴巴却丝毫没有停下,一直在那里嘀咕着,搞得睡在一旁的阿江怎么都合不上眼,于是她只能爬起身子,想听听自己丈夫到底在说些什么。

"请教……请教小姐芳名?"这句说得很清晰,听得也很清楚。

"小女子名叫阿江!"一声河东狮吼将秀忠彻底惊醒,映入眼帘的是阿江满是醋火的面容。

从此往后,就再也没听秀忠念叨过姑娘。

德川家康心里很明白自己儿子的生活,但现在再怎么说也不是怕老婆的时候,有个儿子才是最主要的,所以他心里甚至在盘算着亲口说服阿江,让她容许自己丈夫再娶一房。

"不是不是。"可秀忠在听问之后连忙矢口否认,"绝无此事,绝无此事。"

男人嘛,不管家里怎么受压迫,在外面还是要装一下的。

"既然不是,那就赶快找个侧室吧。"家康倒是很会顺水推舟,"我让大久保忠邻他们给你物色几个。"

"这个……这个……这个不用那么着急吧?"

"你既然说你不怕阿江,可又在那里一个劲儿地推托,是什么意思?"家康很奇怪。

"我是想……这继承人最好是嫡长子,应该由正室生比较好。"秀忠非常低声下气。

"混账!"话一出口却不想家康一下子激动地拍了桌子,"你给我记着,你也是小老婆生的!"

秀忠和四子松平忠吉一样,都是家康的侧室西乡局所生。

惹怒老爹的直接后果就是收到了最后通牒:"我现在就让人给你去找姑娘,到时候如果你敢再推三阻四,就不要怪我不客气了。"

因为织田秀信当时过于年幼,所以才导致了织田信长和嫡子信忠死后,织田家无人能够良好地掌控,以至于迅速崩盘,这个历史教训在家康的心里留下了非常深刻的印象,所以他才那么着急地想要抱孙子,不是为了天伦之乐,而是为了德川家。

当月二十九日,也就是第二天,又传来了一个好消息:经过德川家上下不懈努力和不断打点,天皇终于被说动,正式下诏任命九条兼孝为关白。

这次任命来得相当突然,以至于身在大阪的淀夫人没有丝毫的心理准备,在反复确认了消息的可靠度之后,她气疯了。

"太阁殿下有过遗命,关白应该是秀赖少君所担任,为何如今突然就让别人做了?"

手下很好心地提醒她说关白是天皇任命的,不是你老公说给谁当谁就一定能当的。

淀夫人虽说情绪激动影响判断,但也丝毫不傻:"圣上怎么会不和丰臣家商量就贸然任命关白呢?一定是有人在背后捣鬼了吧?那个人会是谁呢?"

手下心说夫人您都知道二加三等于五了,难道还会不知道三加二等于几吗?

"你是说内府德川家康?"

望着手下十分肯定的眼神,淀夫人怒吼道:"马上把他给我叫来!这事儿我要当面问个清楚!"

"万万不可。"一直没有出过声的片桐且元站了出来,"如果我们现在去兴师问罪,那么内府大人一定会否认,他不承认,我们又没证据,那不但做了无用功,还会留下笑柄。"

"这事我绝对不会就这么算了的!"淀夫人咬牙切齿。

在这仇恨声中，令人荡气回肠惊心动魄的庆长五年（1600年）就这么结束了，地球又迎来了新的一年。按照规矩，诸大名在大年正月里依然得去大阪给丰臣家母子拜年，德川家康和世子秀忠自然也不例外。

双方互相问候祝福过后，丰臣秀赖小朋友走下了座位，落落大方地来到德川秀忠跟前，接着把手往他跟前一伸："这个，给千姬吧。"

秀忠这才看清对方还拿着东西，连忙双手接下，是一个匣子，打开一看，里面装着好几个五颜六色的小贝壳——这在当时的孩子们中间是人气极高的玩具，只有上层社会才能玩得起。

"那我就代她谢谢少君了。"秀忠谢恩。

正所谓越是不错的气氛就越是注定要被打破。

"内府大人。"淀夫人开了口。

"请问夫人有何指教？"

"去年十二月初的时候，宫中突然下旨，任命九条兼孝大人为关白，你可知此事？"

德川家康说："我不知道，九条兼孝是干吗的？不认识。"

于是这就冷场了，淀夫人一下子不知道该怎么把话给续下去，只能很尴尬地看着相当淡定的家康。

"真的吗？"因为实在无话可说，所以憋了半天淀夫人只能憋出了这三个字来。

"当然是真的。"家康依然淡定地补充说明道，"关白的任命乃是天子大人自己的意思，老夫不过一介武夫，怎么可能洞察圣上的想法呢？"

"那秀赖怎么办？"爱子心切的淀妈妈急了，"关白之位历经秀吉公、秀次公，现在居然就这么白白被人给夺走了，这让秀赖以后如何是好？"

家康心想秀赖以后如何是好关我啥事，当然嘴上自然不能这么说，可这会儿又说不出什么像样的话，只能微笑地看着自己跟前的母子两人。

所以就这么又冷了场。

正在双方对峙的当儿,或许是觉得大过年这么频频冷场不太吉利,一个低沉的声音响了起来:"呃……淀夫人……"

说话的人是秀忠,看他一副欲言又止的样子,淀夫人连忙微笑着示意自己的妹夫兼未来亲家公接着说下去。

"启禀夫人……"秀忠一边说着一边看了身旁的家康一眼,在确认不会有啥危险之后便又说了下去,"对于此次关白的任命,在下倒是有一些想法的。"

淀夫人连忙表示你快说。

"我想,这次任命九条大人,应该只是权宜之计吧。等到以后秀赖少君长大了,就会将关白之位归还于丰臣家的。"

旁边的家康顿时油然而生一股猛站起来给自己儿子一个大嘴巴的冲动。

自己辛辛苦苦又出钱又出力,好不容易把关白的位置从丰臣家那里给夺走,结果你小子现在又在那里自说自话地牵线搭桥,找抽啊?

更重要的是,家康已经年近六十,在那个年代,已经属于压根儿不知道什么时候就会两腿一蹬撒手人寰的年纪了,作为德川家世子的秀忠,说出来的话等于就是德川家的声音。现在既然说了以后关白要还给秀赖,那么如果到时候再从中作梗的话,便有失公信了。

最重要的是,哥们儿是个老实人,心里怎么想,嘴上怎么说,他似乎是真打算吃里扒外地把关白还给丰臣家。

淀夫人自然高兴异常:"哎呀,原来如此啊,秀忠大人,此话可当真?"

秀忠刚刚想说君子一言快马一鞭,猛然感到背后阵阵发凉,侧眼一看,发现自己的老父亲正用能杀死人的眼神瞪着自己,于是便知道闯祸了,连忙把头低下,不再作答。

"在下可并不这么认为。"见势不妙的家康只得强行插入,"关白的任命是天子的事情,我们现在在这里最多只能加以猜测,但如果想有所定论,是几乎不可能的。"

"是吗?"淀夫人依然微笑,但面色已经相当难看了,"等到秀赖长大之后,我们一定会奏请关白一职,到了那时候,还请内府大人多多相助了。"

"好说,好说。"家康笑着点了头。

拜年活动就此不欢而散。淀夫人只觉得心里堵得慌。

第二章 德川家的继承人

还有一个心惊肉跳的仁兄是德川秀忠,他知道自己刚才险些惹下大祸,所以从走出会客厅的大门开始就一直低头前行,一句话也不说,宛如正在游街的犯人。回到大阪西之丸的家中后也非常安分,平静地坐在自己的屋子里,等待着老爹把自己叫过去,和往常一样,劈头盖脸给自己一顿臭骂。

可这次相当奇怪,家康什么也没说,仿佛丝毫没有在意。

这天晚上,秀忠一个人拿着个日本传统小鼓,一边用手有节奏地拂过鼓面,一边嘴里叨咕着咚咚之声,好像真的在打鼓一般。

"大人,您真的那么想敲的话,不妨就敲出声来吧。"坐在一旁的一个年轻女孩掩着嘴笑着说道。

她叫志乃,是一个浪人的女儿,那是在家康最后通牒下达之后不久,大久保忠邻为秀忠找来的,当然,肯定不能给尚且身在江户的阿江知道。

"不行。"秀忠笑了笑,"现在都那么晚了,如果把鼓打得震天响,岂不是会影响别人睡觉?"

志乃抿嘴一笑,再也不说话了,只是静坐在一边,看着丈夫在那里自娱自乐——打鼓其实是秀忠为数不多的爱好之一,只不过因为干这事儿相当有失身份,所以经常会被家康叨念,让他放弃这个低俗的爱好。

就在此同时,德川家康也没睡,他召集了身在大阪的一些老家臣一起开了个紧急会议，到会的有井伊直政、大久保忠邻、本多忠胜，以及本多正信、正纯父子。

正如秀忠所说，夜已经深了，本该睡觉了，但家康偏偏在这个时候把大伙叫来，说明肯定有什么大事，所以尽管同志们都已哈欠连天，像本多忠胜这样的老人家困得甚至连眼睛都要睁不开了，可还是强打精神，端坐在榻榻米上，等待着家康发话。

"你们觉得，秀忠做德川家的继承人，合适吗？"

语出惊人，事关重大，所以家康这话说出去有个半分钟，下面都没人敢接茬。

"你们如果真的是忠义之人的话，应该直言不讳地说出自己的想法嘛。"请将不成，只能激将了。

"大人是因为关原迟到，才想废除中纳言（秀忠官居中纳言）的继承权吗？"本多忠胜问道。

"不是废除，只是有所考虑。原因也不只是迟到，关键是这小子性格软弱，又常常说话不过脑子，很容易惹祸。"

"如果大人一定要废除中纳言的话，那么在下认为，结城秀康大人比较合适。"本多忠胜是想赶紧说完回家睡觉，所以第一个表了态。

这种事情只要有个开头的，下面就好办了。继忠胜之后，与会各人都纷纷表达了自己的看法。

本多正信也赞成秀康继承德川家。

井伊直政自然推荐的是松平忠吉。

本多正纯表示，战时是秀康，和平时代为秀忠。

对此家康非常不满，说天下形势尚未明了，尽管现在看起来挺太平的，可指不定什么时候又要风云突变，难不成打一次仗我换一次继承人？

正纯羞涩一笑，把头低下装起了傻。家康倒也不逼他，又把目光转向了其他人。

最终的调查结果是：唯一一个不搞圆滑手段且坚定不移地认为德川家继承人有且只有德川秀忠才合适的，独大久保忠邻一人。

这点让家康本人都颇感意外："那么，支持秀忠的，就只有你一个了。"

忠邻略有一丝尴尬，但也毫不退缩："在下支持中纳言大人。"

家康也没多说什么，只是再问了一句："还有谁要说些啥的？"

在确认了大家都已经畅所欲言之后，他便宣布散会，各自回家睡觉。

尽管是小范围的内部秘密会议，但这世界上本身就不存在不透风的墙，所以没几天消息就传到了秀忠那儿，听完之后的反应自然可想而知，既失落又郁闷，一连数日都没怎么说过话。

不过好在家康尚且只是处于一个"打算"的阶段，还没有任何实质性的行动，也就是说，现在的秀忠并没有到完全山穷水尽的穷途末路，至少还有那么一点希望的——如果从第二天起他洗心革面改头换脸以一副全新姿态出现在自己老爹跟前的话。

当然，说起来也就一句话，但做起来是难于上青天的。

就在秀忠心情败坏的时候，从江户传来了一好一坏两个消息。好消息是奔三的阿江凭借着自身丰富的经验以及医疗人员高超的技术，再次产下了一名健康的宝宝，在众人精心护理下，大人和孩子都非常平安健康。

坏消息是，生下来的那个是女孩。

祸不单行的秀忠几乎要绝望了。

就这样一连过了两三个月，尽管秀忠已经产生了一种伸头缩头都是一刀的无所谓心态，但德川家康却就是迟迟不动手，仿佛忘记自己曾经说过要换继承人一事，只是专心地搞内政——具体工作是修路，把东海道等几条主要交通干道给重新修了一遍，还造了好几个大坝。

三月二十八日，在家康的奏请下，朝廷封秀忠为正三位权大纳言，在此之前的一天，丰臣秀赖也得到了一样的官位。

这其实等于是在昭告天下，原本日本地位最高的小朋友，现在不过是跟德川家的儿子一个级别的家伙，而且还是现状非常风雨飘摇的儿子。

淀夫人很生气，但完全没辙，除了在家里抱怨抱怨之外，什么也做不了。

修完路、封完官之后，家康在一个春夜单独召见了大久保忠邻。

"忠邻，你觉得最近秀忠的情况如何？可有改观？"

忠邻很明白自己被叫过来的原因，不过他还是如实作了回答："和以前一样。"

家康摸了摸胡子，沉思了一会儿："这样显然不行吧。"

"在下倒是觉得，这样挺好。"

"你是说，即便他现在这副混样，也能继承德川家？"

"正是。"

大久保忠邻的如此偏袒，让家康觉得既过分又意外："为什么？"

很多人结合了我们之后会说到的江户幕府草创期政治斗争的事情后认为，这是忠邻在给自己捞取政治资本，在关键时刻力挺秀忠，以此来和本多正信、本多正纯等人对抗。

其实并非如此。

德川家康是个心思缜密的人，像换继承人这种天大的事情，他是绝对不可能将其当作儿戏一般随口乱说的，既然说出了口，就代表他的确是打算这么做，换言之，在当时的情况下，秀忠就此被废是相当有可能。说得危言耸听一点甚至可以讲是已成定局，在这种时候大久保忠邻还能坚持一口咬定不放松，除了对秀忠本人抱有极大的好感，相信他的为人一定能够成功担当起德川家之外，再也没有第二种解释了。

他之所以会去相信这么一个有点傻有点愣的家伙，也不是没有原因的。

大概在一个月前的某一天，大久保忠邻派人在京都大阪附近四处搜寻，终于物色到了三个他认为特别漂亮的妹子，于是立刻将她们给带到了秀忠的面前——作为家康亲自安排在秀忠身边的贴身家臣，忠邻也得面对老主公关于孙子话题的不断唠叨。

"大人，你选吧。"他很直接。

"选什么？"秀忠看着眼前的三个女孩，相当茫然。

大久保忠邻当年48岁，算是活了大半辈子了，可也从来没见过如此的榆木脑袋，他一边"哀"秀忠的"妻管严"，一边"怒"阿江的"白骨掌"，感叹数声后说道："这三个貌若天仙的姑娘，都是为您准备的侧室候选人。"

秀忠愣了愣，他知道这肯定是老爹家康的安排，再加之阿江不在身边，所以没有任何过激反应，相当平静地问起了三个人："敢问小姐芳名？"

接着，女生们各自回答了自己的名字、出身以及其他的一些情况。在她们说话的时候，秀忠非常认真地从上到下端详了每个人的脸蛋。

请自行想象一只被关在笼子里的小动物有一天突然让它回归大自然的情景吧。

自我介绍过后，按照惯例就是挑人了，你可以挑一个，也可以三个全挑，这并没有限制，毕竟秀忠位高权重。而大久保忠邻的意思倒是很人性化：小动物刚刚接触大自然，不要一下子放开了满世界地撒欢，一步一步来比较好，先挑一个吧。

可出乎他意料的是，秀忠相当平静地开了口："你们三个都先下去吧。"

女孩子们很听话地走出了屋子。

忠邻急了："大人！这可是内府大人的意思啊，您若是再没有公子，那可就麻烦大了啊！要知道，秀康大人已经有两个儿子了！"

秀忠还是很镇定："我知道啊。"

"那您倒是选一个啊。难不成，这三个您一个都看不上？"

015

"不不不，那三人里有一个挺不错的，那个自称是浪人女儿的，叫……叫什么来着？"

"志乃？"

"对对对，就是她。就选她吧。"

大久保忠邻松了一口气，任务总算完成了，但他有一点相当不解："大人，既然你已选中，当时说出来不就得了嘛，干吗还害我白担心一场？"

"笨蛋，当着三个人的面只选一人的话，其他两个人会怎么想？岂不是既没面子还会很受伤？"秀忠说得相当理所当然。

大久保忠邻半晌没能说出话来，愣了一会儿，默默地走了出去——通知志乃小姐她面试合格了。

这一年，秀忠21岁，生在今天的话，也应该读大三了吧。

"秀忠大人虽然有的地方还相当不成熟，甚至非常笨拙，但是，他却拥有一颗无人能比的善良之心，永远都能考虑到其他人，这样的人，才是真正适合成为一国之君的不二人选！"

说完这个故事之后，大久保忠邻俯下身子，恳求家康道。

对方只是点了点头，什么也没多说，仅仅表示你可以回家了。

大概两三天后，家康召开了德川家高级职员会议，主要目的是讨论一下今后的出路。

"如果我们跟丰臣家翻脸了，那么结果会是如何？"主持人相当开门见山。

"我想除了福岛正则和加藤清正这两位，应该很少有人会摆明态度支持丰臣家的吧。"本多正信第一个回道。

接着，本多正纯也发表了自己的看法："就算有心，我想他们也应该没了力气，经过关原一战，毛利家和上杉家损失惨重，岛津家虽说没什么损失，但毕竟地处偏远，也不容易插手，所以，如果现在和丰臣家断交，那么最终倒霉的一定是他们。"

对此，家康点头赞同，同时又表示，尽管形势一片大好，但也不能掉以轻心，毕竟这个世界上依然存在着路途不算远领地不算小的人，比如仙台的伊达家和金泽的前田家。所以，我们还是得做一点工作，加强彼此间的联络，巩固双方的友好合作关系。

众人一齐点头，口称大人英明。

家康摆手示意安静，然后继续宣布，伊达政宗那里，只需尽快让六子松平忠辉和伊达家的大小姐五郎八姬完婚就行，这事儿很多年前就已经敲定了，不要再拖了，明天就让本多正信找个人当使者跑一趟仙台。当然，鉴于之前曾以百万石忽悠过政宗，所以在跟他会面的时候要注意，多谈谈忠辉的好，千万别问人家今年粮食产了多少石；至于前田利长，就让秀忠的次女珠姬嫁过去吧，对象是利长的嫡长子，前田犬千代。动作也要快，今年秋天就完婚。

秀忠一听就急了："父亲大人，珠姬才两岁啊。"

"管她几岁！"家康很强硬，表示只要是女的就得嫁。

秀忠虽然迫于父亲的威严不敢再多说一句，但脸上的表情依然相当不情愿。这倒也是人之常情，毕竟一个千姬今年4岁，已经要离开父母远嫁大阪了，现在不过两岁的珠姬又要嫁去金泽，天知道接下来刚刚出生不过数月的胜姬是不是过两天又要跑去北海道，这种事儿无论摊在哪个父母的头上，人家都不会乐意。毕竟生的是女儿，不是嫁人工具。

看着儿子的模样，家康叹了一口："秀忠，你个笨蛋，你听好了，必须得趁我还活着的时候加强和天下大名的关系。"

"是……是……"

"你还不明白吗？"看着秀忠依然面有惑色，家康不得不做进一步的解释，"这一切的一切，都是为了你的将来！"

一边说着，他一边站了起来："你现在先回江户，厉兵秣马，准备来日之需。"

"是。"

"是你个头！"家康知道秀忠依然没明白他的意思，只得再多说一句，"你听好了，德川家的继承人，还是你！"

这话说的声很大，所有人都听到了。

在聪明的忠吉和勇敢的秀康面前，家康最终选择了善良的秀忠。

第三章 第一个儿子

就这样，秀忠以德川家永久有效的继承人身份，回到了江户。第一件事是先要见一见六弟松平忠辉，谈一谈有关他结婚的事情。

忠辉这一年也不大，才10岁。在说正事儿之前，照例是一些寒暄和问候，比如问问他在江户过得怎样之类，对于哥哥的关心，忠辉非常率直地表示这日子过得一点也不咋的。

秀忠问为什么。

"我的领地太少了，只有一万石！"

这话如果让家康听见了，那么这一万石估计忠辉也拿不到了，但秀忠却只是笑了笑："你才10岁啊。很多人戎马半生，都没你那么多。"

本以为忠辉听了这话就能知足，却不想这倒霉孩子却得寸进尺蹬鼻子上脸："丰臣秀赖不过9岁，就已经是权大纳言了！"

此话说得相当大逆不道，若是家康在场，多半抬手就是俩耳光，但秀忠却依然只是笑着，什么也不说，倒是一旁的大久保忠邻实在看不下去了，开口道："忠辉大人，您慎言吧，这领地是主公赏赐下来的，怎能嫌少？"

秀忠随即跟风："忠邻说得对。"

于是忠辉也不再多嘴，安静地坐在坐垫上，听着秀忠开始讲解结婚以后需要做的各种事情，当然，主要是政治方面，而非生活方面。

这样的日子过得相当平和，说是厉兵秣马，其实秀忠也就是隔三岔五骑了个马去练兵场转一圈，挥个手说一声同志们辛苦了，其他的再也没什么大事。

就在他整天沉浸在为德川家服务或者是士兵们的回应声中时，从京都伏见传来了一个天大的噩耗：德川家康病倒了。

据说上午还好好地在那里开会，却不想吃过午饭正在喝茶的当儿，老爷子突然惨叫数声，然后倒在了地上再也没有起来。之后的一连数日，家康都躺卧病榻，茶饭不沾，一副眼看着就要去了的模样。

尽管一时间天下名医都齐聚伏见，但似乎一点起色都没有，家康依然起不了身子。关于他病情的流言此时也开始传了起来，而且内容相当邪乎，说是老爷子口喷鲜血，血中还带着丝丝正在蠕动的活虫，着实可怕。

很快，消息就传到了大阪，尽管对于这种一边吐血一边吐虫子的怪病谁都一无所知，但淀夫人还是心情特别愉快——这病听着就够瘆人的，得了它的家康还能有活路？

或许是石田三成在天显灵吧，当然，也有可能是自己老公秀吉地下有知，总之，这是好事，是喜事，阿弥陀佛，大吉大利。

同样很高兴的还有丰臣家的一干人等，尤其是大野治长。这哥儿当年很无辜地被家康判定为恐怖分子嫌疑人，然后二尺八的牌子挂身头，偏远乡下把他流，可谓是尝尽苦头，现在好不容易盼到家康快死了，喜悦之情无以言表。在高兴之余，大野治长还献计献策，表示家康一死，继承人是秀忠，这位仁兄善良宽厚，完全成不了霸业，根本不足为惧，不仅如此，他哥结城秀康，因为做过秀吉的养子，所以一直不为家康所待见，明明是兄长，却不得不做弟弟的家臣，想必一定有诸多不满，如果此时去加以拉拢，绝对会有意想不到的收获。

淀夫人听完之后的反应是大喜，喜上加喜，连声夸奖自己的青梅竹马真聪明，然后着手安排使者准备给结城秀康送信去。

江户城里则是乱作一团，眼看着家康就要蹬腿了，现如今松平忠辉既没娶，珠姬也没嫁，德川秀忠又是这么个老实人，所以谁也不知道德川家的明天会怎样，一时间难免心慌意乱。

就在德川家感到闭上眼睛就是天黑，丰臣家觉得自己的天空星星都亮了的时候，德川家康发了声音："我还没死呢，干吗都一个个这副德行？"

一边说，一边还在吃乌冬面——这是一种便于消化的食物，一般用于病后调养。

他的病好了。

其实得的也不是什么特别大的病，说白了就是现在基本上已经能完全被预防控制的蛔虫病和绦虫病，后者在当年的日本医学资料中被写为"寸白"，不过病象倒是相当地惨——那几天家康肚子奇痛，脸色大变几乎与将死之人无异，吃不下任何东西嘴巴里还吐虫子。当然，吐血是民间编撰的，闲杂人等想当然地认为你连虫子都吐了不吐血似乎有些不太符合剧情。

当然，能够从嘴巴里直接吐出蛔虫，证明老爷子也真是病得不轻，虽说不至于立毙，但也让他吃尽了苦头。

就这样，家康病愈的消息让空欢喜一场的大阪丰臣家顿感天黑，而江户城那边宛如"星星点灯"，照亮了自己的前程。

九月三十日，珠姬的新娘队伍顺利开赴前田家。

十月初的某一天，秀忠检阅完了军队正在屋子里坐着看书，突然大久保忠邻就闯了进来，跌跌撞撞地跑到他跟前："大大大大大人！"

秀忠说你要淡定一点嘛，都那么大的人了，要学会泰山崩于前而面不改色。

"大大大大大人，出出出出大大大大事了！"忠邻面色可怕，仿佛遇见了比泰山崩顶更为可怕的事情。

秀忠说你胆子大一些，说话顺溜些，别怕，有我呢。

"恭恭恭恭恭喜大人！"

秀忠的屁股不由往后挪了几下，因为他看大久保忠邻如此一副神神叨叨的模样，生怕他是急性失心疯发作，搞不好说着说着就从背后摸出一把菜刀来图财害命了。

一边躲，秀忠一边还故作镇定地在劝，说你不要紧张，不要冲动，有什么事情说出来，天大的事情也能解决的不是？

此时大久保忠邻也发现了自己的失态，连忙往后退了几步，行了一礼，表示歉意，然后深呼吸数次，非常平稳地说出了他想说的那句话："志乃夫人怀孕了。"

秀忠是单独先回江户的，临走时候撒下了希望的种子，然后生了根发了芽开了花，眼看着现在就快要结果了。

此话如同当头一棒，重重地打在了秀忠的脑门上，而且，忠邻使的还是连招，很快，下一击也过来了："主公大人已经知道了此事，现在正让她从伏见出发，无须多日，就会抵达江户吧。"

两棍子打完，秀忠 HP[1] 锐减百分之八十，降速百分之五十，防御力被放空了三成，并且还处于眩晕状态。

闷了大约有两三分钟，他回过神来之后的第一句话是："阿阿阿阿阿江那里怎么办？"

此刻的忠邻已经完全淡定下来了，他不紧不慢地提出了自己的看法："事已至此，干脆就跟夫人坦白交代吧。"

秀忠说这事儿打死也不能干。

忠邻说你都干了也就别怕被打死了，拿出当年你爹换继承人时你那横竖一刀的精神来，去跟自己老婆坦白吧，争取宽大处理。

两人一来一去了半个多小时，最终秀忠猛地站起身子，一边往外跑一边说，交给你了，我先回家了。

忠邻一个人孤零零地坐在那里，捧起茶杯喝了一口之后才想起来：

1　HP：指游戏人物的血条，也称体力值、血量。

这江户城不就是你家么？你还要上哪个家去？

因为德川秀忠的强烈反抗和苦苦哀求，最终大久保忠邻决定挺身而出帮主子一把，将从伏见来的志乃小姐安排住在自己家待产，然后该干吗还干吗，大家接着过日子。

就在志乃走后不久，德川家康也从伏见启程踏上了回家的路途，临走之前，他把正在京都出差公干的伊达政宗给叫了过来。

虽说政宗不知究竟何事，但心里总有那么一丝不祥的预感，所以他决定到了之后少说话，多喝茶，听完对方的唠叨之后赶紧走人。

不过家康似乎并不愿意让政宗只当一个听众，在对话中他频频选择了疑问句，好让听者也参与其中："听说你最近在仙台造城了？"

"是的。"

"据说那城挺大的？"

"不大，刚好符合我的身份而已。"

"听人讲这城在山上？这年头可不流行造山城啊。"

"爬山能让家臣们锻炼身体。"

"护城河挺宽？"

"还行吧，宽了才有护城的意义嘛。"

"宽了不方便进攻，要知道，最好的防守就是进攻。"

"我不进攻，我只防守。"

一场对话下来，家康微笑着摸摸胡子，而政宗早已是一头大汗了。

因为他心里明白，在这一来一往之中，隐藏着步步杀机，稍有不慎，就人头难保了。

首先的杀机来自于第二个问题，就是问政宗你的城大不大。不要以为只有中国人才讲究皇帝门口几个钉子王爷家里几个碗之类的规矩，在日本同样也是如此，仙台伊达家作为六十万石的大名，他造的城是不能太大的——至少不能大过江户城和大阪城，不然就有造反之嫌。

所以政宗非常识相地回答说自己只造符合身份的城，绝不作出格的事儿。

接下来要他命的是第三个问题，城为何在山上。

一般而言，把据点造在山上比较方便自己打仗，正所谓靠山吃山靠水吃水，所以家康非常有必要问上一问：哥们儿你造山寨的动机何在？

政宗的回答相当模糊，说在山上方便锻炼，这几乎就是一种敷衍了。但即便如此，也不能说他有什么特别的想法，毕竟搞全民健身也不是罪大恶极的事儿。

不过家康也并未就此放弃，而是提出了下一组问题。就是关于护城河的。

在这组问题里，杀机其实就是一句话：你要进攻，还是要防守？并且还附带了一个坑：进攻吧，进攻就是最好的防守。

如果政宗选择了这"最好"的防守，愣头愣脑地表示自己将回家去改护城河，那么只能恭喜他一声：祝贺你掉进了家康专门为你挖的那个坑里头。

进攻？你要进攻谁？天下初定你就做好了出击的准备了？你很可疑呀。

然而政宗非常漂亮地识破了家康的意图，完美地绕坑而行，表示自己只会防守，绝不进攻，言下之意就是自己除了那一亩三分地之外，啥也不想要了。

对于这些回答，家康还是比较满意的，至少表面上说明政宗是不敢有什么非分之想了，但事情到此还压根儿不算完。

"伊达大人，你宅子分配得如何了？"

所谓的宅子就是各大名在大阪和伏见的驻留府邸，因为关原合战之后挂了一批诸侯，所以他们原来留在两地的房子被腾出来赏赐给别的大名，而这些大名自己又住不了那么大的地儿，于是再把屋子分给自己的随行家臣，也算是一种福利了。

听完了问题之后的政宗摆出了一副相当无辜的表情："什么宅子？

我还没来得及分呢。"

家康眉头一皱："当真？"

"当真。"

家康挥了挥小手，本多正纯站了出来，手里拿着一张纸："仙台伊达家的宅邸分配情况是：年俸一千石以上的，为两千坪；五百石以上是一千坪……"

读到这里正纯顿了一下，看着伊达政宗，意思是你还要我接着读下去吗？

政宗当场就傻了，头上的汗更多了。

这分配房子跟二十世纪八九十年代的中国一样，上头分配下来到单位，具体怎么分，是单位自己的事儿，无足轻重，充分自由，小事一桩。

可正因为如此，麻烦才更大。

首先，这是小事，可连这么一件小事他伊达政宗都骗了家康，难保人家心里不会犯嘀咕：你更大的事儿是不是也在骗我呢？比如之前回答的那几个问题。

其次，这么小的小事儿家康都能派人调查得一清二楚，更何况大事呢？

这就跟当年朱元璋派人跑宋濂家里偷窥他晚饭吃什么还画了画是一个道理，不是无聊不是变态，就是为了知道你是不是个老实人。

相当尴尬的政宗一面擦汗一边给自己辩解："这……这个是已经定下的没错，可我还没有开始分配呢，还没来得及开始。"

家康则非常大度地笑了笑："没事，人嘛，总有忘事儿的时候，我们都快要做儿女亲家了，这种小事情，不必太在意。"

政宗不知对方究竟要干啥，所以一时间也不敢接话。

家康还是笑："忠辉今年不过10岁，秀忠那家伙，虽说是继承人，可他老婆总生不出儿子来，到时候……你可明白？"

政宗哪有不明白的，连忙点头，说小的知道了，多谢大人。

你明白了吗？你不明白，我也不明白，别说我不明白，德川家康自己都未必明白。

秀忠不过22岁，谁敢断言他这辈子就生不出儿子来了？志乃上个星期才大着个肚子回江户呢。

再者，就算秀忠没儿子，这跟忠辉又有什么关系了？你觉得会让他做继承人吗？你如果觉得会，那也是你的事儿，反正家康可是啥也没说。

这话说得模棱两可程度，已经高到了连说话人家康自己都不明白的级别了。

可伊达政宗愣说他明白了，这又是怎么回事儿？

因为他被骗了。

让你以为你明白了，其实你根本就不明白。这是一种忽悠的境界。

在政宗叩恩之后，家康又开了口："等我回江户之后，你留在京都，帮我好生监视着各大名吧。"

政宗很庄重地低下了头："在下明白！"

奥州王伊达政宗，正式臣服于德川家。

搞定伊达政宗之后，家康顺利地回到了江户，第一件事情是召见了留守的德川秀忠和大久保忠邻，先问问国事，再问问家事。

家事主要就是志乃和她肚子里的孩子，对此，家康特别指出，要好好照顾孕妇，注意每天膳食营养以及按时休息。

大久保忠邻回答："臣照顾得非常得当，不会有任何岔子，请主公放心。"

德川家康满意地点头表示，你办事我放心。

但转念一想猛然发觉不对头："忠邻，秀忠的老婆为何是你在照顾？"

大久保忠邻笑而不语，德川秀忠低头不作声。

家康顿时明白了怎么一回事："秀忠，是你不敢带回家吧？"

最终的结果是秀忠再次收到了一份来自于老爹的最后通牒：三日

之内把志乃带回家，然后跟阿江交代清楚。

尽管回家后秀忠又是绕圈子又是叹气，从盘古开天地说到大航海时代，可终究掩盖不了事实的本质：他跟别的女人有了一腿，还把人肚子搞大了。

结果可想而知，当天晚上一场血雨腥风就降临了他们家。

好在家康很够意思，知道儿子回家铁定没好下场，所以第二天，他就让自己的几位侧室以长辈的身份轮流跑去劝阿江，说秀忠也是个男人，那么久不跟你在一起怎么可能守身如玉，又说你是个女人，要有三从四德，不要老是咋咋呼呼的，让自己老公压力那么大，更何况人家志乃妹妹孤身一人跑到这里多不容易，你就跟她和平共处吧，女人何苦为难女人呢。

说了半天，阿江才好不容易答应让志乃住进江户城内。

十二月三日，志乃临盆，经过医生的一番努力后顺利产下了男婴一名。整个江户城内除了阿江之外每个人都欣喜万分，德川家康更是亲自跑来给自己的孙子取了名字，叫长丸——秀忠小时候也叫这个。随后，他又给孩子挑定了奶妈以及贴身侍女。

但非常可惜的是，小长丸来到这个世界上还不到一年，就因病于庆长七年（1602年）九月在江户城内夭折离世，而他的母亲志乃，也被阿江拿钱打发走了。

顺便一说，当时服侍小长丸的贴身侍女名叫阿静，这一年17岁。

庆贺完孙子出生之后，家康又搞起了内政，这次他主要忙着造城——造二条城，顺便还派了一队士兵驻守了进去。

且说二条城自打当年本能寺事变，明智光秀和织田信忠一战之后，就变得破破烂烂，再也没人去打理，秀吉在京都造伏见城的时候，甚至还因为大石头不够而跑去那里挖下了几块砖来做垫脚石。这风吹日晒的二十多年下来，早已经没了城形，不过因为附近已经有了一座伏见城，所以二条城尽管破败不堪，却依然无人问津，只是把它一直搁在那里晒着太阳。

然而现如今家康却一下子来了兴致,居然想起了这座丢在野外二十年的破烂工程,并且还大兴土木,很有一副敢叫日月换新天的派头。

不仅如此,这修建新城的钱,德川家是一分都没拿出来,全是摊派给身处关西地方的诸侯们,这种上头下命令下头给钱的方法,在日语中有个专业名词,叫普请。当年丰臣秀吉造伏见城、造名护屋城都是这么干的。

看着工程队干得热火朝天,不由得让每个人都心生疑虑:这二条城按说应该是丰臣家的东西,再破再烂都跟别人没关系,怎么老爷子居然一下子就那么热心肠起来了?

原因其实也很简单,因为二条城又称二条御所,乃是室町幕府时代足利将军的大本营,现在德川家康公然修缮并占领而且用的还是普请的方法,这无异于是在昭告天下:爷马上就要步当年足利家的后尘了。

同时,让关西诸大名出钱出力的做法,也等于是在向世间宣告:他们都听我的。

所以淀夫人很生气,暂且不说当幕府将军的那一茬,只要一想到自家邻居突然上门来捣鼓自己家的厨房,完了还占着不还,那就会感到实在是欺人太甚,所以她当下就准备派使者去江户问个明白。

同时很生气的还有大野治长,他觉得这是一种赤裸裸的造反行为,并主动请缨说是要当一回使者。

不过激动的两人还是被片桐且元给拦住了:"如果现在我们主动去问,那就等于失了矜持,反正都已经是年底了,等明年新春内府大人来大阪拜年的时候好好问问也不迟。"

淀夫人满脸怒气地说等到那一天老娘一定要好好地问问那个老头,到底打算怎样。

大野治长一脸奸笑地表示只要那只老狐狸进了大阪城,不把问题说清楚就别想全身而退。

一时间整个大阪城杀气腾腾，大家都觉得这次绝对不能轻易再放过那位不把丰臣家放在眼里的内府大人了。

第四章 少年小早川秀秋

这事儿的最终结局是没有结局。因为在庆长七年（1602年）的新年长假里，德川家康和德川秀忠两父子压根儿就没迈出江户城半步，在自己家里好好地吃了一顿年夜饭。

淀夫人顿感一脚踏空，有一种想哭却又哭不出来的感觉。此时的她还想起了前些年，德川家康利用惩罚关原合战战败大名的机会，趁机接收了原上杉家的佐渡金山以及毛利家的石见银山，将日本有名的两大矿区纳入自己手中，并且还在伏见设立了造钱厂，规定从今往后，全日本，注意，是全日本，都只能用从那个厂子里造出来的金币银币或者是铜板，战国时代诸侯们自己造的黄金白银，都要逐渐废除；同时，家康还制定了全国通用的贸易关税许可证制度以及可以抵达日本几乎任何一个角落的邮递快递制度，专业名词叫作传马和飞脚。从种种迹象上来看，德川家似乎已经不再是单单的一介臣服于丰臣家的诸侯了，甚至都不再是诸侯，而是君临日本的全国统治者了。

同时，更为关键的是，家康并非是在伏见城内作出这一系列的指示，而是宅在大本营江户城里，对天下发号施令。

换句话讲，日本的政治中心，已经从室町幕府足利时代，安土织田信长时代以及桃山丰臣秀吉时代的关西地区，开始移向了江户德川时代的东面。

而丰臣家，已经差不多完全被人给无视了。

不过好在现在还非彻底绝望的时候,对于淀夫人来说,至少手里还是攥着一根或许能够成为救命稻草的东西,那就是秀赖和千姬的婚事。她相信,一旦结成了儿女亲家,德川家康多少总是会有所顾忌的。

于是淀夫人派出了一拨又一拨的使者奔往江户,反复催促着这门亲事,而家康也一拨接着一拨地往外派着使者,不过不是朝大阪,而是朝京都。

双方的各自算盘一打就是大半年,从新春伊始一直搞到了金秋十月,却还是没能有个结果:千姬依然在江户,家康送往京都的使者虽说是有去有回从未中断,可谁都不知道他到底想干什么。

差不多就在这个时候,一个惊人的噩耗传了出来:10月18日,小早川秀秋暴毙,年仅21岁。

据说这孩子临死的当天一切正常,吃喝拉撒一样不落,可偏偏到了铺床睡觉的时候,在屋外守护的侍卫突然就听到卧室里一阵鬼哭狼号,拉开门冲进去一看,发现秀秋正拿着一把刀挥成一片银光,嘴里还大声叫道:"你别过来!你别过来!再过来我就叫人了!"

众侍卫顺着自家主公刀指的方向去看,可什么也没看到,但秀秋却并不这么认为,他一边口口声声大喊着有人,一边继续挥着手里的刀子。

大家你看我我看你,谁也闹不明白这是玩的哪一出,只能问道:"大人,您说的是谁啊?"

"大谷……大谷吉继来了!大谷吉继!"秀秋的脸色已经渐渐开始发青了。

众人一看似乎要出事,也顾不上别的了,连忙冲上前去你拽胳膊我拉腿地硬是把秀秋给按在了褥子上,顺便再夺走了他手里的刀,然后告诉他说,没事儿,大谷吉继早死了,首实检都弄过了,那还能有错?

"是大谷的鬼魂!是鬼魂!"秀秋依然惊慌不已。

于是就这样惊慌失措地闹了一晚上,快天亮的时候秀秋才消停,只不过这消得有点儿大，连喘气儿都给停了。

人死了，得说上两句。

或许很多人就觉得相当不可思议，因为之前武田信玄跟上杉谦信这些个超级大腕，无论是死是活，我都没费过什么口舌，现如今一小早川秀秋这么去了，却倒说上了，着实很奇怪。

其实说奇怪也就那么回事儿，饶他武田信玄再厉害，能用一顿饭的工夫就改变日本的历史吗？

这算是玩笑话，若是得罪了哪家的信玄或者谦信的粉丝，休怪。

我只不过是一直在为小早川秀秋抱不平而已。

自打关原合战结束的那一年起，他就被广大日本人民定性为可耻的叛徒，不管是当面还是背后都有人冷嘲热讽甚至爆粗谩骂。

据说有一年过年，大名们齐聚大阪城给丰臣秀赖还有淀夫人拜年，在城内的走廊上，松平忠吉扶着他那在关原被打瘸了腿的老丈人井伊直政晃悠晃悠地艰难前行，迎面正好走来了刚拜完年的小早川秀秋，秀秋见状连忙跑过去想一起扶直政一把，结果井伊直政一把将其推开："不用，我自己能走。"

态度相当横。

秀秋一个人呆呆地看着这爷俩，一直看到他们走远，背影消失不见，这才回过神来。

接着，他发出了一声长长的，无奈的叹息。

或许他有时候也会问自己这么一个问题：我错了吗？

其实这也应该是被广大历史专家历史爱好者讨论了很久的一个问题：小早川秀秋在关原合战中的所作所为，真的就是那么罪不可赦吗？

我想很多人的答案应该都是肯定的，单单从民间那么多关于小早川秀秋是因心中有鬼看到大谷吉继鬼魂作祟才惨死暴毙的传说以及各种文学作品对他的负面评价中便能看出，这小子的名声实在是有够恶劣的，几乎就成了叛徒的代名词。

不得不说小早川秀秋是有够冤屈的。

首先，秀秋的所作所为，是否真的算是"背叛"？其次，如果秀秋的行为真的算是"背叛"，那是否就真的是罪大恶极了？

还是按照老规矩，一个一个地说。

秀秋在关原合战最高潮的时候倒戈一击，以至于局势大变，石田三成全军溃败最终落了个身首异处，这毫无疑问，是一种背叛的行为——但只是对于石田三成一方而言。

人家不光和你一个签了协议，也跟德川家有过约定，凭什么就一定要听你的？

当然，我不否认这事儿做得是很不地道，但别忘了，这是战争，正所谓兵乃诡异之道，要都跟宋襄公似的，那下场是什么也就不用多说了。

此外，秀秋虽说是在开打之后才选择了加入哪方，但当时战场上的形势是五五对开，谁都没有占据决定性的优势。换言之，秀秋和朽木元纲那四位不同，他不是见风使舵一看大事不妙弃暗投明，而是在几乎没有压力的情况下，作出了自己的选择。

德川家康虽说是拿小钢炮轰了他，可家康本人实际上也没有十足的把握说秀秋一旦被轰，就一定会投靠自己，万一被炸急眼了朝着德川家阵地上杀过来呢？这也不是没有可能。

更何况，秀秋也不是石田三成的家臣，他想跟谁不想跟谁也有自己充分的自由，就跟在贱岳合战中的前田利家一样，这小子也是在战斗打到最关键的时刻干了一件影响大局的事情，当然他比秀秋稍微好点，至少没端起枪杆子去戳柴田胜家，但造成的后果和事情本身的性质，却是基本相同的。

如果你不认为前田利家是不要脸的背叛者，那么同样，小早川秀秋也不是。

当然我知道肯定会有人坚持认为无论是利家也好秀秋也罢都是可

耻的叛徒，因为既然答应了人家就应该把事情做到底，这种首鼠两端的行为本身就是一种背叛。

对于这种观点，虽然我个人并不完全认同，但还是觉得有那么几分道理，于是就暂且退一步，假设这话是对的，秀秋的确是个背叛者，那么，他的背叛是否就是罪大恶极的呢？

答案应该是否定的。

没错，虽说石田三成确实表示自己做鬼也不放过他，可这哥们儿不肯放过的人有很多，福岛正则、加藤清正之类的一个都不会落下，至于德川家康那就更别提了，三成同学要是有QQ，这黑名单里头一个就该是他，而且个人备注多半是渣泽康之类。

我们不是石田三成，所以不必以他的标准来判断某人是否有罪，我们应该做的，只有用公正客观的眼光来看待一切历史问题和人物。

秀秋的倒戈造成的最大后果就是几乎完全改变了日本的历史，使德川家开创了两百多年的太平盛世，而这两百多年的江户时代，也为后来的明治维新打下了不可磨灭的基础。

如果他不背叛的话，后面的发展我在之前一本书中已经很详细地说过了，石田三成根本无法一手掌控整个国家，日本还将继续陷入另一个黑暗的战国时代。

所以，从宏观的时代角度来看，我们完全有理由说秀秋是一个功臣，是一个推动历史进程的大功臣，尽管他的本意或许并非如此。

即便不把目光放得那么高，那秀秋也是全东军的功臣，只是手段不那么光明磊落罢了。可问题是在战国乱世，谁能保证自己一辈子都过得堂堂正正不搞任何歪门邪道？

别跟我扯上杉谦信，那哥们儿曾在越后开过一个人口市场，将战争中得来的俘虏当奴隶贩卖至各处，他干这勾当的时候秀秋还不知道在哪儿玩呢。

无论手段怎么卑劣，都无法改变他并非罪大恶极反而还是功臣的客观事实,既是东军的功臣,也是历史的功臣。

最后再来说一说秀秋背叛的动机,也就是他为何要把枪口突然对准石田三成。

一般的说法大致有三种。

第一种是跟石田三成不和。因为在朝鲜的时候,三成经常借着各种各样的机会跑到秀吉跟前说秀秋的坏话,并且还刻意瞒报他的战功,导致秀秋在很长一段时间里都被认为是一个非常无用,甚至在军事方面还不如石田三成的愚弱之将,于是秀秋就这么恨上了三成,到了战场上,自然就要给对方点颜色瞧瞧,算是报复。

第二种说法是动机出在北政所身上。因为早在战前,老太太就不止一次找过自己的外甥,暗示他跟着家康干,对于从小就给予自己诸多恩惠的亲舅妈,秀秋自然责无旁贷地要听她的话,做她的好外甥。

第三个原因则是由于家康给的东西多。石田三成给一国外加一个空头关白,而家康却很实诚地给了两国领地,衡量下来后者比较实惠,于是秀秋选择了家康。

大致就是以上三种,但是个人认为这些都只能算是因素,而非动机,真正促使小早川秀秋在关原合战倒戈一击的最大原因是——没原因。

他是临时起意的。

用现在流行的话来讲,就是这小子属于激情背叛。

这个当时只有19岁的少年,第一次站在了能够决定天下的战场之上,第一次拥有能够改变天下的能力,也第一次清楚地感觉到了"天下"这两个字的分量。

我想此时的秀秋,早就已经失去了衡量谁给得多谁给得少这种无聊事情的心思了,他所有的,只是一种悸动外加一种迷茫。

他压根儿就不知道自己该选谁。他已经失去判断力了。

最好的证据就是在被小钢炮一阵乱轰之后,秀秋立刻选择了家康。虽然后者对此的解释是因为他知道秀秋胆小,吓唬一下就会投靠过来,

035

但这也仅仅只是家康的解释而已。

作为一个在朝鲜，在伏见城下都表现尚佳的武将，小早川秀秋至于那么胆小吗？胆小到了被人打了还要抱人大腿的地步？

假设我跟某人打架，你在边上围观，现在双方势均力敌不分胜负，正打得火热，我冷不防腾出手来对着你就猛抽了个大嘴巴，你说你是会帮我打对方呢还是会帮着对方打我？

尽管后世，包括当时的德川家康，有着十足的依据和把握认为小早川秀秋会倒向东军一方，比如北政所，比如和三成的不对付关系等，可说到底，秀秋其实就跟任何一个普通的19岁少年一样，在面对巨大压力的时候，都会失去应有的判断能力，以至于作出反常的行为。

说白了，不论秀秋之后自己是怎么想的，至少在他率部作出冲向西军的最初的那一瞬间，凭借的实际上是一种本能的冲动抉择。

至于什么领地多寡，北政所的叮嘱之类，那多半是等已经差不多快要冲到山脚时候才被想起来的事儿，如果当时万一秀秋临时作出了冲向东军的决定，那个人认为，搞不好在从山顶到山脚的这段时间里，恢复了清醒的他也基本上会重新下令，让三军调转枪头，奔向三成的吧。

总之，在我看来，这其实只是一个孩子而已，一个因时代而承受了太多本不该承受的压力的孩子罢了，根本没有必要遭到后世如此程度的责难，真的。

秀秋死后，这位搭桥修路开田造堤颇受领民好评的年轻诸侯因为没有留下子嗣，所以其领地被幕府全部收回。

在这一年年底的时候，眼瞅着德川和丰臣两家的关系愈来愈恶劣，有一个人终于再也坐不住了，她就是浅井三姐妹中的老二，阿初。即嫁给萤火虫大名京极家的那位。

阿初当年30多岁，正是精力无限旺盛的年纪，一听说姐姐家和妹妹家要打起来了，连忙不远千里地跑来充当调停人。

要说家康还是很给面子的，当时正在伏见城联络京都诸公家的他，抽空亲自接见了这位京极夫人。

寒暄过后，家康便非常少见地直接开门见山："你是淀夫人派来的吧？"

言下之意就是你是丰臣家的说客吧？

所谓调停人，最重要的一点就是要中立，即便不是中立也要看起来是中立，所以阿初当然不能说自己是丰臣家的使者："今天，我只代表我自己，以淀夫人的妹妹、阿江的姐姐的身份，来见您的。"

家康表示你有啥事儿就说呗。

"是关于秀赖少君和千姬的婚礼……能否尽快举办呢？"

其实淀夫人因德川家的种种行为而日益感到不安，所以想尽可能早一些地把千姬弄进大阪城，以防夜长梦多，鸡飞蛋打。

但她同时也知道，自己考虑的这一切想必早就被家康给看穿了，所以才让妹妹阿初以路人甲的身份前去拜访，绕着弯子地催促亲事。

不料家康却相当好说话："如果丰臣家真的很希望千姬嫁过去的话，那么明年春天就办婚礼好了。"

阿初一看对方如此爽快，自然千恩万谢，但顺道又提出了一个要求："为了能让天下大名看到两家安泰的景象，明年新春的时候，您能否上大阪城拜见一下秀赖少君？"

新春拜见就是拜年，虽说是年年都要做的事情，但在日本古代却是很有讲究的，在大名之间，如果我亲自跑来给你拜年祝贺你新年快乐，那就意味着我承认你在我之上，我是你的臣下。现如今阿初夫人请家康给秀赖拜年，其用意无非就是想让天下其他诸侯知道，德川家依然臣服于丰臣家。

只不过这事儿忒不靠谱，要知道自打秀吉死后，家康基本上就不怎么上大阪城拜年或是庆祝其他节日了，现如今原本是丰臣家的关白头衔被弄没了，而老头子又在明着暗着鼓捣着想当征夷大将军，眼瞅着就要荣登日本第一的顶峰，怎么可能再来给你一10来岁的小孩子拜年？

所以连阿初自己都觉得这话说得相当没戏。

但家康却依然很慈眉善目满脸微笑地表示,不管怎么说,今年过年肯定是会去大阪城一趟的。

于是阿初很放心地走了,回到大阪城之后,她将家康的答复一五一十地汇报给了自己的姐姐。

淀夫人听完终于松了一口气,觉得关原合战结束两三年这家康还没把丰臣家忘记,至少也算是一桩好事了,而且还亲口答应把千姬尽快嫁过来,事情能有如此结果,至少就目前的情况而言,已经算是很不错的了。

第五章 千姬出嫁

然而，庆长八年（1603年）的新春，德川家康却并没有如淀夫人她们所料的那样来给秀赖拜年，而是继续和往常一样，在伏见城接受着各路诸侯的恭贺新禧。

直到这一年二月份的八九号左右，德川家才派出了使者本多正信，来到了大阪城。

正当所有人都以为这家伙是来代替家康拜晚年的，但不料正信只是个送信的，而且送的还是口信，并且还是一个让丰臣家上下极为震惊的口信。

"我家主公大人将于本月十二日于伏见城依圣旨出任征夷大将军一职，届时还望秀赖少君和淀夫人与其他大名一起，出席庆祝宴会。"

当时负责接待的是片桐且元，一听这话哥们儿当场就说不出话来了。

他不是没想到会有这一天，事实上丰臣家在朝廷的关系不见得比德川家差多少，家康在上下打点要做将军的事情大家都知道，只不过没想到来得那么快罢了。

而且，你再看看本多正信的这说辞"还望秀赖少君和淀夫人与其他大名一起"。

换言之，你们丰臣家，现如今在我们眼里也不过就是一路人甲。

本多正信一看对方半天没动静，便又催了一句："秀赖少君到时候一定得来啊。"

片桐且元好容易才回过神来，想了一想，回道："兹事体大，容我和夫人商量之后再做决定。"

正信表示您尽管问，尽管商量，完了之后给我个回信儿就行了。

淀夫人方面的回信当然是不去。虽说时至今日，全日本上下几乎已经无人再怀疑德川家康是这个国家真正的一把手这件事，但这位大姐却依然心中只有丰臣家，将德川家视为自己的家臣，所以，她是绝对不可能带着儿子去参加家臣的征夷大将军加封仪式，因为这样一来，就等于丰臣家承认了德川家征夷大将军的地位，而还没当上关白的秀赖，便无形中就低人一等了。

可问题在于这将军是朝廷给批的，你丰臣家派不派人去都矮人三分，没甚区别。

所以片桐且元表示既然都已经这样了，那还不如派人过去道个喜庆，同时我们这边再加一把力，将秀赖少君弄上关白之位，也就无所谓对方什么将军不将军的了。

说实话这个建议不坏，所以片桐大人说完之后一脸期待地看着淀夫人，等候她的回答。

"片桐大人。"淀夫人开了口。

"在。"

"你是德川家的家臣吗？"

片桐且元当场就愣了这天的第二回，而且这次比第一次更厉害，半天没缓过来："在下……在下是丰臣家的家臣啊。"

"既然如此，那又为何要帮着德川家说话？"

"没……没有啊。"

"那你为何在当时就不一口回绝？难道你觉得我丰臣家的人会去参加他德川家的将军上任仪式吗？"

缓过劲儿来的片桐且元似乎想说些什么，可却又终究什么也没说，只是将头压得低低的，表示自己知错了。

二月十二日,德川家康在伏见城接受了任命其为征夷大将军的圣旨,当年被誉为三河野种的人质,今日终于成为了武门第一人。

然后,新将军召集天下的大名,举行了盛大的庆祝宴会,一连热闹了好几天。

另一方面,非常生气的淀夫人再度派出了使者去见家康,当然,不是庆祝他做将军,而是催促对方赶紧把千姬给嫁过来。

对此,家康的回答是知道了,这就办。

婚礼最终被确定在了这一年的七月二十八日,婚嫁队伍出行则被安排在了五月。

或许是知道自己马上要和父母分别,年仅6岁的千姬显得闷闷不乐,尽管母亲阿江也很不快,但她却毫无办法,只能安慰女儿,说你的妈妈当年也是这么过来的,你的外婆也曾经历过这样的事情,忍一忍,很快就过去了,而且,大阪城比江户城要气派很多,玩具也要多得多。

千姬只是若有所思地点了点头,脸却依然还是板着。

因为要远嫁大阪,以后可能就见不到了,所以一连数日,阿江都带着千姬出席各种宴会,算是和大家伙见上这最后一面。

这一天,德川家的重臣青山忠成家里办堂会,请来了当时著名的歌舞伎艺术家出云的阿国来表演,阿江和千姬也应邀出席,一起去凑热闹的,还有11岁的德川家六公子松平忠辉。

"听说你要去大阪了?"正当大家聚精会神地看着阿国跳舞的时候,忠辉突然悄悄地问起了身边的千姬。

"嗯,我要去做秀赖少君的新娘了。"

"哪是什么新娘啊。"忠辉笑了起来,"只是普通的人质而已。你到了大阪之后,就会被关起来,再也回不了家了。"

毕竟只有6岁,千姬听了这话之后浑身都开始颤抖了起来。

"你若是不想去的话,就让爷爷把你嫁给我好了,我要你。"

这话估计是说得太嘹亮太嚣张了,以至于大家伙都听见了。忠辉的母亲阿茶局一脸尴尬地叫儿子闭嘴,而青山忠成则连忙出来打圆场,说六少爷你扯什么淡哪,你明明都已经有婚约了,老婆是伊达政宗的五郎八姬,所以就别吃着碗里瞧着锅里的了。

"那只是父亲大人自己的安排吧?我不过是被他用来牵制伊达家的工具,因为父亲不喜欢政宗,所以我也跟着倒霉,那么大的人了,领地还是这么少。"

此言一出,全场的气氛唰地就变了,每个人的面部神经都开始抽搐,而台上的阿国却是浑然不知地依旧载歌载舞,场上场下一热一冷,给人一种万分诡异的感觉。

似乎是看出了这份尴尬,松平忠辉干脆站起了身子:"我失陪了!"

说完,他做了一个鬼脸,扭头便走。

一旁的千姬被这个比自己大不了几岁的叔叔给逗得露出了久违的笑容。

尽管有千万个舍不得,但婚礼的队伍还是如期踏上了旅程。五月十五日,一行人抵达伏见城,在那里,新娘千姬见到了自己的爷爷。

看着心爱的孙女,家康不住地点头微笑,但嘴才咧开就再也合不拢了,因为他发现,千姬身旁还跪着一个非常眼熟的身影——阿江。

江夫人表示,自己打算陪着女儿一起进大阪城,参加完了婚礼之后再回江户。

现在这年头女儿出嫁做妈的跟着一起送嫁过去兴许不是什么稀奇事,但在当年的日本,这根本就是天方夜谭。而且,这千姬虽说名为丰臣家的少夫人,但实际上小丫头的真实身份不过是一介人质,结果你阿江居然也跟着过去了,是打算搞买一送一还是怎么着?

更要命的是,当时阿江已经身怀六甲,暂且不说这么大年纪了一路颠簸万一有个好歹怎么办,即便是没灾没病的,可她现在这个模样是随时随地都可能临盆的,如果前脚刚进大阪城后脚直接就生了,那岂不等于搞了一回买一送二?

最为糟糕的是,这万一之中要是有个万一,阿江在大阪生了个儿子,那岂不是等于说德川家的嫡孙就这么……

你说这叫什么事儿啊?

总之,这是一种非常没大脑的行为,只不过秀忠怕老婆,即便是想拦也拦不住,这才让阿江一路畅行直抵伏见。家康虽说是心里痛骂了儿子千万遍,但事已至此也就只能干笑两下,表示不愧是阿江,挺着个大肚子跋山涉水,真乃女中豪杰,啧啧,厉害。

阿江当然听出了这话的味道,但她却只是低头施礼,口称不敢当。

家康彻底无话可说,心中再度问候了秀忠百八十遍,但同时也生出了一个大大的问号:这江户城里又不光秀忠一人,自己的侧室阿茶局,秀忠的乳母大姥局之类的全在,每一个都是重量级的人物,可为什么连她们都拦不住阿江呢?

原因是她们根本就没拦,可以说是特地并故意放阿江走的。

至于为什么,我们以后再说,这里要先讲的,是家康让千姬出嫁的理由。

或许很多人应该都已经开始心生疑虑了,要知道以当时的实力对比,德川家康就算是明着毁约说老子的孙女不嫁了,那丰臣家也是对他无能无力的,更何况这次联姻摆明了就是对方要一个人质,既然如此,那么家康却又为何还一定要让自己的孙女远嫁他方?

这是因为尽管此刻的日本的确是德川家最大,但丰臣秀吉所缔造的丰臣家的威望却依然没有完全消失殆尽,至少还有很多其他大名对于丰臣家心怀感情,尤其是福岛正则和加藤清正等当年跟着秀吉打天下的那伙人,你德川家康要真敢明着涮丰臣家一把,那他们是绝对不会善罢甘休的。

即便表面上不说什么不做什么,可从此往后,家康是肯定要落下背信弃义的名声,威望和公信力绝对会大打折扣,将来真要对丰臣家动手,不仅师出无名,恐怕也再难寻觅帮手。

所以，千姬是一定要嫁的，哪怕是知道嫁过去这辈子再也回不来了，那也得嫁。

这个就叫命运，无情无义无理取闹的命运。

七月二十八日，丰臣秀赖和德川千姬在大阪城举行了盛大的婚礼，千姬的生母阿江夫人也在那一天见到了离别多年的两位姐姐淀夫人和阿初夫人。

这年，秀赖11岁，千姬7岁，两人的未来是喜是悲是黑是白，在当时，没有任何人知道。

顺便插一句，在之前的七月九日，阿江于伏见城内生下了她的第五个孩子。

万幸的是，尽管一路车马劳顿，但一大一小的两人都非常平安。

不幸的是，这又是一个女儿。

家康听完本多正纯的报喜之后已经是彻底没了想法，他望着一脸诚挚祝福的正纯，很无奈地表示你可以消失了，让我一个人待一会儿冷静冷静。

而远在江户的秀忠听说母女平安之后，则露出了放心的笑容说这比什么都好。

话再回到大阪城，且说这浅井家三姐妹时隔多年再度团聚自然心情十分激动，忍不住就是一阵抱头痛哭，哭完之后，大姐淀夫人突然想起了什么，招呼小妹道："阿江，我要让你见一个人。"

随着女主人的一声令下，一位年纪和秀赖相仿的少女在丫鬟们的簇拥下出现在了众人的面前。

阿江看着来人，若有所思地想了一会儿，接着猛然失声道："完子？"

淀夫人点头表示肯定。

这个女孩的全名叫作丰臣完子，是阿江和前夫丰臣秀胜所生，文禄四年（1595年）她和秀忠结婚后，完子便被留在了大阪由秀吉抚养，秀吉死后，这个任务便落在了淀夫人的身上。

因为是自己妹妹的亲生女儿，所以淀夫人对其视如己出，而完子也早已把这位阿姨当成了自己的亲娘。

阿江拉着女儿的手，眼泪不断地向外涌出。

淀夫人对这一母女再会的感动场面似乎是意料之内，她非常冷静地表示，自己不但会继续尽抚养责任，同时也会考虑完子的终身大事。

"我打算把她嫁给九条忠荣。"

所谓九条忠荣，就是前面提到的那位被德川家扶上台当关白的九条兼孝的嫡子。

对此，阿江只是淡淡一笑，表示有劳姐姐您费心了。

她不是傻子，她知道姐姐这么做的真正原因。

德川家已经当上将军了，丰臣家原本指望的关白又被抢了，那么至少在政治地位上，就已经输人一筹了，这刚才说过了。

为了弥补这一差距，最好的办法就是将已经成为关白的九条兼孝拉拢到己方阵营，那么结亲给钱，则是将这一办法化为现实的最佳手段。

说白了，完子也不过就是丰臣家抗衡德川家的工具罢了。

可你也不能说淀夫人错，她对完子以及后来对千姬，都是非常尽心尽力的，这个我们到时候会说，在那个时代，女人和男人不一样，不能上战场拼命，唯一能做的，除了用婚姻来换取政治利益，还能做什么？

两位好不容易才见上了一面的姐妹，在婚礼结束后，便又各自怀着一肚子心事分开了。

下一次，也不知会是何时了。

或者说，真的还会有下一次吗？

八月十日，年逾花甲的德川家康再添一子，侧室阿万在伏见为他生下了第十一个儿子鹤千代。

好好记住这孩子的名字吧，在不久的将来，他会经常出现在诸位面前的，虽然不见得是以什么光辉的形象。

第六章 儿子们的事儿

九月三日，萨摩大名岛津忠恒上洛拜见德川家康，顺便带来了一个人——宇喜多秀家。

这哥们儿自关原合战之后就没了踪影，德川家的人一直都以为这哥们儿自己寻摸了个阴暗角落切腹自尽了，谁承想他居然躲到了萨摩。而岛津家胆子也真是够大，不顾自己战败国的身份，愣是把这家伙给窝藏了整三年，现如今估计是寻思着这风声都过了，才特地把他带到家康跟前，请求宽大处理，也好让秀家结束这躲躲藏藏的日子，重见天日。

家康顿时有了一种很复杂的感觉，他指着忠恒就说你丫的居然敢私藏逃犯，知罪吗？

岛津忠恒说我们没有私藏，只是送来晚了而已。

家康说，对，是够晚的，都晚了三年了，你怎么不再晚一点，干脆等他死了然后送一捧骨灰过来？

"将军大人，正所谓穷鸟入怀，猎夫不杀，宇喜多秀家是当时早已穷途末路，根本就掀不起任何风浪，所以我们萨摩岛津家才怀着一个恻隐之心将其收留的，还望大人您明鉴。"

家康很无语，这还明鉴个屁啊，你都把人窝藏了三年，眼瞅着风头过了没必要继续窝藏了，就说自己是发善心，做义举，敢情这世上好事儿都你一人给占了？开什么玩笑。

"石田三成、小西行长，都已经人头落地了，这宇喜多秀家要还让他活着，恐怕说不过去吧？"

"可是秀家已经痛改前非并且剃度出家了，再这么穷追不舍恐怕不太好吧？"岛津忠恒说道，"而且，他好歹也算是太阁大人的养子，看在这个情面上，还望将军大人饶其不死吧。"

拿出死人丰臣秀吉来压活人德川家康，虽说令人不爽，但也不能说完全无效，至少在当天，家康并没有作出立即处死秀家的决断，而是表示再考虑考虑。

还没等考虑出怎么办，加贺那边的前田利长一听说宇喜多秀家被擒获了，赶忙连夜从家里跑到伏见城，一见面就给家康跪下了，说求您法外开恩，饶秀家不死。

前田利长的妹妹豪姬是宇喜多秀家的老婆，而利长的儿子犬千代小朋友又跟秀忠的女儿珠姬结了亲，这三家在亲缘上关系还算挺近，所以看在这个分上，家康总算是网开了一面，说可以放秀家一条活路。

只不过死罪能逃活罪难免，宇喜多秀家最终的结局是被流放到了八丈岛，一辈子孤苦伶仃度过了余生。

要说这厮还挺能活，家康死的时候他没死，秀忠死的时候他也活着，就连家康他孙子家光蹬腿的时候，这家伙还依然在那破岛上健健康康地观海听涛，一直熬到了明历元年（1655年）的冬天，才因病往生极乐，享年83岁。

至今在八丈岛上，还有不少人自称是宇喜多秀家的后裔。

处理完宇喜多秀家，家康又忍不住追问了岛津忠恒一句，说你们那儿再没别的逃犯了吧？要有的话赶紧趁现在一并交出，别过两年又带个谁谁谁跑我这儿来，到时候别说那人我要杀，就连你们岛津家，老子也不放过了。

岛津忠恒连忙表示说就他秀家一个，其余的再也没有了。

看着对方一脸真诚，家康叹了一口气，挥挥手示意此事到此结束。

毕竟对方是岛津家，只要不翻天，爱干啥就由着他去干啥吧。

在差不多十月底的时候，江户传来了喜讯，说阿江夫人再度有了身孕。

七月生，十一月又怀上，这效率实在是高得令人感慨。只不过鉴于这位大姐已经连着生了包括丰臣完子在内的五个女儿，所以这一回几乎没有任何人认为她会生下儿子。

即便是一直对老婆满怀期待的德川秀忠本人，也摆出了一副豁达的神情表示，生男生女一个样。

至于究竟最终生了男还是产了女，我们到生了的时候再说吧。

十一月三日，德川家康带着九子五郎八丸、十男长福丸从伏见回到了江户，同时，他又下令次子结城秀康、四子松平忠吉从各自的领地出发，同往江户城。

再加上城里的世子秀忠、六男忠辉，可以说是德川家全体男丁齐聚一堂了。

之所以要这么做，那确实是事出有因——在此前的十月十五日，家康的五男武田信吉因病去世，年仅21岁。

武田信吉姓武田是由于家康一生敬佩武田信玄，在武田胜赖死后不忍看到武田家就此绝后，所以将第五个儿子送给了信玄的女儿见性院当养子，这个见性院就是当年在本能寺事变中被明智光秀他们当成德川家康而砍死的倒霉蛋穴山梅雪的老婆。

结果是连武田信吉都这么死了，只能说是天要亡他武田家，没辙。

而痛失爱子的家康除了感到无限悲伤之外，也同时产生了深深的忧虑：这一年他已经60了，连20岁的儿子都这么撒手人寰了，这哪天要是轮到自己蹬腿走人，也实属正常。自己死倒是没什么，反正活了一辈子该玩的都玩过了，该折腾的也都折腾够了，可德川家怎么办？这德川幕府刚刚开创不久，所有的事情都还在起步阶段，一旦自己不在了，就凭秀忠那两把刷子，恐怕根本就不是淀夫人的对手，而且也完全镇不住天下的诸侯。

为了避免悲剧的发生，自然就得做了各种准备工作，其中最主要也是最首要的，便是确保家中的上下一心，这也就是为何家康要把所有的儿子都召集在一起的原因——让秀忠在众兄弟跟前确立至高无上的王者地位。

然而，让所有人都没想到的是，意外发生了。

且说次子结城秀康，他的领地在北之庄，也就是今天的福井县那里，此人南下来到江户，身边带了一支铁炮部队作为护卫。在经过中山道一个叫横川的关卡时，被幕府方面的工作人员要求留下铁炮，因为根据规矩，但凡诸侯前往江户，是一律不允许带铁炮、大炮之类大规模杀伤性武器的。

但结城秀康却执意不肯把铁炮留下，说是一定要带着这玩意儿去见老爹。

幕府官员说你不交枪的话那我就不让你过去。

结城秀康说小的们给我动手。

于是一阵乱枪，那位关卡工作人员倒在了血泊之中，当场就挂了。

强行闯关的秀康在抵达江户之后，反而恶人先告状，在宴会上当着德川家所有其他公子以及重臣的面向家康以及秀忠抱怨说是那位工作人员自己该死，并且还振振有词地表示，自己身为武士，理应钢刀铁炮不离身，怎能说交就交呢？

不仅如此，他还要求弟弟秀忠别放过那几个侥幸活下来的其他关卡人员，要把他们抓起来治罪，罪名就是阻挡秀康老爷，处理方法最好是死刑。

秀忠听了这话当然很为难，于是便把目光转向身边的父亲，但家康却仿佛浑然不知，只是面无表情地喝着酒杯中的清酒。

"请右大将大人惩罚那些不肖之徒吧！"

在家康成为将军的同时，秀忠也从朝廷那里获得了右大将的官位。

右大将也称近卫大将，官居从三位，秀忠能获此高位，当然是家康运作的结果。而他之所以要这么做，不仅仅是因为右大将这个官本身地位很高，更重要的是，当年镰仓幕府的开幕将军源赖朝，正是先当上了右大将，然后以此为跳板，开创了属于自己的幕府时代。

换言之，这个官位等于说是包含着家康对秀忠的某种期待。

只不过这个期待要变成现实的确还是挺困难的。右大将秀忠面对自己兄长的发难，显得有些手足无措，显然，他知道秀康是在无理搅三分，但若是明着拒绝他并指出他的错误的话，那就有伤兄弟和气了。所以秀忠只能采取装傻打哈哈转移话题的办法："这种下人能死在兄长的手下那简直是他的荣幸，哈哈哈。"

意思是我已经承认你做得对了，你丫的就别再给我继续胡搅蛮缠下去了，赶紧喝你的酒吃你的菜吧。

但秀康根本就不领情："是不是荣幸我还真不知道，只不过我身为德川家一门，带着铁炮以防万一有什么错？这种不让带枪带炮的规矩，对其他大名可以用，对自己人，还是不用为好吧？"

秀忠刚想顺着秀康的话说"对，的确是不用为好"，但他在不经意回头一看的时候，发现老爹家康正死死地盯着他，眼神极为犀利，于是连忙说道："这个么……这个么……"

他一边说，一边喝了一口酒，还夹起了一筷子菜，以便拖延时间，想下说辞。

"这件事，还是让我们当家臣的去彻底调查清楚了，再给结城大人回音吧。"

陪坐一旁的大久保忠邻实在是看不下去了，不由得挺身而出，替秀忠挡了一把。

因为这话说得在理，所以秀康也只能表示那你赶紧去查吧，尽快给我回复就是。

宴会总算是这么太平地继续了下去。

这天晚上，家康把秀忠叫去了自己的房间。

"秀忠。"

"是，父亲大人。"

看着有些紧张的秀忠，家康连忙摆手示意说你冷静点，其实找你来也没啥太大的事儿，就是跟你说一声，那个福岛正则啊，在秀赖大婚之后，四处串联，要参加婚礼的大名们人手写一份效忠丰臣家的保证书，并由他转交淀夫人保管。

秀忠一听这话当然很吃惊，并且更紧张了。

家康说你别怕，淀夫人本来就是女中豪杰，能有此计策并不奇怪，之前丰臣家和九条家的联姻，想必也是她的主意，但这些都没什么，只要有我在，保证她蹦跶不起来。

"但是，"家康突然话锋一转，"秀忠，我问你，如果有一天我死了，天下会发生怎样的变化？"

"这个……"秀忠想了想，"天下……天下会再度大乱吧？"

"嗯，不错。"家康表示赞同，"如果天下大乱，那么这场乱，将会由谁挑起呢？"

这话的意思就是要秀忠把德川家的眼中钉一个个给列出来。

经过数分钟的苦思冥想，一张黑名单基本草拟完毕，除了那位淀夫人之外，像福岛正则、加藤清正、吉川广家、黑田官兵卫、伊达政宗等人都名列其中。

"嗯。"家康点了点头，"除此之外呢？"

"除此之外？"秀忠很奇怪，一副"除此之外难道还有？"的表情。

"秀忠，你听好了，我爹，也就是你爷爷，松平广忠，是死在自己家臣的手上；我爷爷，也就是你太爷爷，松平清康，也是死在自己人手里。很多时候，身边的人往往会比敌人更具危险性，你明白吗？"

秀忠点头表示明白，可随即又说根据自己的观察，德川家中目前还没发现这种敢犯上作乱的王八羔子。

"那么,你的哥哥秀康如何?"

"秀……秀康?"

"秀康曾经是秀吉的养子,也正因为如此,才失去了德川家继承人的位置,由你这个弟弟接任。如果你是他,你会怎么想?"

秀忠不说话了。他知道,自己的那位哥哥性格粗野豪放,而且武勇了得,素有猛将之称,再加上今天发生的那枪杀关卡哨兵一事,更是证明,秀康的存在的确对自己而言是个威胁,如若不妥善处理,恐怕后果不堪设想。

但具体如何"妥善",秀忠还是将求助的目光投向了老父亲。

"你一定要重用他。"家康似乎并不希望看到不和谐的景象发生,"只要让他知道,即便不是继承人,却也是家中的栋梁,如此一来,便可无忧。"

秀忠连忙点头称是。

不过,秀康似乎并没有家康想象中的那么好对付。

不久之后,秀忠为表亲善,特地找兄长提亲,说是要将四女胜姬嫁给秀康的长子长吉丸。

秀康首先表示了感谢。

接着他提出了要求:"右大将大人还没有儿子吧?"

虽说是明知故问,但秀忠还是很认真地回答了这个问题,但同时也告诉了秀康,自己老婆的肚子又大了起来,这次多半是个男孩。

在没有B超的那个时代,多半是个男孩,一定是个男娃之类的话只能被当作是为人父为人母的一个美好的愿望,非常清楚这点的秀康表示,如果这次还是女孩的话,那兄弟你干脆就找个小老婆得了。

秀忠连忙推托,说找小老婆太那啥了,阿江那里交代不过去。

秀康笑了,这正是他所要的效果:"要不这样吧,若是这次依然是女儿,而你又不愿意讨小老婆,不如把长吉丸(仙千代)送你家来给你当养子,如何?"

秀忠这才明白，闹了半天那厮原来是要搞这个。

当然，他肯定不能答应，但也不好意思一口回绝，只能嗯嗯啊啊地说这次肯定是男孩，已经请能通神的人来看过了，跳大神之类的活儿也天天在做，绝对会感动上苍的，哥你就放心吧。

秀康听后只是笑笑，表示自己衷心地期盼阿江弟妹能为秀忠兄弟生个健康活泼的儿子。

这个祝福实在是相当虚伪。秀康的心中，想必是一万个不愿意阿江生下男孩，这样的话，虽说仙千代未必一定能成为秀忠的养子，但好歹还有那么一线的希望。

只要有希望，就会去争取，而这争取的具体方式是什么，可就不好说了。

总之，如果这次阿江生了儿子，那天下太平；要还是女儿的话，那很有可能就会动摇整个德川家了。

对于秀忠而言，压力似乎越来越大了。

第七章 少主诞生

光阴似箭日月如梭,在众人的高度关注下,阿江夫人的肚子一天天地越来越大,终于在庆长九年(1604年)的七月十九日,临盆了。

孩子生下来的时候秀忠正在马场策马狂奔,倒不是他不关心老婆孩子,只是他只能用这种方法来减轻因等待而产生的焦虑。

当时去通知他的是大久保忠常,也就是大久保忠邻的儿子,那一年他22岁,是秀忠的侧近,此人精通文武相貌英俊,深得家康和秀忠的赏识。

忠常跑到马场,看到马背上的秀忠,便大喊了一声:"主公大人!"

"等下。"秀忠一看到忠常便知道他来干吗了,于是连忙摆手示意对方先别说,"先让我有个心理准备。"

在念叨了大概有那么十几二十遍生男生女都一样之类的话后,秀忠终于放平了心态:"你说吧。"

"是少主!"

"啥?"

"恭喜大人,是儿子!"

另一方面,在伏见城,本多正纯也在第一时间里向家康报告了这个特大喜讯。

家康听完之后反应非常冷静:"孩子娘是谁?"

"主公大人,是嫡子。"

"你的意思是说……阿江？"

"正是。"

"你确定是个带把儿的？"

本多正纯表示虽然我还没亲手摸过但我能基本确定是跟我一样的纯爷们儿。

"好！"家康激动地站起了身子，"立即收拾东西，回江户！"

德川家康一般住在伏见，主要原因有两个：第一是离京都近，随时能知道最新的日本国内动态；第二个是离大阪近，起到监视丰臣家的作用。

而德川家康这次回江户，则主要是有三件事。

首要的当然是看孙子，这个不用多说。

在确认了的确是个男孩之后，家康又给孩子取了名字：竹千代。

这是德川家嫡子的专用幼名，换言之，只要这孩子能健康活下去，那他就已经是命中注定的德川家继承人了。

第二件事是请乳母。

在那个年头的日本，有权有势人家的孩子一般都要专门聘请乳母，而这乳母除了哺乳之外，还得负担起对孩子最初（一般是学语阶段）的启蒙教育工作，可以说是一个非常重要、责任也特别重的工作。

阿江说乳母我们已经请好了。

"辞掉。"家康连乳母是谁都不问，非常干脆利落地下了命令，"用我从伏见给你们带来的那个。"

一声招呼过后，从门外走进来一个相貌尽管说不上漂亮却倒还算端庄的女子。

"此人名叫阿福，曾经在京都公卿家中待过，礼节教养方面都非常出色，由她来担任竹千代乳母一职，那便是再适合不过的了。"

这位阿福，便是日后名震天下的春日局。看过《大奥》的朋友应该都知道。

说起来这位也是个苦命人，她爹是当年明智光秀手下的重臣斋藤利三，本来是家境挺好的一个大小姐，只可惜当爹的在人生路上选择错误，跟着光秀搞死了织田信长，然后又在天王山一战中败给了秀吉，搭上了性命，此后阿福便背上了叛贼女儿的黑名，开始过上了颠沛流离的生活。先是被她母亲家的远房亲戚收养，这家亲戚叫三条西国公，听名字就知道是公家，也正因为如此，所以阿福才会如此熟知各种上流社会的礼仪以及精通茶道、花道等技能。

之后，又被伯父稻叶重通收养，重通他爹就是当年赫赫有名的美浓三人众之一稻叶一铁。

再后来，她嫁给了重通的儿子稻叶正成，不过是续弦，两人结婚之时，正成已经是两个孩子的爹了。

阿福婚后的生活过得很不幸福，稻叶正成生性喜欢拈花惹草，据说还曾调戏过身边的侍女。阿福虽说性格温和，可却也受不了这种待遇，于是便在某日或是某夜，带着孩子抛下了老公，离家出走。随后的事情我们前面说了，她被聘为了德川家的乳母。

"承蒙召见，不胜惶恐之至。"阿福非常标准的礼仪和用词让全场为之一震。

"好久不见了啊。"一个声音突然响了起来。

一般情况下，在这种时候，阿福作为一个新来的奶妈给大家行礼是很正常的，而对德川家康、德川秀忠或是阿江等人来讲，他们是阿福的雇主，本没有必要回礼，即便是出于礼貌，那也多半就是回上一句以后就要辛苦你了之类的话，不管怎么考虑，都是没可能说好久不见的，毕竟谁都不曾跟这个女人有过一面之缘。

所以此话一出大家都备感奇怪，在场的人都一致将奇异的眼光投向了声源，想看一看究竟是谁那么标新立异。

结果发现说这话的人是个已经六七十岁了的老和尚。

他叫南光坊天海。

天海为何要对阿福说好久不见了呢？莫非他俩以前真的见过？

疑问并非只此一处。

阿福几乎是在离开稻叶家的同时，就被聘为了德川家的乳母，莫非真是巧合？

还有一点就是，家康从知道有了孙子到启程回江户，前后间隔不过数日，在这短短的几天时间里，他为孙子找好了乳娘。

这也太仓促了点儿吧？

要知道这可是德川家未来的继承人啊，万一看走了眼找了个无间道进来在身上涂点农药什么的，那这宝贝孙子竹千代岂不就此完蛋了？搞不好连儿子秀忠都得一块儿搭进去。更何况这阿福的出身本身就不怎么好，亲爹是叛贼，老公是那位倒戈一击小早川的部下，而且还是唆使自家主公倒戈一击的主犯之一。在讲究门第家世血脉的日本，这将军家乳母的位置，是怎么看怎么都轮不到她阿福的。

也就是说，阿福之所以能成为乳母，唯一的原因只能是有人在背后举荐她，而且这个举荐的人，一定是德川家康非常信得过的得力部下，像本多正纯这种愣头青还不见得能排得上号，至少也得是他爹本多正信级别的人物。

那么，这个人是谁呢？

我们以后再说。

而阿福在做完自我介绍之后，又忙不迭地开始介绍起了别人。

"从左到右依次是松平家的长四郎，水野家的清吉郎，冈部家的七之助，永井家的熊之助和犬子稻叶千熊。"

这五个少年是根据家康的命令特地找来侍奉竹千代少主的贴身小姓，工作性质大致跟中国古代的陪读书童差不多，就是陪着少爷一起读书一起玩耍，平日里负责保卫工作。

其中，松平长四郎是德川家重臣松平正纲的养子；水野清吉郎是水野义忠的次子，水野一族跟松平一族带亲，早在前面的书中我们就已经有过介绍；冈部七之助，按辈分算，是德川秀忠的乳母大姥局的侄子；而永井熊之助他爹就是永井传八郎，希望你还记得这哥们儿，即当年在小牧山长久手战役中抢人头的那个小名万千代的永井传八郎；还有稻叶千熊，他是阿福的亲生儿子。

总之，大家都是关系和后台相当过硬的家伙，是成为竹千代侧近的最佳人选。

"你们都是被选拔出来的既聪明又伶俐的孩子，一定要侍奉在竹千代少主的左右，并且在长大之后，也要努力奉公，为将军家尽忠。"德川家康说道。

"是！"孩子们齐声回答。

"很好。"

说完之后，家康看了看身边的秀忠，示意他也来说两句。

"你们就住在西之丸吧，吃住都在一起，彼此之间要团结。"比起家康的命令式语气，秀忠的话听起来更像是嘱咐，"对了，虽然是进了江户城，可学习文化还有武艺的修为都不可以怠慢。"

"是！"

"嗯，等下下去吃些点心吧。"

"对了，"家康突然想起了什么，"从今天起，竹千代就和阿福住在一起，你们没有大事，不要去打扰他。"

这里的"你们"，特指秀忠和阿江。

"和父母住在一起，多半会被宠坏，即便不被宠坏，性格也会变得软弱，所以最好的办法，就是分开。"

此话说得相当不容置疑，下面的阿江即便是心中有千万个不甘，却也只能默默地认命。

处理完第二件事之后，便是第三件了。

此事总体概括起来也就一句话：家康打算退休，然后让秀忠继承将军的职位。

话很短，但文章很大。

当时的日本，从名分上来讲，依然是丰臣家的天下，因为是丰臣秀吉代代相传的基业，尽管只有两代，可那也是理论上的"代代"。而他德川家康即便是当了将军开了幕府，那也不过是权倾一时，根本谈不上纵横一世，毕竟他就一代人，而且他还是征夷大将军。

征夷大将军这个官位，虽说有幕府将军的意思，但实际上，从本义上来看的话，不过是当年为了征讨虾夷而临时设置的一个总司令职位。

注意，是临时设置。

潜台词就是不长久。

丰臣秀赖总有一天要长大，一旦等他成人，那么你德川家康这个辅佐性质的临时总司令，是否还需要呢？

当然，凭你现在的实力你可以理直气壮地赖着不走并且表示是需要的，可等你死了之后呢？秀忠是一个根本不会耍无赖玩手段的人，你让他怎么办？

一旦这个临时的头衔没了，德川家在大义名分上就真的只能是丰臣家的家臣了，到时候别说是坐拥天下了，连身家性命或许都会有危险——万一长大了的秀赖突然回想起家康当年对他的种种压迫和欺负，一个不高兴下令剥夺德川家领地，把秀忠什么的送去八丈岛和宇喜多秀家关一块儿做邻居，那可就把事情搞大了。

为了避免这种悲剧情况的发生，所以德川家康自然得让这个带有临时工性质的征夷大将军变成能够长久干下去的家族产业。

那么最简单，也是最必要的方法就是让自己的儿子德川秀忠继承下去。因为这样一来就等于告诉全天下：将军之位，只归德川家所有，江户幕府，则将万世永存。

第八章 将军托拉斯

庆长十年（1605年）四月十六日，经过多方面的沟通努力，天皇终于下了圣旨，册封德川秀忠为新一代的征夷大将军。

多方面的努力和沟通就是多方面地塞钱送礼，并无其他什么特别的技术含量高的工作。

这一年，秀忠26岁，在他成为将军的同时，德川家康则也宣告退休，从此不再居住于江户，而是将据点迁至骏府，并且有了新的称号，叫大御所。

大御所的意思就是退休了的幕府将军，就好像退休的关白叫太阁一样。

消息一传出，又是一片举国沸腾的景象，有人高兴，有人愤怒。其中愤怒的典型代表当然是淀夫人了，这位大姐眼看着对面德川家是一而再再而三地当将军，而自己儿子连个关白都捞不着，江湖地位也日益低下，那真是又气又急。

与此同时，还有两个人也感到了异常震怒，那就是福岛正则和加藤清正两人。

作为丰臣秀吉一手带大并培养起来的栋梁之材，他们当然见不得德川家如此嚣张跋扈地将丰臣家视为粪土浮云，并同时认为，德川家在把将军之位家族化之后的下一步行动，必定是对丰臣家动手，所以两人决定，亲自去一趟伏见城，当面和家康对质一回。

对质的目的是没有目的，此次前去说白了就是兴师问罪，问一问你家康为何有如此大的胆子，居然敢把将军的位子传给儿子。

但问完之后该怎么办，两人心里其实没谱。说难听点，他们纯属跑伏见城泄愤的。

看着怒气冲冲的正则和清正，家康显得非常淡定，看座上茶之后，他佯装不知道地问起了对方的来意。

福岛正则是个急性子，他喝了一口茶抹了抹嘴便非常直接地问道："德川大人把将军让给秀忠大人，是什么意思？"

家康微微一笑："将军的位子可不是老夫'让'的，而是天皇宣过诏的，秀忠不过就是奉诏行事罢了。"

正则语塞，边上的清正一看老哥们儿不行了，得帮一把，于是也开了口："征夷大将军自古以来便是临时征讨蛮夷的指挥职，那么敢问德川大人，现如今，日本哪还有'夷'可供征讨？如果没有，那还挂着这个名干吗使？"

还不等家康回答，福岛正则又逼问了一句："莫非……德川大人把丰臣家当成征讨目标了？"

问完之后，两人心中一阵暗爽，并不由得开始佩服起了自己的三寸不烂之舌。

这两个问题可以说是相当犀利，如果家康敢公然回答丰臣家就是要他征讨的夷，那下场多半只有两个：第一是被正则和清正当场捅死在伏见城，第二是引起天下大名的不信任和不安。可若家康不这么回答的话，那正如加藤清正所问的那样，夷在哪儿呢？全日本都被平定了，石田三成死了，宇喜多秀家流放了，还有谁需要去兴兵征讨的呢？如果没有任何需要征讨的对象，那你这征夷大将军就失去存在的必要了，换句话讲，就是可以辞职了。

不管怎么回答，都很难作出对自己有利的解释来，至少提问题的那两个人是这么认为的。

底下一片死寂，所有人都把目光对准了家康，等待着他的答案。

"有，日本国内当然有夷了。"在略作停顿之后，德川家康开口说道。

"夷是何人？又在何处？"加藤清正不依不饶。

"南蛮人和红毛人，他们占据日本，宣传邪教，危害极大，在不久之后，幕府便会对这些蛮夷采取行动，将他们驱逐出去，还百姓一个太平世界。"

南蛮人和红毛人指的是西洋人，邪教就是天主教。这话的意思是西洋人跑日本来宣传天主教，弄得满世界都乱糟糟的，危害很大，我家康谨代表幕府宣布这帮家伙就是要征讨的夷，并很快将要对他们动手了。

洋人当然是蛮夷，这点中国和日本的看法是共通的。

于是福岛正则和加藤清正彻底傻了眼，谁都没能想到家康居然会如此具备国际视野，此时他们心里的感觉就跟你听今天的新闻得知联合国宣布将成立一支联合军然后用来讨伐外星人之后的感觉一样，又无语，又无奈。此外还很愤怒。因为两人知道家康是特意拿这说辞来搪塞他们，可奈何人家说话水平太高，实在是天衣无缝抓不到把柄，于是也就只能悻悻作罢了。

事情发展到这一步就已经非常明了化了：将军家和关白家是平起平坐的地位。也就是说，一直以来都在做婊子立牌坊假惺惺地表示自己是丰臣家家臣的家康，从此之后再也不会以这个名义出现在公众面前了，而是会自成一派，不仅和丰臣家地位一般高，甚至还有将其超越的架势。

于是大阪城那边当然就急了，淀夫人开始心急火燎地召集家臣商讨对策，不过因为形势实在逼人，一时间谁也拿不出什么好方案来，唯一的办法似乎就是让丰臣秀赖赶紧成为关白，然后和德川家康分庭抗礼——当然，仅仅是官位上的分庭抗礼。

淀夫人也没多考虑就表示同意了，具体的做法是找到她的儿女亲家九条兼孝,让他奏请天皇辞职,并举荐秀赖为下一任关白,同时,还派遣出使者去京都打通其他公卿的关节,打通方法和德川家一样:送钱。

这本是一套死马当活马的无奈之举,只不过没想到的是,即便是这样的办法,也出了岔子。

五月初,九条兼孝辞职了。

这个当年先是被家康扶上关白之位,接着又被淀夫人以联姻拉拢的可怜家伙,不知何故就这么突然表示自己不干了。

同时,他还以非常迅猛的速度出了家,剃了度,成为了一名敲木鱼的和尚。

言下之意就是告诉淀夫人,不要来问我为什么,我已经脱离红尘了。

九条兼孝辞职的具体细节理由至今已经不得而知了,但有一点绝对可以肯定,那就是必然与家康有关。因为家康明白,此人在位一天,那就必定会支持丰臣家一天,搞不好就偷偷奏请天皇说把关白的位子让给秀赖,到时候再想亡羊补牢可就来不及了,既然如此,那就先下手为强,直接通过各种手段让他滚蛋就行。

秀忠上台,兼孝下台,一连两个回合,淀夫人输了个五体投地。可还没等她喘口气定定神,家康的下一波攻击又开始了。

五月十日,一个名叫孝藏主的尼姑来到了大阪城,说是受德川家康之托,请秀赖少君前往二条城,参加新将军德川秀忠的上任庆祝宴。

这个孝藏主并非是一介普通角色,她本是北政所的心腹,当年丰臣秀吉还活着的时候,曾担任过丰臣家后宫的大内总管,风光一时,即便是淀夫人,在那会儿都得看她的脸色。

这一次孝藏主的到来,背后自然是有北政所宁宁的指示,而宁宁之所以要这么做,全都是为了丰臣家的未来。

德川家独大已经是事实了,事到如今如果淀夫人依然不识好歹地认为天下仍旧是丰臣家的,那基本上就算是自寻死路了。与其等着秀吉用一生心血开创的丰臣家基业到头来被毁于一旦，还不如干脆就此认尿服软，前往二条城庆祝秀忠当上将军，承认丰臣家是德川家的小弟。这样虽说面子上的确过不大去，可家业却能保住了，至少，丰臣家不会绝后，秀吉的血脉不会中断。

其实德川家康也并不打算真的就把秀赖和淀夫人这对孤儿寡母给赶尽杀绝，毕竟再怎么说也是孙女的老公，所以他便特地派人找到了北政所，向她陈明利害，希望她能够作出一个有利于丰臣家未来的选择。

而北政所想了想觉得似乎还真是这么回事儿，所以便派出了孝藏主去了一趟大阪，希望能说动淀夫人，让她忍一时风平浪静，退一步海阔天空。

不过淀夫人当然是不可能接受的了，不但不接受，她反而还质问起孝藏主来："德川秀忠未经丰臣家许可，就擅自成为将军，这是否算是不臣之心呢？"

不得不说的是，时至今日淀夫人还把德川家当作是自己的家臣来看待，实在是有些愚蠢了。

于是，孝藏主的任务宣告失败，只得回去向北政所如实禀报，并另行通知德川家。

在得知淀夫人的反应之后，家康笑了："正如老夫所料。"

他很高兴。

对了，我刚才是不是说过"其实德川家康也并不打算真的就把秀赖和淀夫人这对孤儿寡母给赶尽杀绝，毕竟再怎么说也是孙女的老公"这句话？

不好意思，那是骗你的。

其实德川家康的真正想法就是打算把这两位给赶尽杀绝，即便不杀，也要让他们变得一无所有，变得没有能力给自己的政权造成一星半点儿的威胁。

这个想法在以后或许还会有变化，但目前就是如此。

家康早就料到自视甚高,不明天下大势走向的淀夫人一定不会同意上洛参加秀忠的庆祝宴会,所以才会特地摆出一副不愿意将其赶尽杀绝的脸孔假惺惺地派人去请,为的就是在全天下人面前吃一个闭门羹,顺便也告诉天下人:看,不是我想把秀赖给赶尽杀绝,这一切都是他妈逼的。

就在孝藏主从大阪返回京都之后不久的某个夜里,家康把秀忠给叫了过去。

这次虽说也是独对,但气氛却相当轻松,老头子一手拿着酒瓶一手端着酒碟,一边招呼着儿子坐下一边给他倒酒。

喝过几杯之后,家康拍了拍秀忠的肩膀:"这就算是祝贺你当上将军的贺酒吧。"

根据多年的经验,秀忠明白,自家的这位老爹,没事情是绝对不会找自己过去喝酒聊天的,这次也不可能例外,绝对有什么了不得的惊天大消息在等着自己。所以,还是悠着点儿为好。

他双手端起酒碟,呷了一小口:"多谢父亲大人。"

又是几杯酒下肚,但家康除了倒酒,再倒酒,再再倒酒之外,就不再有其他动作了。

秀忠知道老头子肯定是有话要说,可他又不敢问,只得这么一杯接着一杯地喝,同时暗暗地揣测家康到底想说什么。

"秀忠。"

家康冷不防地发话让正在琢磨着的秀忠不由一惊,手里的酒都差点洒了:"父亲大人,何事?"

"你很幸运,但也很可怜。"

"……孩儿不明白……请父亲大人明示。"

"你26岁便当上了将军,为父我像你这么大的时候,正努力地在乱世战国中死里求生,这便是你的幸运之处;可是,你自幼便不曾经历过像我,以及像你哥哥信康还有秀康的人质生涯,从来都是生活在

065

蜜罐子里，这便是你的不幸。"

26岁当将军是一种好运，这个秀忠能明白，可为何没当过人质却又成了不幸？难道爹他们在做人质的时候每天过的都是快乐无边的生活？

秀忠一脸疑惑地望着家康。

"你不曾吃苦，所以不知人间险恶，虽说以宽厚待人终究是好事，可在现在这样的世道里，却往往会成为不幸的根源。"

"那……那应该如何是好？"

"你听好，秀忠。"家康放下了手里的酒瓶子，双手都搭在了儿子的肩膀上，然后说道，"但凡居于上位者，都必须要在自己的心中，藏有一匹恶鬼。"

生怕儿子听不明白，他又进一步做了解释："当断则断，如有必要，抛妻弃子也要在所不惜。"

德川秀忠的妻子，是丰臣家淀夫人的亲妹妹；德川秀忠的女儿，是丰臣家秀赖少君的大老婆，所以家康这话等于是挑明了告诉秀忠，自己已经做好了和丰臣家撕破脸皮大打出手的准备，而他，则要做好付出最大牺牲的打算：比如老婆跟你掰了，再比如女儿被对方挟为人质，或者干脆就是一句话：为了消灭丰臣家，你德川秀忠得有家破人亡的思想觉悟。

秀忠没有再像往常那样唯唯诺诺地点头附和，而是低着头，陷入了沉思。

他知道筑山殿和哥哥信康是怎么死的，所以他明白，老头子这回是动了真格，不是说着玩玩的。

他也知道，自己这辈子从小就是德川家的三少爷，自从兄长秀康当了丰臣家养子之后，便又成了德川家的世子，活到现在，除了老头子家康经常又是骂又是打的之外，还不曾受过一星半点儿的挫折和失败。

所以泡在蜜罐子长大的秀忠根本无法理解也无法认同为了消灭一

方敌人而牺牲自己亲人的做法。

事实上,他更不能理解的是这个时代——凭什么我要为了这些个有的没的玩意儿抛弃自己的老婆孩子?

"因为你是我德川家康的儿子。"

家康一眼便看出了儿子在想些什么,直截了当地点穿了他的心事:"如果你生在普通人家,或许没有今日的富贵,可却能得到比这些更为重要的东西。"

秀忠没有说话。

家康又重新拿起了酒瓶子,倒上了酒,然后端起酒碟,一饮而尽,接着长叹了一声:"小子啊,委屈你了。"

"不,不委屈。"秀忠摇头道,"身为父亲的儿子,是我的无上光荣。"

"当真?"

"千真万确。"

"嘿嘿,少吹牛了。"家康说着把酒瓶子往秀忠手里一塞,"倒酒!"

摇曳的烛光下,所映衬出的两人,只不过是一对普通的父子而已。

五月二十日,家康派遣六子松平忠辉作为使者,来到大阪城,主要任务是告诉秀赖和淀夫人一声,秀忠当上了将军。

既然你不肯来参加庆典宴会,那就由我来事后通知吧。

这种摆明了是装模作样兼示威的行为,自然不可能博得淀夫人的好感,在礼节性地听完了忠辉的说辞后,她又礼节性地寒暄了几句:"听说你是家康大人的六男?"

松平忠辉点头说是的没错我就是六男。

淀夫人又一脸假笑地说哎呀呀,你看家康大人多能生啊,十几个儿子还有很多个女儿,我们家就才秀赖这一个独苗。

本来会面到此就能结束了,可结果却发生了一件意料不到的事情。

"独子才好呢!"

松平忠辉突然大声地这么说道。

淀夫人一愣，秀赖也一愣。

"兄弟越多，吃亏也越多。"忠辉自顾自地继续说了下去，"我就是因为从小父亲不爱理我，所以长大了也是兄弟几个里领地最小的。"

说起来这倒也算是实话，结城秀康和松平忠吉这两个大的姑且不论，在当时忠辉的三个弟弟中，老九五郎八丸年仅4岁，领地是甲斐25万石；小十长福丸，这一年3岁，领地已经有20万石了，位于水户（茨城县内）；最小的那个鹤千代因为还在吃奶，所以不列入在内。而已经13岁了的松平忠辉，却不过才坐拥信浓国（长野县）川中岛藩，只有12万石而已。

这也难怪他要如此愤愤不平以至于到了大阪城都不肯淡定些许。

跟着忠辉一起出访的家臣花井吉成被这一番近乎无畏的言论给吓得脸都发白了，而淀夫人和一旁的大野治长也被惊得说不出话来，毕竟谁都没有想到，身为德川家的六子，居然会跑到丰臣家的大阪城来大倒苦水。

唯有12岁的丰臣秀赖，忍不住地哈哈大笑了起来。

"原来你就是千姬的那个叔叔啊？"一边笑，他一边说道。

"是，我就是千姬的叔叔，她在你这里过得还好吧？"

"嗯，过得很好。"

看着眼前这两个孩子，淀夫人和大野治长不禁也笑了，但笑了两声之后，两人又不笑了。

龙生九子，各有不同。你家康再凶再猛，可那还能有几年奔头？等你蹬腿闭眼之后，你的儿子们必然会起争端，从内部瓦解你的基业。

比如现在对你非常不满的松平忠辉，又比如曾经是太阁养子的结城秀康，他们都有可能成为摧垮秀忠的一把利剑。

所以，现在最好的办法，就是一动不动，慢慢地熬，等熬死了家康再说。

这边在熬着，那边倒也没闲着。

068

第九章 江户城物语

庆长十一年（1606年）正月，正当大伙还沉浸在新年快乐的气氛中时，将军秀忠发布了上任之后的第一道政令：扩建江户城。

此次和之前一样，还是"天下普请"，即让全日本的大名出钱出力为将军家修城——为将军德川秀忠修城。

这就意味着至少在明面上，日本已经进入了秀忠时代了。

同时，我也觉得已经到了有必要来扯一扯江户城这栋在日本历史上占据了重要地位的建筑的时候了。

所谓江户，在日语中就是江河入海口的意思。

说实话，那地方本没有名字，只不过因为当地的入海口太多，所以久而久之，也就叫了江户。

比如全日本流域面积最大，人称坂东太郎的利根川，其入海口就在那里；再比如只是在武藏野一带流来流去的平川，也是自那儿入海的。

平川就是现在的日本桥川和神田川。

不过自得名之后，在很长一段时间里，江户这个概念，不过是地图上的一个小图标，书本里的一个地理名词，基本上是无法给人留下啥特别的印象。

然而，江户这种毫无存在感的日子，终于在治承四年（1180年）被彻底终结了。

那年，一个叫源赖朝的人，宣布自己和当时日本的实权统治者平家政权正式开战。之后，他率领一支军队，从利根川左岸的国府台（千叶县内）出发，向对岸的武藏野发起了进攻。

武藏野就是江户的一部分。

迎战源赖朝的，是被誉为"坂东八国的大福长者，智勇兼备的平家栋梁"的江户重长。

他们江户家本是秩父氏的一支，只因领地被封在了江户，也就因地改姓了。

这个源赖朝，就是后来镰仓幕府的初代征夷大将军。

一般认为，镰仓幕府的开创，是日本武士治国的开端。

那么，攻打江户，也就自然成了日本迈向武士时代的第一步。

于是你现在就该知道，这江户对于武士而言，对于日本而言，是多么的重要了吧？

再说那位江户重长，虽说是败给了源赖朝，可倒也没死，而是投降后最终成为了镰仓幕府中的一员。源赖朝倒也不计前嫌，还是把江户一地封了给他，从此之后，江户重长及其子孙后代便继续代代守护着这块土地，直到两百多年后的长禄元年（1457年），因天下开始大乱，豪杰云起，江户家因实力不济，发生了全家被人赶走的悲剧。

赶走江户家的那个人，叫太田道灌。

太田道灌，永享四年（1432年）出生，自幼便是个天才般的人物，3岁会认字，5岁能断文，10岁精通诗词，吟赋作对无所不晓。

同时，他也是个个性相当张扬的人。

在道灌10来岁的时候，他爹太田资清为了让才气过人的儿子能为人低调一些，于是便写下了"骄者不久"四个字来勉励他，意为骄傲使人落后。

但小道灌却并不买账，拿着那张纸看了几眼之后，便提笔又加了俩字，使得原本的"骄者不久"变成了"不骄者又不久"。

意思就是说，长久不长久和骄不骄傲没啥关系，没能耐的人，就算低得跟乌龟一个调调，却也是早死早超生的命。

资清一看孺子如此不可教，也只能哀叹一声："你这孩子，太聪明了，所以总显得有那么一两分虚伪，不过倒也正如你所说，太不聪明的话，反而更容易引来灾祸。"

本来这话要是说到这里就到此为止，那就啥事儿也没有了，可偏偏太田资清想着自己为人父，总得多说几句："你看这障子，直立着，就是一扇门，可它要是弯了，那就只是废柴了。"

障子就是日本式房间中的纸拉门。太田资清本是把障子的"直"比作人的"智"，以此来告诉儿子，在这个时代生存，智慧更为重要。

真是祸从口出自取其辱，小道灌听完这话之后，立时就噔噔噔地跑出了房间，不一会儿又噔噔噔地跑了回来，回来的时候，手里多了一扇小屏风。

"爹，你看，这屏风如果让它直立的话，就站不起来了，可要是弯曲一些的话，反而能立得漂漂亮亮。"

资清当场就被这话给噎得吱不出声来了。

正所谓三岁看到老，像太田道灌这号人，首先，一定是个大器早成的家伙；其次，多数是个早死或是死于非命的人物。

怎么死的在此先不做深究，我们就说说他的大器早成。

从江户家后裔手里夺下江户的时候，道灌不过25岁。

某日，他坐船于品川冲出游，船开到一半的时候突然一条鲱鱼跃出水面，接着又跳到了甲板上。

这种鲱鱼在当年的日本被叫作九城鱼，该现象在那会儿被视为天大的祥瑞。

接着就在当天夜里，太田道灌梦见了天神，并且还受了天神的旨意，说他命中注定富贵，且富贵的发源地就在江户。

综合了白天黑夜所发生的一切以及当时的实际情况，太田道灌决定，在江户修建一座城堡。

城造得很快，当年就竣工了，城名随着地名，就叫江户城。

这个世上到底有没有天神这一号人物，我们至今不得而知，但是，自从江户城盖完之后，道灌却是真的开始一步步地走向兴旺发达了。

兴旺的最大原因是江户城。

在道灌的经营下，江户成为了当时全关东最繁华的地区，而那座一面临海一面临河周围被挖了深深的护城河并配有二十五扇大铁门的江户城，也被誉为东国第一城。

时至今日，活在当下的我们，或许已经无法想象450年前江户的繁华景象，唯有从一首描绘当时江户集市的歌谣中，才能看出些许来："房州的大米常陆的茶，越后的竹箭信浓的铜，泉州的珠犀武藏的兵。"

房州、常陆、越后、信浓以及泉州和武藏都是那年头日本的地名，指的是在江户，能够看到全国的特产乃至是全世界的特产，其繁华程度由此可见一斑。

这里值得一提的是"武藏的兵"，那个不是商品，而是太田道灌留在江户的驻军，每天都会在城中进行操练，每隔一个月，道灌就会亲自举行一次阅兵大会。

在城内驻兵有两个好处：首先，提高防御力，保障周边地区安全；其次，士兵也是人，是人就要吃喝玩乐，在客观上促进了江户地区的商品经济发展。

太田道灌最终确实是没能落下一个好，他在文明十八年（1486年）死于一场暗杀，此时的日本也已经进入了战国乱世，江户城在几经易手之后，最终落入了北条家的囊中。

北条家就是我们前面提到过的那个被秀吉灭掉的北条家。

因为时代不同了，所以江户城得到的待遇也不同了。

当时北条家正和下总（千叶县）的里见家打得不可开交，而临海且位于两家交界点的江户城，自然是不能再像当年那样搞集市了，而是成为了北条家用于进攻里见家的跳板。

桥头堡这种东西，本是不能搞得太豪华的，毕竟要考虑到万一被敌人给反攻倒算了，这家大业大的金汤之城便有可能在瞬间变为人家对付自己的有力武器。

所以在北条家的管理下，江户城只是江户城，只要不碰上天灾人祸把城给弄破弄烂，他们一般也就不会去干添砖加瓦的事儿。

再后来，便是德川家康接手了。

多年的荒废，当家康于天正十八年（1590年）第一次进入江户城的时候，不仅城墙是缺东墙少西墙，同时护城河也非常窄，有的地方甚至已经干了，而且城门和各种设施给人的整体感觉就是特别寒酸，和当时日本其他诸侯的居城相比，几乎就只能算是一个仅供土匪居住的小山寨。

在经过了无数次整改之后，江户城总算是开始变得像模像样了起来，庆长八年（1603年）家康出任将军的时候，城堡的规模基本上已经是达到了可以跟大阪城一较高下的地步了。

再说这秀忠接手了江户城之后，首先对本丸进行了大幅度改造施工。

本丸就是本城，是一座城的中心部分，而在这中心部分里，最为中心部分的，则叫作天守阁，就是日本城堡中最为高大挺拔的那座建筑，通常被认为是一座城的象征所在。

这次的修建基本确定了江户本城（注意本城二字）的格局，虽说之后历经天灾人祸，这城堡也是被摧毁过好几次，可每次重建之后，其内部模样都和庆长十一年（1606年）的基本无差。

从中也可以看出一手主持该项工作的秀忠，在内政方面确实有着深不可测的能耐。

秀忠所设计的江户本城，坐南朝北共有十七个部分。

自最南面的书院门（也叫中雀门）进去，就是玄关；玄关边上有间屋子，叫远侍，翻译成中国话就是门房；门房再过去，有两个地方，一个是能舞台,还有一个叫大广间。

能舞台就是用来表演日本传统高雅歌剧的舞台,每到逢年过节的,江户城里都会请个戏班子什么的来唱堂会,以示庆祝。

而看戏的人,则一般都要坐在大广间里。

大广间,是江户城本丸中占地面积最大的房间。它纵横五十米,共由五百张榻榻米组成,每当朝廷下了圣旨,将军要接旨,幕府公布法律以及年初年末的各种例行公事之类,都在此处举行。可以说是江户城中利用率最大,也是最具代表性的地方之一。

从大广间继续往北走,是一条长五十米宽四米的超级大走廊,因为墙壁四周画着千鸟停在松树枝头的壁画,故而得名松之廊下。

请诸君记住这个地方,因为在一百年后,将会有一场震惊全日本的大戏码在此处上演。

穿过走廊,又是一间大屋子,名为白书院,有三百张榻榻米那么大,是整个江户城中面积第二大的房间,仅次于大广间。

白书院有四部分:上段,下段,帝鉴之间和连歌之间。每当有大名向将军前来禀报政务国事以及照会幕府要求联姻之类的,都在此处举行。同时,如果有朝廷派遣使臣前来,那么接待他的宴会,则通常在下段举行。

出了白书院,往北又是一道走廊,因为壁画上画着是翠竹,所以叫竹之廊下。走过竹廊,就到了黑书院,这地方平日里不怎么对外开放,只用于接见和将军日常生活息息相关的身边人。

从书院门一直走到黑书院为止的这一大块地方,有一个通称,叫作表向,说得通俗一点,就是外部。再往里走,是御座之间,以此为中心的一大片,则被称之为中奥,即中间部分。

御座之间,也叫御休息处,顾名思义,是将军的私人居住空间,在表向工作的各种仆人在原则上是禁止出入此处的。那里总共由六部分组成:接待所、上段、下段、二之间、三之间以及大溜。其中,将军真正晚上能睡的卧房，仅存在于上段和下段两处。

因为是私人场所，所以历代将军大多都会凭着自己的喜好对御座之间进行一番改造，比如五代将军德川家纲因为特别喜欢能剧，所以特地命人在那地方的右边盖了一个小小的能舞台，这样每次想看的时候都能直接让戏班子来自己跟前演，不必大老远地又是穿松之廊下又是过黑白书院的跑大广间门前去看了。同时，又因为这小子在当将军的时候江户那里地震特别多，为了防止将军大人被震死，故而在二之间里又特别增设了一间避难室。

中奥再往北，那便是传说中的大奥了。

大奥，就是"最里面"的意思，说白了即是后宫。

多年以来，作为整座江户城中最神秘、最具诱惑力、故事最多的地方，大奥一直是老百姓们饭后茶余津津乐道的最好素材之一。同名的电视剧从昭和四十三年（1968年）一直拍到平成十九年（2007年），四十年间乐此不疲，最近还搞出了一部《逆大奥》，说的是将军是女人，后宫佳丽三千皆为美少年，估计编剧是打算以此来反映当今日本阴盛阳衰的现象再顺便吐槽一下食草男。

江户城的大奥主要有两部分：大奥对面所和大奥御主殿。

这里曾经发生过的种种事件以及那些住在里面的各式人等，在此我们暂且不说，到了该说的时候，自会细细道来。

在大奥御主殿的正北面，是天守阁。

江户城内的基本设施差不多就是以上这些，除此之外还有五扇城门，去掉刚才我们已经说过的书院门，剩下的是西面的西桔桥门，北面的北桔桥门以及东北的上梅林门和东南的汐见坂门。

要想造起如此的一座城，在当年的日本毋庸置疑是一项相当浩大的工程，但在德川秀忠的眼里，却还觉得不够。

除了本丸的改造，秀忠还对江户城进行了扩建，增设了二之丸、三之丸以及北之丸。其中，世子竹千代住二之丸，家康的一些留守江

075

户的侧室以及秀忠的老婆阿江分别住在三之丸和北之丸。

此外还要一提的是，江户城的天守阁，高度为四十八米，超过秀吉的大阪城八米，而占地面积更是大阪的两倍。

也就是说，天下第一城，已经不再是丰臣家的那座堪称固若金汤万年不破的大阪城了。

还记得前面我们说伊达政宗造城的事儿吗？我有明确说过，即便在日本，造出来的城堡大小高低也是有讲究的。

但现在德川家却打破了这种讲究。

个中内涵，不言而明。

安排完造城的事情之后，秀忠又下令厘定新官制以及修订各种法律。

因为德川家康的江户幕府是一个和丰臣秀吉的大阪政权完全不一样的东西，所以在各种制度以及律法方面，也就自然不能去山寨人家了，更何况家康本身就觉得丰臣家的那一套东西有着诸多漏洞，故而也不屑去山寨，而是力求创新。

这是一个非常日本式的创新——家康命令秀忠组成立法委员会，将镰仓幕府、室町幕府，乃至中国唐宋明三代的律法收集起来细细研究，再结合日本本国国情，最后制定出一套有日本特色的官僚体系以及国家法律。

老爹都下令了，儿子自然不敢怠慢。然而，就在秀忠忙里忙外只恨家康少给他生了两只手的时候，家中又出状况了。

第十章 二代将军秀忠

且说在这年正月的时候，江户近郊的一些农民抱怨收成不好，吃不饱肚子，于是便上访说是要求减免赋税。

这事儿按理说根本就不算是个事儿，毕竟农民上访是哪儿都能见到的，没必要大惊小怪。只不过因为是将军脚下，所以地方官们倒也不敢怠慢，但相当奇怪的是，这种本是非常常见、非常普通的情况，这些官员却并没有亲自处理，而是采取了逐层上报，把皮球踢给上头的方式来敷衍，然后就这么击鼓传花一般地一层层往上传，最终捅到了关东总奉行那里。

关东总奉行，指的是负责关东政务的地方官，总共设有三人，分别是本多正信、青山忠成以及内藤清成，其中正信是首辅。

当时本多正信凑巧不在，故而负责此案的奉行是青山忠成和内藤清成。他们知道再往上捅那就该捅到将军那儿了，这德川秀忠虽说心善，可你真要连这种小事都推给他亲力亲为以逃避自己的责任，那难保这菩萨心肠的哥们儿对你使出霹雳手段了。

于是两人决定，此事到此为止，就由咱哥俩给他办了。

具体的解决办法倒也简单：减免赋税那是没可能了，毕竟给你们减了别人家就会不服，久而久之大家都来要求减免，那我们吃谁去？

不过，虽说此路不通，但你们也可以考虑新的生财之道，比如别光种田，农闲的时候拿个弓箭出去打打猎啥的，既能改善生活又能吃饱肚子，而且还能有利于和谐稳定，岂不一举多得？

这方法确实不错，但我相信，看完了之后很多人肯定会产生以下两个疑问：

第一，农民们难道不知道农闲的时候依靠打猎来赚外快吗？第二，这种方法是人都想得出来，那为何底下那么多官员却都想不出，还要把皮球往上踢？他们是吃白饭的吗？

农民不是白痴，当官的也不是饭桶，之所以他们以前不在这里打猎，不是没想到过要打猎，而是根本不敢想。

原因是这地方叫东金，乃是德川家康专用的狩猎场，根据幕府的规定，此地是严禁一般平民打猎、割草或是开垦的，违者一律法办。

现在这两位奉行在未经任何请示的情况下就破了禁令，不可谓是不大胆，所以当下就有人开始担心了，说两位奉行老爷你们这么干也不怕幕府知道了拿你们是问？

两人很自信地说没事儿，有啥问题我们顶着，你们就去告诉那些老百姓，让他们准备好弓箭陷阱，开始打猎吧。

如此理直气壮，倒也不是没有原因。

首先，他们这确实是在为老百姓做好事，毕竟你德川家康已经六七十的人了，不可能天天都去打猎，一年到头能弯弓射大雕个两三次就很不容易了，既然不怎么用那个猎场，那让老百姓在平日里熬个鹰打个鸟那又怎么地了？做人别那么小气行不行？

其次，无论是青山忠成还是内藤清成，都是当年德川幕府中举足轻重的大人物。

青山忠成，烈士后代，他爹叫青山忠门，当年在和武田信玄的作战中英勇战死，他儿子青山忠俊，是幕府重臣，之前已经登过场了，这里就不多做讨论。

而忠成本人，自幼便跟随家康左右，长大了之后又跟了秀忠，此人在德川家单论资格的话，是能跟大久保忠邻、本多正信等重中之重的老臣有得一拼的。

至于内藤清成,那也是个相当了不得的人物,他19岁的时候担任过家康的贴身小姓,天正八年(1580年),29岁的清成应家康之命成为了年仅两岁的秀忠的傅役,也就是监护人。可以说,他是看着二代将军长大的家伙。

所以这两人有理由相信,就单凭为德川家卖命了那么多年,在家中资历又深又厚这一点上,家康也是绝对不会对自己的擅专而动怒丝毫,说不定,还会以"为民请命"之类的理由,给一些赏赐呢。

然而现实却给了这两位自我感觉超好的哥们儿当头一棒。

当时正在骏府养老的家康一听说此事,当场大怒,情绪异常激动,其愤慨毫不亚于今天玩游戏的你被人抢怪分经验。

嚷完之后,家康把本多正信给叫了过来:"你去一趟江户,告诉秀忠,老子很火大,让他自己看着办吧。"

本多正信看看家康,又想了想,笑了:"遵命。"

家康一看正信笑了,于是自己也笑了:"我已经退休了,这种事情,理应交给新将军处理,不然会让天下人说闲话的。"

再说本多正信回到江户之后,便将家康的话原原本本一字不差地传达给了秀忠。

秀忠当下就犯了难。

说老实话,他的立场和两位奉行其实是一样的。秀忠本来就觉得老百姓日子那么苦,去打两只鸟又能如何?干吗那么死乞白赖地占着一年到头都去不了几回的土地不让人打猎,这土地是死的,鸟是活的,从头顶上飞过去,凭什么不让打?

可老头子发话了,说自己很生气,后果很严重,还让看着办,那怎么办呢?

秀忠叫来了大久保忠邻,说老头现在火很大,你看着办吧。

大久保忠邻一听就知道是自家主公不忍心严惩那两个总奉行,现在是把皮球往下踢了。但身为人臣，自然就得替主分忧，所以他一脸无语地表示，一定处理好此事。

忠邻把两位奉行叫到了跟前，当着德川秀忠的面将他们一顿臭骂，最后撂下一句狠话："你们两个，就等着切腹吧。"

这真是一个谁都没能想到的下场。青山忠成和内藤清成当然就慌了，两人纷纷讨饶，希望秀忠看在自己卖命多年的分上，再想想办法吧。

秀忠虽然非常为难，但还是答应了他们，表示自己愿意去和家康沟通一下，毕竟这么处理实在是有些过分了。

这天夜里，他找到了本多正信，希望他能够代替自己出面，向家康求情，饶过两位奉行。

其实家康发火，秀忠也是心有戚戚，尽管想拉两位奉行一把，但却不敢自己出面，只得前去拜托自家老爹跟前的大红人正信。

正信在听完了秀忠的来意之后便笑道："将军大人如果真的想要饶恕青山忠成他们，自己下命令就行。"

秀忠说："你别开玩笑了，老头子那里都火大成那样了，我就算想饶，也饶不了啊。"

"大御所说了，秀忠大人才是将军。"本多正信的表情非常淡定，"您觉得，大御所是那种为了一丁点儿小事就要置跟了自己多年老臣于死地的人吗？"

秀忠很老实地回答："不是。"

接着他突然明白了什么："原来是这样！"

本多正信笑而不语。

次日，秀忠作出了最终判决：青山忠成、内藤清成两位奉行，因未经幕府许可而擅自打破禁令，是为大罪，只不过念及为德川家效忠多年，所以免其一死，着两人在家反省数日，没事不可外出，以观后效。

至于东金之地到底还准不准老百姓去打猎，秀忠没有明确表示。

实际上打不打都无所谓，只要你别在家康来打猎的时候当着老爷子的面跟他抢怪就行了。

这事儿就这么处理完了。

对于这个结果，家康没说什么，秀忠觉得也不错，至于两位奉行，那当然更是谢天谢地，感谢将军秀忠帮他们捡回了一条老命。

其实，这正是家康想看到的。

秀忠是德川家的继承人，他和自己的前任德川信康之间有一个最大的不同，那就是信康他不光是德川家的嫡长子，更是德川家的功臣，他为家中开天辟地打天下立过汗马功劳，但凡打仗，信康不是冲锋就是断后，每次不杀个血染征袍那就不算完。

也因为这个缘故，所以信康在家臣中间拥有极高的威望。

而秀忠不同，这人从天正七年（1579年）出生以来，就基本上没怎么打过仗，唯一担任过的一次总大将，还被真田昌幸给玩得团团转，丢了大人，所以就这方面而言，他几乎可以说是无寸尺之功。换言之，在那个以战为本的战国时代，秀忠在那些跟着家康一起生入死打天下的老家臣心目中，几乎算得上是毫无威信可言。

可偏偏信康死了，秀康又失去了资格，这继承人只能是他。做了继承人却没有威信，那便是一件很麻烦的事情。

所以，必须得帮他树威。

结合了秀忠的各项能力以及性格特点来看，让这小子以战功立威是肯定不行了，唯一能做的，只有卖仁。

所谓卖仁就跟现在的卖萌一样，即将仁义施展于人，用菩萨心肠来换取人心。可又得做得高明，因为一旦弄巧成拙，反而会有装模作样或是让人觉得懦弱。

要让一辈子都生活在父亲阴影之中的秀忠用一种坚强刚烈的手段来展现自己的仁义之心，那么最好的办法就是家康唱黑脸，他唱红脸，一个要杀，一个要放，最终是家康服软，秀忠得逞，如此一来，不但广大家臣会认可秀忠的仁厚，同时也会觉得此人颇有胆识，毕竟是在德川家康的刀下救人，并非谁都敢这么做的。

青山忠成和内藤清成是秋夏之交开始闭门反省的，到了这一年的11月，反省令便被撤销，两人继续出来做官，其中，青山忠成还涨了一万石的工资。

这事儿总算是这么给结了，然后大家一起过了个乐乐呵呵的太平年。

新年伊始（1607年），作为将军家居城所在的江户城，理所当然地门庭若市车水马龙，全日本各地的诸侯基本上都亲自动身，前往拜见将军秀忠，以恭贺新年新气象。

当年丰臣秀吉还活着的时候，大阪城也是这番光景，不过现如今斯人已去，心如明镜一般的大名们自然也就不再愿意浪费这个精力了。厚道一点的，也就是派个使者过去，衷心祝福一下淀夫人越活越年轻，丰臣秀赖小朋友好好学习天天向上。

这就叫时过境迁，物是人非。

再说江户城那边，除了各地的诸侯前来拜年之外，就连朝廷也派出了自己的使者——前关白近卫信尹奉天皇之名，来到了江户，拜会了将军德川秀忠。

四目相对之后，近卫大人首先送上了来自天皇的祝福，衷心希望秀忠身体健康全家幸福。

对此，秀忠表达了自己的感谢之意，并以同样的言辞回祝了远在京城的皇上。

接着，信尹表示，最近天皇觉得自己住的地方有些不好，想要再造一座新的宫殿，名字都已经想好了，就叫仙洞御所，只不过这皇家手头一直挺紧，所以……你懂的。

秀忠一听这话连称我懂，并表示天皇造宫殿一切费用都由幕府负责，但造无妨。

在一阵热烈的感谢声之后，话题终于被引入了最重要的部分。

"天皇要立太子了。"信尹说道。

当时的天皇已经不再是多年前丰臣秀吉想要认兄弟的那个正亲町天皇了,而是他的孙子,后阳成天皇。

此刻的后阳成主要有两个儿子,一个是觉深法亲王,年19;另一个是政仁亲王,年12。

不过前者已经出家当了和尚,再加上各种原因使得他和他爹之间的关系比较差,后阳成天皇曾明确公开表示不会让这家伙继承皇位,故而此人并不在考虑范围之内。

于是秀忠很想当然地来了一句:"政仁亲王要当太子了?那真是可喜可贺啊。"

"不,不是他。"近卫信尹摇了摇头。

秀忠一惊:"难不成你们打算把那个和尚给从庙里拉出来当皇帝?"

"不。"信尹又摇了摇头,"这次皇上打算让八条宫智仁亲王继承大统。"

八条宫智仁亲王是后阳成天皇的亲弟弟,也就是当年关原合战的时候跑去当敕使救细川藤孝的那位。这人其实挺有来头,想当初织田信长还活着的时候,就曾收他做过自己的养子,以示与朝廷的睦邻友好。后来信长死了,秀吉当了大拿,结果又非常自我地跑去朝廷,主动要求当这个八条宫的干爹,因考虑到这厮势大惹不得,所以皇家方面也不得不同意了这个提案。

也就是说,后阳成天皇打算让丰臣秀吉的干儿子来当继承人。

再说得透彻一点,那就是丰臣秀赖的哥们儿,将会是未来的天皇。

所以秀忠当场就表示反对,说我作为将军,正式向你们提出,这个方案我们幕府无法接受。

近卫信尹笑笑,说你接受不接受我都无所谓,我这回只是来通知你们的,并没有想和你们讨论的打算。

说完，他喝干了杯子里的最后一口茶，抹了抹嘴便准备走人了。

后阳成天皇之所以打算立自己的弟弟为继承人，其实说穿了正是因为他和丰臣家的这层关系。虽然现在德川家的确是如日中天，可家康毕竟已经老了，就在前一年（1606年）的夏天，还生了一场大病，当时眼瞅着就要蹬腿了，老头本人连遗嘱都立了，结果还是被几个妙手神医给死命救了过来。尽管如此，可这也能说明一点，那就是家康的时日真的不多了，只要他一死，软弱的二代将军秀忠，是断然无法承担起德川家那沉重的担子，也很难和精于心计的淀夫人相抗衡。

而近卫信尹之所以跑来找秀忠，也正是考虑到他是个软柿子，捏起来比较顺手，要真跑去找已经在骏府引退的家康讨论这事儿，那下场多半是凄惨的、可悲的。

只不过有一点他们都错了，那就是德川秀忠只不过是温和，却绝非软弱。

"八条宫是圣上的弟弟，废弃嫡子而选择兄弟，这本身就是有违皇家传统；其次，亲王殿下乃是太阁的养子，继承皇位，恐有所不当。"

之前我们就已经说过，日本人对于血统并不怎么特别看重，即便是当人养子，却也被视为亲生。这八条宫既然认了秀吉做干爹，那么他从此便是丰臣家的儿子，不再和皇室宗亲有关系，自然也就不应该继承皇位当太子了。

而且，德川家也是因为结城秀康当过丰臣家和结城家的养子，故而剥夺了他的继承权，转而让三男秀忠成为了将军。

总体来讲秀忠的这番言论还是相当靠谱的，既摆事实又讲道理，一般人往往很难反驳。

"话虽如此，但皇家却有皇家的规矩。"近卫信尹这才明白，面前的这个新将军其实也是个不好惹的主儿，于是干脆就放弃了跟他理论，直接坐地摊牌：我们和你们不一样，别拿别人当自己。

"皇家素来为万民敬仰，若作出有失王道之事的话，那就很有可能动摇治世的根基,近卫大人,您考虑过这点吗?"秀忠也放弃了理论,直接开始威胁了。

"如果有人胆敢反对皇家的决定,那便是不忠,将会被视作朝敌,将军大人,您明白其中的利害吗?"

因为考虑到威胁这种东西既不花钱也不耗电,又实惠又环保,所以双方立刻对展开了针对对方的威胁战。

德川秀忠主要以钱来威胁对方——"动摇了治世的根基"那就是说乱世又将来临,乱世一来,你们朝廷又会跟战国时候一样,过年连年糕都吃不起,如果不想过这样的日子,那就顺着爷来吧。

近卫信尹则比较侧重于虚的——不过是一顶刻着"不忠"二字的大帽子罢了,这些年来他们德川家收的各种帽子,没有一百也有八十,早就见怪不怪了。

然而,尽管表面上是有些虚无缥缈,但暗地里却是虚中有实。

关键词是朝敌。

所谓朝敌,就是朝廷的敌人,天皇的敌人。在当年的日本,皇上是神不是人,一旦惹来朝敌这个称号,那便是与天对抗与神为敌,只要天皇一道圣旨,那将会招来全国大名的共讨,连帮着说句话的人都不会有。

而且,当时的天下正处于一个非常微妙的阶段:尽管以实力而言德川家的确是名归实质的日本最大,但实际上底下却有无数双眼睛正在死死地盯着家康以及秀忠,那就是丰臣家和以福岛正则、加藤清正为代表的亲丰臣家诸大名们。

他们发自内心地期盼德川家康早日吹灯拔蜡,或者德川家早日遭遇什么不测,若是真有那一天,那这些人一定会为覆灭德川家的大业而出上自己的一把力。

所以如果现在天皇突然宣布说,德川家是朝敌,全天下应共讨之。那么,即便是说不上全日本的诸侯,也至少会有一半以上的大名,将拔出他们的"正义"之剑，指向江户。

这是一个黑暗的时代，黑暗到了每个人都衷心期盼着别人过得比自己更不好的地步。

故而乍看之下，似乎是近卫信尹的威胁更具杀伤力。

实际上也确实是如此，就算你德川家不给钱，可天皇还能问别人要，毕竟日本皇家讨饭的传统由来已久，再说又有那么多肯使钱的大名在，也不差你德川这一家。可要是成了朝敌，那麻烦就大了。

近卫信尹用一种非常轻松的表情看着德川秀忠，同时等待着他的回话，或许是一轮新的威胁，或许是干脆服了软。

但德川秀忠却出乎信尹意料地笑了："近卫大人，您这话实在是说不通啊。"

"怎么就说不通了？"

"即便是圣旨，也不是尽然全对的，面对有错的圣命，敢于挺身谏言，那才是做臣子最大的忠义吧？"

近卫信尹压根就没想到秀忠会这么说，一时间也无言以对，正愣在那儿的时候，更绝的调调又出来了："作为庙堂公卿，如果连谏言圣上都做不到，那才是真正的不忠吧？"

不忠的下场没变，只不过不忠的对象在瞬间就发生了逆转。

近卫信尹终于服了，只能认厌表示我今天只是来拜年的，没别的意思，秀忠大人您这儿还有茶么？给我续杯吧，我渴了。

第十一章 家人

此事传到骏府之后，德川家康立刻派出使者前往京都开始上下打点，目的只有一个：务必要让后阳成天皇立政仁亲王为太子。

除了不能让跟丰臣家有一腿的八条宫当太子之外，更为重要的是那政仁亲王今年不过12岁，正是年幼无知尚且未婚的单身小男孩，而德川家康的侧室梶夫人在这一年的一月二十七日，为家康生下了幼女市姬。

家康是打算把市姬嫁给政仁亲王，将幕府的血给引到皇室去。

说起来，这个梶夫人，其实也是很有一段扯头的。

虽说是当了别人的小老婆，不过她的出身却并不低，其爹名叫太田资康，乃是那个造了江户城的太田道灌的后代。天正十九年（1591年），13岁的阿梶来到了家康的身边，一开始做的是侍女，然后因被家康看上而做了姨太太。

据说看上她的原因，还是一个故事。

有一次，德川家康正召集群臣开大茶会，大伙一边喝茶一边聊天，说着说着，家康突然问了个问题：这世界上什么东西最好吃呢？

于是底下一片议论纷纷，有的人说肉最好吃有的人说生鱼片最好吃，几十个人有几十个不同的答案，谁都不肯服谁。

望着争成一片的大伙，家康笑而不语，正巧有个侍女上来倒茶，于是他便随口问了一句："你说呢？"

小姑娘很认真地想了想:"是盐。"

家康追问:"为什么?"

"因为再好吃的菜肴,若是没了盐,也会变得不好吃。"

"那么,这世界上什么东西最不好吃呢?"

"还是盐。"

"那又是为何?"

"因为再好吃的东西,只要多撒了一把盐,往往也会变得难吃。"

底下瞬间变得一片寂静。

在这天的茶会上,坐着的都是德川家谋国谋天下的重臣,像本多正信这种公认的高智商精英也列席在座,但关于家康的这个好吃不好吃的问题,所有人一致认为,这个不过十七八岁的小姑娘的答案才是最为经典的。

她正是阿梶。

既聪明,又漂亮,所以梶夫人理所当然地得到了家康的千万分宠爱。

然而,美中不足的是尽管被收了房有那么好几年,可她却一直都没能怀上孩子。这在德川家康眼里算是比较犯忌的一件事儿,因为在他看来,找小老婆除了让自己高兴之外,更主要的就是传宗接代,儿子当然好,女儿也勉强能接受,最要不得的就是啥都不生。眼看着梶夫人都已经年逾三十却依然没能为德川家生下一儿半女的,家康终于有些不耐烦了。

庆长十一年(1606年),老爷子将家中重臣,同时也是孙少爷竹千代跟前近侍松平长四郎的养父松平正纲召来议事,君臣二人说完家国天下之后,正纲正待告辞,没想到家康突然把他叫住,接着用很严肃的语气说道,你多年来为我德川家尽心尽力,既有功劳也有苦劳,所以我今天决定,赏赐你些什么。

松平正纲连忙表示不辛苦,为将军服务。接着又摆出了相当勉为其难的表情:不知大人打算赏我些啥?

让小八做你的老婆吧。家康依然很严肃地表示。

梶夫人幼名於八，经常被家康很亲切地叫作"小八"。

此话一出口，松平正纲的表情当场就扭曲了。

他知道，自家的主公是个生性不喜玩笑的人，而且还是这种事情。既然说了出来，那就说明家康肯定是动了心思。

但怎么着也是老大的女人，松平正纲为人比较传统，而且是发自内心地还想再多活几年，所以当下就婉言谢绝了，说自己老妻尚在，不敢接手，大人您还是看看有没有别的单身着的哥们儿，送他们去吧。

德川家康摇了摇头，说我就打算送你一人，而且，我也知道你夫人还活着，但没关系，我并不打算让小八做你的正室，在我这里，她就是个侧室，到了你那儿，还让她做小就行了。

正纲这回是真的慌了，他甚至觉得家康并非是真的要将梶夫人送给他当老婆，而是故意用这招来试试他的忠诚度，所以拒绝得愈发坚决。

结果就是一个死活要把老婆送给另一个，而另一个死活不肯要。

这样大概僵持了六七个回合，完全失去了耐心的家康最终拍了板，表示你要也要不要也得要，总之，今天晚上我就把她给送你家里。

说完起身就走，不再给松平正纲留下一丝说话的机会。

于是梶夫人就这么嫁到了松平家。

虽说是成了婚，可有了夫妻之名的两人之间却什么也没发生过，因为正纲只要一看到这位大姐就会立刻瞬间马上霎时失去所有一切全部该有的和不该有的欲望。

不仅没有欲望，他还会感到背上宛如针扎一般阵阵发麻。但怎奈何人都已经来了，想退是肯定退不掉的，于是只能像服侍老祖宗一样把这女人给供起来，整天最好吃最好喝地伺候着，时不时还得带着全家老小去请个安问个好啥的。

就这样过了差不多一个月，梶夫人突然感到身体不适，不仅常常会感到犯恶心，而且还变得特别喜欢吃酸的。松平正纲不敢怠慢，连忙请了医生过来看，谁知那医生刚一把脉，就立刻道起了喜，说恭喜大人贺喜大人，尊夫人有喜了。

松平正纲顿感晴天霹雳当头一棒，连站都站不稳了。

冤枉啊！

此时的他一定想对天这么大呼一声。

自己这一个多月来，含辛茹苦如履薄冰地伺候着那个活祖宗不算，连手指头都没敢沾她一下，怎么就这么怀上了呢？

谁干的？

在经过仔细调查反复询问，排除了一切不可能的因素之后，松平正纲终于得出了一个虽然他不敢相信却就是事实的真相：梶夫人肚子里的那个孩子爹，不是别人，正是德川家康。

其实在嫁过来之前，她便已经有了身孕，只不过那时候刚怀上，所以既没有啥反应，从外观上也看不出。

松平正纲终于长长地松了一口气，并立刻下令将梶夫人送回德川家。

因为梶夫人肚子里有了孩子，所以家康也就不再矫情了，而是很坦然地迎回了自己的宠妾小八，还安排人手照料她待产。

之后生下了个女儿，便是市姬。

家康想让自家的闺女当皇后。这个想法虽说不错，可宫里却自然是不肯乖乖就范的，面对德川家的使者，朝廷公卿们采取了拖延战术——既不答应支持政仁亲王当太子，也不再坚持要让八条宫继承大统，而是清一色地表示再议。

再议就是再看看再想想再等等的意思。

等到什么时候？当然是家康死的那天。

而家康那边也在等，在等一个合适的机会，将政仁亲王给扶上位。

就在两边都在傻等比毅力的时候，江户城里出事儿了。

竹千代生病了。

也不知道是不是和阿江是高龄产妇有关，反正这孩子打生下来身体就很差，隔三岔五地要生病，这次更是连续数日高烧不退，卧床不起，尽管遍请名医，下了良药，可仍然不见好转，小朋友还是整天都紧闭两眼伸直双腿地躺在被窝里。

消息传到秀忠那儿，第一个抓狂的是阿江，虽说这孩子不归自己带，可毕竟也是十月怀胎一脚踩在阎王殿里给生出来的亲儿子，一听说病重，她当下就急眼了，赶紧叫了贴身的侍女，说是一定要去西之丸探望竹千代。

一行人心急火燎地赶到了位于西之丸的竹千代卧房，正要进去，却被人拦住了："夫人，少主正在养病，您不能进。"

说话的人是稻叶千熊，一左一右还跪着永井熊之助等几个孩子，他们奉了阿福的命令把守门口，将一切前来打扰之人拒之门外，以便让竹千代好生养病。

已经气急败坏的阿江真想大喝一声滚蛋，可终究还是忍住了。她二话不说一把推开千熊，径直闯了进去。

再怎么说也是将军夫人少主的亲娘，所以那几个孩子自然也不敢真的豁出命去挡，只得睁眼闭眼地放行了。

屋子里，竹千代在洁白的褥子上，盖着洁白的绸被，身边坐着两个人：一个是阿福，她手里拿着一碗药，另一个是松平长四郎，他正在给少主换额头上的毛巾。

阿江一见此景也顾不得贵妇人的矜持，惊叫一声儿啊就冲了过去。

"不要过来。"阿福伸出手示意对方停步，而另一只手上仍然端着药碗，"少主需要静养。"

因为是钦定的乳母，所以阿江也不好跟她争什么，只是轻声地表示说自己就是想来看一眼儿子，就看一小会儿，马上就走。

就在两人说话间，竹千代已经睁开了眼睛，然后爬起了身子。

阿江以为小宝贝要找妈妈了，于是也不顾阿福的阻拦，一个箭步蹿到了儿子跟前，一把拉起竹千代的小手，看着他苍白的小脸蛋，唰地一下眼泪就掉了下来，嘴里喃喃着说些儿啊你受苦了之类的话，并一个劲儿地把竹千代往怀里揽。

所谓母亲，就是即便和你分开很久，即便不曾在一起生活过，却依然会为你的痛苦而流泪的人。

所谓儿子，就是即便跟亲娘生活了一辈子有时候也会翻脸比翻书还利索的动物。

更何况是刚来人间不过三年却在阿江身边都不曾住过一天的竹千代。

面对阿江，他心中毫无母亲概念，只是单纯地觉得这是一个陌生的怪阿姨，虽说还不清楚她想要干什么，但一种抗拒的本能使竹千代做出了一个让所有人都始料未及的动作。

他以最快的速度刹那间从阿江的怀里挣脱，然后转身就扑向了一旁的阿福，接着哭喊了起来："让她走！让她走！"

阿福用单手拍抚着竹千代的背脊，并将手里的碗给送了过去："先把药给喝了。"

那时候日本的医疗体系基本上都是从中国学来的，所用之药也多为中药，味道很苦，所以竹千代百般推托："我不喝，你让她走！"

"喝了。"

"不喝！"

于是阿福便不再说话，只是将药碗伸在竹千代跟前，而另一只手也从他的背上挪开了去。

两人僵了一小会儿后，竹千代非常不情愿地捧起了碗，将里面的药给喝了下去，脸上的表情看起来非常扭曲。

阿福笑了："喝了药，那就再睡一会儿吧。"

接着，她替少主盖上了被子。

将这一切都看在眼里的阿江一句话也没说，而是默默地离开了屋子。

走出西之丸后的那一瞬间，她跪地号啕大哭起来。

在哭泣的同时，阿江又作出了一个痛苦的决定：就当自己没有生过这个儿子，从今以后，自己要把所有的精力，都投入到国千代的身上。

　　国千代是秀忠的次子，出生于庆长十一年（1606年），因为是无关紧要的次子，所以由秀忠和阿江夫妇自行抚养。

第十二章 本多派 and 大久保派

这年七月,声势浩大的江户城改造扩建工程终于宣告完工,远在骏府城的家康一听说这个消息,连忙动身启程赶往东边,说是要亲眼看看这城造得咋样,验收一下工程质量。

秀忠闻讯之后,立刻带着群臣以近乎诚惶诚恐的态度出城数里恭候迎接,同时他还特意告诉众人:老爷子最近心情极差,你们说话做事都要小心。

且说在这年三月的时候,德川家的四公子松平忠吉因患上淋巴癌且医治无效而过早地离开了人间,终年不过 27 岁;闰四月,二公子结城秀康也撒手人寰,年仅 33,这位爷得的是梅毒,据说因染病得厉害,死的时候连鼻子都烂了。

这也就难怪江户城的大家伙要诚惶诚恐了,本来就是伴君如伴虎,现如今又碰上老虎家发生了白发人送黑发人的悲剧,导致其心情超级恶劣,这要万一谈吐说话有个半分不妥,那送了前程事小,断了性命才叫事大。

一大帮子人陪着家康从书院门进,过了松之廊下、竹之廊下,看过黑白书院,最后登上了天守阁。

老爷子站在高高的城堡向下眺望,随即皱了皱眉头:"护城河太宽了,去改改。"

"是,这就安排人去。"秀忠连忙点头。

又看了一会儿，家康突然发问道："如果有人要发兵攻打江户，那么他会走哪条路线？"

"回父亲，是西面。"

"废话，走西面的哪儿？"

"这……"作为一个不擅军阵的人，秀忠能够想明白敌人会从西面来而不是从东面来，就已经算是很不错了。至于到底是西面的哪块地方，你要真的逼着他回答那就是强人所难。

眼瞅着自家主公就这么僵住了，底下赶忙站出来一个家臣救场："回大人的话，以在下看来，应该是中山道和伊势街道。"

"嗯，那么若是我军布防，应该选择哪里作为主要据点？"

"最重要的，在下认为是尾张的清州城。"

家康眼睛一亮："你说得很对。"

接着，他露出了一副非常满意的表情转向秀忠："你有如此家臣，那我也就可以放心了。"

那位"如此家臣"一听这话，连忙就跪了下来："多谢大人褒奖！"

此人便是日后江户幕府的三朝重臣：土井利胜。这一年，他34岁。

不过个人倒是觉得重点防守清州城这个答案，虽然说不上不对，毕竟那地方南北兼顾兵家必争，但土井利胜这么回答，在很大程度上只是为了讨家康的好。

在德川家康心目中，"哪个据点最需要重点防守"的最佳答案必然是清州城，不然他也不会把自己的儿子松平忠吉给安排到那儿去。

而土井利胜正是明白这一点，所以才把清州城上升到一个空前重要的战略高度，等于是变相地给刚死不久的忠吉增开了一场追悼会，以表彰他为德川家把守门户多年的天大功劳。

这样一来，土井利胜能得表扬也就不足为奇了。

土井利胜，是一个既聪明，又很会讨好上司的人。

在视察圆满结束之后，家康又参加了由本多正纯主持的年度幕府

095

财政工作会议，并听取了财政报告。当他得知去年幕府在金矿开掘这一方面的收入较之以往有较大幅度减少之后，便提议表示，自己打算推荐一个人来总负责这一块的工作。

说推荐那是给秀忠面子，毕竟已经是退休老干部了，不好啥事儿都由着自己拍板决定，而秀忠当然也知道这其中的奥妙，于是连忙表示既然是父亲大人的推荐，那肯定是高手中的高手，自己一定用他，只是不知那位高手姓甚名谁？

德川家康说这人你认识，叫大久保长安。

大久保长安，原名大藏长安，他们家本是猿乐师出身。猿乐就是日本古代戏曲的一种。

因为唱戏唱得好，所以长安他爹大藏太夫十郎被武田信玄给招了过去当御用歌手，至于长安也因为在内政尤其是金矿开采方面有天赋而成为了信玄的家臣。

武田家灭亡后，大藏长安投靠了德川家，因其才华出众，所以被德川家的重臣大久保忠为看上，招他做了上门女婿，自此，改名大久保长安。

顺便一说，大久保忠为要是论辈分的话，还是大久保忠邻的叔叔。

和大久保家攀上亲之后，长安愈发得到了重用。天正十八年（1590年），转封关东的家康为了更有效地统治新领地，便设立了代官，即地方官，总共有十八名，而凌驾于这十八代官之上的，则被称之为总代官，担任者正是大久保长安。

庆长五年（1600年），关原合战之后不久，大久保长安又被派去主持佐渡金山和石见银山的开采工作。

庆长八年（1603年）二月，长安兼任了松平忠辉家家老一职，主要工作是负责和伊达政宗联络感情；十二月，任所务奉行，即财政部部长。

到了庆长十二年（1607年）家康决定让他担任全国金矿总负责人

的那会儿，大久保长安已经身兼年寄（内阁阁老）、所务奉行、总代官等数个要职，同时还管着德川幕府的土地测量，关东地区的修路开路以及度量衡制度修订等重要工作。

简单说来，这位大久保大人，其实就是当时德川幕府财政方面的一把手。

同时，也是大久保派的重要成员。

所谓大久保派，也称武功派，就是以大久保忠邻为首的派系。和他们敌对的，叫本多派，又称吏僚派，老大是本多正信。

这就叫有人的地方就有江湖，有江湖就必然有斗争。

当年的丰臣家是这样，现在的德川家也是这样。

不过目前显然还不是玩内斗的时候，毕竟还有很多事情要等着大家伙去做。比如清州城，这本是松平忠吉的地方，可现在他死了，而且还没有子嗣，那么这留下来的地，应该怎么处理？还有那么多原先跟着他混的家臣，该何去何从？

对此，家康聚集了家中的大多数重臣开会，共同商讨此事。

经过讨论，绝大多数家臣的意见还是比较一致的：如果幕府方面不打算把尾张国收归直辖的话，那么这块地方最好的领主候选人就是六公子松平忠辉。

理由是忠辉的年纪也已经老大不小了，都十五六岁的人了还窝在那十万石出头的领地实在有些说不过去，而且这孩子在军略武功方面也有不错的天赋，好好培养的话兴许能成大器，更何况他又是伊达政宗的女婿，要是把尾张封给他，也正好能和伊达家搞好关系，以后德川家要统一全日本，那还得指着政宗帮忙呢。

这话听起来确实挺有道理，就连德川秀忠也持了相同意见。

"不行，尾张不能给忠辉。"

发言人是本多正信。

大久保忠邻一听就急了眼，心想你小子莫非因为大久保长安是忠辉的家老才故意找茬？于是连忙站起来反问道："为什么不能给忠辉大人？"

"因为伊达政宗。"

忠邻愈发上火："正是因为伊达家，我们才应该把尾张封给忠辉大人，这样等于是告诉政宗，幕府非常倚重他，不是吗？"

本多正信摇了摇头，说你太天真烂漫太阳光可爱了，这伊达政宗说难听一点就是个贱人，你对他越好，他反而越容易尥蹄子撂挑子地跟你摆谱，可你要没事儿打压一下他，欺负一下他，那他反而会对你服服帖帖，不敢有任何越轨行为。

眼看双方就要吵起来，家康连忙摆手示意暂停，让自己说两句。

会场顿时安静了下来，大家一起聆听老大训话。

家康先是认可了本多正信的看法，对于伊达政宗是贱人一事，他也深表赞同，而且松平忠辉为人性格嚣张，上次去大阪还和丰臣秀赖称兄道弟，无视君父君兄，光冲这点，这尾张国清州城也不该是他的，不过，虽说不给忠辉，可幕府却也不打算直辖这块地。

底下一片哗然：既然不给忠辉，又不直辖，那么到底打算给谁？

"给义利吧。"

话一出口下面又是一阵议论纷纷。

义利就是德川义利，德川家的九公子，当年刚满7岁。

垂发小儿万户侯，只因他爹是家康。

只不过松平忠辉知道后又少不得在背后怨天怨地哇哇闹了一番，可这也是没法子的事儿，谁让你另一个爹是伊达政宗呢？

同样是个弱智，你生在皇家，那就是皇亲贵族，最次也能当个将军；你要生在农家，那就只能是村口的二傻子。

就这样，德川义利成为了尾张国清州城的城主，坐拥五六十万石的领地，之后，又改名德川义直，开创了尾张德川家。

第十三章 琉球往事

再说继家康之后，日本各地的其他大名也纷纷来到了江户城，以向秀忠道贺完工之喜。

十月六日，萨摩大名岛津家久到访。

岛津家久就是岛津忠恒，因为德川家康觉得萨摩岛津实力过于强劲，一定得好生待之，所以在庆长十一年（1606年）特地将自己名字中的那个家，赐给了忠恒。

因为岛津家还有个哥们儿也叫岛津家久，就是岛津义久、义弘的弟弟，岛津丰久的爸爸。虽说这哥们儿已死，可为了和现任当主加以区别以免有人误以为死人复活，所以在说大名家久的时候，我们仍然用他的旧名，叫他岛津忠恒。

话说忠恒到了江户之后，受到了德川秀忠的亲切接见，后者表示，萨摩岛津当年在朝鲜功不可没，理应嘉奖。

岛津忠恒心中觉得好生奇怪：这都多少年前的事儿了，你现在才提，干吗呢？不过表面上还是很毕恭毕敬地俯首谢了恩，同时问大人您打算赏我些啥？

"我把琉球给你们吧。"

刚刚还满脸笑容的忠恒刹那间脸就僵住了。

琉球就是今天的冲绳县，地理上位于日本列岛的南端，中国大陆的东面。

099

在距今一万八千年前的石器时代，那里便已经有人类活动的痕迹了，专业名词叫作港川人。而初次见于书籍记载，则是在公元7世纪所著的《隋书》第八十一卷《东夷传》里，只不过当时琉球被写作了流求。

因为离中国和日本都很近，所以自古琉球和两国之间的往来就都很频繁。

天平胜宝五年（753年），大唐高僧鉴真东渡日本。航行途中，他所乘之船因风浪被刮到了一个岛上。

要说鉴真不愧是一代大师，即便是在那个东南西北都不知道的岛上，都没有忘记宣扬佛法普度众生，用手势和树枝画沙画与当地土人进行了简单而又亲切的交流，当他看到众土人们对着一尊刻得相当粗糙的石像跪拜的时候，便用树枝指着石头问那是谁。

土人回答："阿儿奈波。"

于是在鉴真所著的《唐大和上东征传》一书里，那地方便被叫成了阿儿奈波。

后来被日本人给翻译成了假名，写作おきなわ。

再后来到了江户时代，大学者新井白石把那四个假名切换成了相对应的汉字，因为在日语中，おき能被写作冲，而なわ通常写为绳，所以连起来，就变成了冲绳。

后来废藩置县改名冲绳，其来源正是此处。

以上的事例都是见于明文记载的，而不在书中的例子，则更是不计其数。

到了公元8世纪，琉球诸岛上开始有了阶级分化，出现了有钱人和穷孩子，渐渐地也就有了自己的王朝和政权，其中早期最有名的，叫天孙王朝。

说起这个天孙王朝，其实和日本也有些关系，具体算起来是跟某个日本人有关，那人的名字叫作源为朝。

源为朝，日本著名武士源为义第八子，镰仓幕府初代将军源赖朝的叔叔。此人身高据说超过二米，乃是当时日本罕见的巨汉，且左手比右手要长四寸，故而使得一手硬弓，射出去的箭又狠又准。他自幼便随父亲为义在九州岛上东征西讨，从讨伐山贼土匪到射杀妖魔鬼怪基本上啥事儿都干过，不过二十出头便立下了赫赫战功，人送外号镇西八郎，在那年头属于传说级别的强者。

虽说是武功高强，外号日本第一神箭手，可源为朝的政治智商却并不高。在一次政治兼军事斗争的内乱中，他不幸站错了队伍并打输了仗，导致兵败被俘，后被流放到了当时人称不毛之地的伊豆列岛，开始了长达数十年的囚犯生活。

没想到当了劳改犯之后的源为朝仍然不肯太平。永万元年（1165年），他率手下数十人起事，宣布伊豆诸岛脱离平安朝廷，从此独立不再缴纳年贡。

要说这哥们儿胆子还是很大的，带了一个小分队就敢造反争天下，不过这倒也不是没有原因，一来是镇西八郎坚信自己能打；二来是他手下的那十几个人皆非普通人，都是特殊群体，学名叫作大男。

所谓大男据传都是上古时代盘踞在伊豆诸岛的鬼怪所留下的后裔，他们生性好战，体魄魁梧，是邀请来参加帮战群架的不二人选。

短短数日，源为朝和他的大男小队便占了伊豆列岛中的七座小岛——其实这事儿也不算太难，要知道当年日本本来就人少，这穷乡僻壤的伊豆列岛更是人烟罕见，有的地方纯属不毛之地，也就别提人了，连毛都没有，坐个船靠岸登陆留一个脚印就算是占领了。

或许是伊豆在当时真的是实在太过于地处乡下了，从永万元年（1165年）开始搞分裂的源为朝一连闹腾了好几年，连占数座无人岛外加抢了好几十艘渔船都没人来搭理他。直到嘉应二年（1170年），因为实在是搞得怨声载道了，伊豆列岛的地方长官工藤茂光才不得不上奏朝廷，说是源为朝造反，请拨大军征讨。

虽说源为朝当年是赫赫有名的镇西八郎，但毕竟事隔数十年，再加之这哥们儿常年蹲在荒郊野外身边也没几个人，所以平安朝廷那边听说源为朝造反的消息之后，也没多在意，只是很轻描淡写地派了一支总人数不过三四百的小部队前去镇压，并任命工藤茂光为大将。

这支部队分战船二十余艘向源为朝的大本营伊豆大岛开去，而另一边，源为朝望着这海面上的几十艘战船，再看看身边的那几个大男，这才明白了一件事儿：此仗断无胜算。绝望之余，他打算自尽，以免落入敌军手中受辱。

这一年的四月六日，源为朝先是将自己年仅9岁的独子源为赖一刀刺死，接着准备自己也跟着一起去，但转念一想，觉得自己一世英名现如今面对敌军就这么一声不吭地畏罪自杀，实在有些没面子，再怎么说至少也得放一箭吧。

抱着这样的想法，源为朝独自一人来到海边，弯弓搭箭朝着讨伐军舰队中的一艘船上尽力射去，箭正中帆绳，绳断帆落，眼瞅着就动不了了。

射完之后，源为朝转身回屋，准备自杀。

手下某大男很给力，一见主子回来连忙迎了上去，手里还拿着一根绳子——当时日本最常用的自杀手段是上吊。

源为朝接过绳子，往自己脖子上比画了一阵，然后又寻思了半天，最终又将其放了下来："吊死后的模样太难看，有失尊严，我不用这个。"

于是手下很关切地问那您用什么，我现在就去拿。

"不必麻烦了，就用刀吧。"源为朝一边说着，一边将腰间的刀给拔了出来。

接着，他解开了衣服，露出腹部，用刀对准了自己的肚子，深深地吸了一口气，然后猛地一刺，再一划，顿时血液四溅，因为切得太深，所以连肠子都流了出来。

源为朝倒地，痛苦了两三个小时因失血过多而亡。

在他垂死的那段时间里,讨伐军非常出人意料地没有攻上岛来,而是在那天快夜里的时分才上的岸,并且由一个叫加藤景廉的人帮他收了尸。

之所以来得那么慢,那是有原因的。

且说之前在源为朝射断人帆绳的那一箭,虽说没有射伤船上的任何一个人,却把大伙着实给吓得不轻,众士兵们一看镇西八郎居然亲自出马而且还有如此身手,纷纷备感恐慌。这一恐慌就开始纷乱了起来,这船上的人一乱,船自然也就左右摇晃了起来,或许是那年头造船技术不高明,再加上又吹来了一股大风,于是这船就这么翻了。

其余十九艘船上的人虽说不知道究竟发生了什么,但当他们看到源为朝一箭射翻了一艘船的时候,顿时吓得谁也不敢再动了,就连大将工藤茂光也被惊得不轻,当即下令暂停前进,生怕对方再弄出什么来伤了自己。

直到晚上,工藤茂光他们连等了数小时都不见源为朝有下文,这才命令船队偷偷前行,摸上了岛去,此时岛上除了源为朝和源为赖这两具尸体外,其余的跟随者都已经四下逃散了。

此事非常有名,最出名的地方还不是源为朝之死,而是他的死法,因为这是日本历史有记载的第一次切腹自尽。

既然是第一个切腹死的,那么无论如何,都可以肯定一件事儿:源为朝死了。

虽然这句话是废话,可你也不得不承认,这是一句正确的废话。

但偏偏日本人却不这么看。

且说在源为朝切腹之后没多久,各种谣言就开始在民间传了起来,主要说的是他没死,逃了。逃到哪儿倒是众人各执一词,比较集中的是说他去了琉球,并靠着出色的武功当上了那里的国王。

正所谓谎话说一千遍就成了真理,这谣言传到后来就成了历史。源为朝去琉球当国王的说法后来普遍出现在琉球地方的各类正史之中,像《中山世鉴》或是《思草纸》一类的书里都有相关记载。

个人觉得这种观点其实挺扯淡的，毕竟镇西八郎去的时候有人见证有人收尸还有人验尸，而且自杀的方式又那么出名，结果你愣要说他没死跑琉球去了，那实在是有点过分了。

且说源为朝之后，他的子孙（或者根本就是别人的子孙）在琉球诸岛上自立为王，建起了政权，又自行发明创造出了一本家谱并编了一段神话来证明自己的顺天承运：很久很久以前，天神造出了琉球列岛，并派出他的子孙来统治琉球，自己，便是这天孙。

结果是没过两年，天孙就被手下一个叫利勇的土豪犯上作乱给戳死了，然后利勇又被另一个豪族舜天给打败，最终，舜天登上了琉球国王的宝座。

舜家传到第三代，当家的叫义本，是个好孩子，他非常有自知之明地觉得自己的儿子不是治国安邦的材料，所以效仿中国古代帝王尧舜搞了一次禅让，将王位给了手下的大臣英祖。

初代英祖王还是比较强悍的，公元1291年，元朝曾经发兵进攻琉球，结果被这个英祖王带领岛民们击退了。

也就是在这个时候，琉球从日本引进了平假名（1265年）和佛教，初步确立了本土文化和外来文化所结合的琉球文化体系。

初代英祖死后，琉球陷入了一个比较混乱的时代，他的子孙们的权力和资源都被分化到了各家豪强手上，最终也直接导致了中央王朝的溃灭，而国家也分裂成了中山、南山和北山三部，史称三山时代。

无论是哪山，在各自为政的同时，都不忘记给明朝纳贡称臣，以表明自己才是琉球的真命天子。

对此明朝采取了高度的不干涉政策——他们光收东西不办事，任凭琉球岛上打得头破血流，也从来都不派使者承认哪一方才是正统。

所谓老大，从来都只有打出来的，哪有让人给挑出来的。

公元1429年，中山王武宁的儿子尚巴志消灭了其他两个山头，一统琉球群岛，建立琉球王国，定都首里，即现在的那霸。

虽说在当年争夺王位的时候，明朝那边很不是东西，可毕竟再怎么说那也是老大帝国，所以尚巴志在荣登大位之后，还是派出了使者上了一趟北京，说是自己一个不小心就灭了其他的两座山，现如今琉球三山只剩下自己这根独苗了，还望老大看在我多年送礼物孝敬的分上，赏点名分吧。

明朝一看岛上还真的就剩这一家了，得，那就认了吧。

当年，明廷遣使，承认了尚巴志的合法王位，并附带琉球国王印章一枚，以作证据。

尚巴志那一脉血统在琉球当了三十三年的王。三十三年间，他们虽说政治上依然依附大明，但文化和经济方面，却似乎和日本交往更甚。比如在公元1451年的时候，琉球人建造了岛上的第一个神社长寿宫，主要是用来拜祭天照大神，之后，又造了波上宫和琉球八社等各类神道教道观，同时还建起寺院，并请日本的和尚来为寺院的大钟撰文。

公元1462年，尚家王朝第五代尚泰久王病故。本来按照规矩，是该由他的儿子来继承大统，可估计是因为这家伙在位期间作恶多端，导致重臣对其极端不爽，大伙一致推选重臣金丸继承王位，统辖琉球。

金丸，原名思德金，农家出身，早年随爹娘耕地，后因各种机缘巧合当了国家大臣，人缘很好，深得同僚信任爱戴。

金丸当了国王之后，改姓为尚，单名一个円，人称尚円王。

对于这场政变，明朝那里仍然是没有什么太大的意见和干涉，依旧派使臣前来册封，承认对方的合法地位。

为了把尚巴志和尚円王那两路人马区分开来，所以后来人们把前者称为第一尚氏，把后者叫作第二尚氏。

截止到德川秀忠想打琉球的那会儿，第二尚氏已经传了七代，第七代叫尚宁王。

105

萨摩征琉

第十四章

琉球的历史差不多就是前面说的那些,之所以要讲这么一堆,其实千言万语都只是为了汇聚成一句话:那地方当时并不归幕府管,确切地说,那根本就不是日本的领土。

所以岛津忠恒相当愤慨——这瞎讲有什么讲头,你要这么喜欢扯淡,干脆就直接把火星封给我,再买一送一搭上个月亮,让我从今往后脱离地球替月行道。

秀忠连忙摆手示意对方淡定:"虽说琉球不归幕府管,可你萨摩藩出兵把它打下来不就得了?这年头要论打仗,有几个是你们萨人的对手?"

有道是拿得到就拿,拿不到则抢,正是这个意思。

岛津忠恒想了想,又提出了一个疑问:"名分呢?以什么名义出兵?"

尽管摆明了是侵略,可再怎么着也得要有个说法。当婊子还要立个贞节牌坊,更何况军国大事乎。

"太阁大人在征朝的时候,曾经让琉球助阵,这件事你听说过么?"秀忠问道。

所谓让琉球助阵,指的是秀吉攻打朝鲜之前,曾经派过一拨使臣去了一趟琉球,要求尚宁王投降丰臣家,并为日本侵朝军队提供后勤供给,但被对方严词拒绝了。尚宁王表示,自己是大明王朝的藩属,

106

宁死也不会降服尔等小日本，同时，琉球和朝鲜同为一个老大手底下的小弟，也没有理由坑害人家，所以，送粮一事也就无从谈起了。

秀吉听后很愤怒，嚷嚷着要把琉球一起给办了，为此，他甚至还一度奏请了天皇，设立了一个叫琉球守的官职，算是表明自己一定要把琉球纳入日本版图的志向。

顺便一说，这第一任琉球守，是龟井兹矩，就是当年那个把秀吉扯烂了的明朝圣旨给偷偷捡起来揣怀里带回家的哥们儿。

忠恒说："这事儿我知道，难不成你是想让萨摩打着完成太阁遗愿的旗号去搞侵略么？"

秀忠点点头："正是如此。"

在非常认真地想了那么两三分钟之后，岛津忠恒表示同意奉幕府之命完成太阁遗愿，只不过这事儿太大，所以还得容他回去准备一段日子。

秀忠表示尽管去准备吧，好好准备，争取一击必杀。

其实，萨摩和琉球这两家真要论起来的话应该讲关系还是相当不错的。早在尚巴志当王的时候，双方就已经有着相当密切的贸易往来了，在第二尚氏第五代尚元王的时候，日本正值战国时代，萨摩更是靠着琉球这个中转站，才将大量西洋先进兵器转入到自己领内。

元龟元年（1570年），岛津家当主岛津贵久派出使者，亲切问候了尚元王，而琉球方面也组织了盛大的欢迎会招待了来自彼岸的客人。这样的交流在贵久和尚元都活着的时候搞过两次，之后虽说不再有这种高层之间的互访，但两地的贸易以及文化方面的交流还是从来都不曾中断过的。

不过现如今时代已经变了，对于萨摩而言，把琉球纳入囊中肯定要比让其继续独立海外强得多，更何况上头又有幕府的意思，再加上琉球那里又跟朝鲜一样，属多年不知兵为何物的地方，不打白不打。

唯一的障碍就是隔壁的明朝——那个庞然大物会不会和当年日本

攻打朝鲜那样,横插一手搅乱战局?

对此,岛津忠恒作出了自己的判断:不会。

日本人很明白,七年的朝鲜战场,已经消耗了大明太多的财力和物力,这一回即便有心,却也无力。

更何况就算会也无所谓,因为他是鬼石曼子的儿子。

经过一年多的准备,庆长十四年(1609年)三月四日,岛津家点兵三千,战船百艘从萨摩出发,领军大将是当年在露梁海战中抄过李舜臣后路的桦山久高。

因为海上风浪比较大,所以船开得比较慢,一直到当月二十六日军队才抵达琉球本岛。经过了五天的急行军,四月一日,大家引吭高歌地走到了琉球王国的首都所在——首里城。

没错,确实是用走的,萨摩人这一路上基本就没碰到过任何抵抗力量。

虽说在日本人来之前,一些收到些许风声的琉球官员曾经信誓旦旦地表示食君禄忠君命,人在城在人亡城亡,大有一副"敢来信不信我砍死你"的派头,可当他们看到当年在朝鲜搞死过李舜臣,在关原爆过德川家康的岛津家武士真的就近在眼前的时候,立刻二话不说,纷纷连夜就带着家眷细软跑了。

首里是王城,尚宁王是国君,就算想逃,也是无路可去了,于是只能调集御林军四千余人出城迎战。

人数占了优势并且还能据城而守,应该讲从理论上看,琉球方面的胜算还是蛮大的。

当然,这仅仅是理论上。

那个年头,但凡打仗,那萨摩人就是一个魔咒般的存在,只要战场上碰到他们,那等于就如同火影里被开了伊邪那岐——自己的一切优势都会在对方面前化作乌有。

四月五日,琉球首里城被攻陷,四千琉球军全军覆没,尚宁王本人也成了萨摩的俘虏。

打完仗，抓完人，接下来就该是善后了。

虽说是占了人家全境，可萨摩人倒也没有自己动手亲力亲为地统治琉球的打算，而是准备弄一套以琉治琉的方案——先让尚宁王臣服自己，然后留下驻守官员，再叫琉球方面每年按时纳贡。

当然，表示臣服可不是嘴巴上随便说说就算完的，那得立字据，具体说来是由萨摩人先写一份降表，大致内容如下：

我本琉球国王／大臣×××，近两年来，岛上各种奇观不断，从河图、麒麟到独眼石头人、大乌龟之类的一应俱全，有时候买条鱼回来杀了吃还能在鱼肚子里找到黄绢，晚上睡觉都能听着狐狸叫，所以我坚信，这是要变天了。

没过多久，果真是天兵杀到，三千萨摩精锐以所向披靡之势迅速登上了琉球列岛。

说真的，我等这一天等了很久了，要知道我都已经开始学萨摩方言准备为天军带路了，可不想你们进军速度太快，我的萨摩方言还没来得及说顺溜，首里城就被拿下了。

事已至此，我只后悔自己没早点开始学萨摩话。不过有道是亡羊补牢，为时未晚，我想我现在顺应潮流，响应萨摩天兵的号召及时投降，为诸大人们进驻琉球贡献一些绵薄之力，应该也还算为时不晚吧？

另：我是真心想要投奔光明，这才写下这份降表，绝非有人拿刀在背后逼我，真的。

写完之后，再让尚宁王以及琉球百官每人都照样誊抄一封并在下面画押签字，以示归顺诚意。

排第一个的当然是尚宁王，因为只要他肯写，那其他人也就基本上没问题了。

尚宁王先是看了一眼这篇东西，再看了一眼和他一起被召过来的琉球百官，长叹了一声，泪水涟涟地拿起了早已为他准备好的笔龙飞凤舞写了起来，写完之后，读了一遍，又一声长叹，接着，签下了名字，盖上了金印。

群臣一看王上都签字了，哪里还有不认账的道理。只见大家纷纷各自挥毫，誊抄降表签上大名，然后交给在场的萨摩官员。

事情进行得很顺利，在场的萨摩人都非常满意。

但终究还是响起了一声不和谐之音："老子不签！"

众人转头望去，就看到一个琉球官员一边大声说道："我既为琉球之臣，只有为国尽忠，哪有屈膝向尔等下跪讨饶的道理？"

一边说着，一边还把笔墨狠命地摔在地上，又把纸给扯得粉碎。

一看来了刺儿头，萨摩武士们立刻全都围了上去，先问你是谁，什么来头。

"在下三司之首，亲方谢名利山。"

三司的全称叫三司官，类似于内阁成员，主要负责国内政务。总共由三人担当，其中地位最高的那个，会被国王授予亲方这一称号。

谢名利山，姓谢名，名利山，据书上说，这家伙身高在一米八上下，体格魁梧健壮，肤色浅黑，人如其貌，倒也是个相当硬实的汉子。

其实他并非土生土长的琉球本地人，其祖籍乃中国福建一个叫久米村的地方。这个久米村和琉球关系很深，早在洪武年间朱重八治世的时候，为了帮助落后闭塞的琉球兄弟，老朱特地下了圣旨，命福建沿海一带村落里读过书的，会开船的，能修东西、造东西的这一类技术性人才移民琉球。其中，久米村去了三十六户人家，史称久米三十六姓，这谢名利山的祖先，也是三十六姓里的一员，本姓郑。

所以利山还有个中国名字，叫郑迵。

不光祖上有中国血统，这谢名利山还真去过中国。

公元1565年，16岁的他被选为官派留学生，送往明朝留学，进入了南京的国子监学习，七年后返回琉球，之后又多次担任使者出访明朝。

这是一个不折不扣的亲华派人士。

公元1606年，也就是萨摩攻来的三年前，57岁的谢名利山被选为三司官之首，荣获亲方之称。

在琉球，虽说百官的任命之权都掌握在国王手里，但三司官由于位高权重等原因，故而不能让王一个人说了算，得大家一块儿选。

参加选举的是百官，总人数在一两百左右，拥有被选举权的是由国王挑出来的十来个精英，只不过按惯例，王族是不能参选在内的。

且说在当上三司官之后不久，谢名利山便摊上了萨摩来袭这一档子破事儿。

其实，因为考虑到琉球和自己的关系百十年来都挺不错，所以岛津忠恒还是比较讲人情地先写了一封信过去，表示只要你们肯投降，那我们就不打了，不然真要刀兵剑戟地闹将起来，你们肯定会死得特别难看。

该信一传到琉球，立刻在朝中引起了一场小地震。

有大臣认为，恐怖大魔王鬼石曼子又要降临了，果然还是投降比较好吧。

有这样想法的人很快就占据了朝廷的大多数，大家纷纷表示，与其被人打一顿之后投降还不如主动、自觉地率先恭顺，反正结局都一样，当然得选一条不用吃苦头的道儿。

唯独一人，以异常坚决的态度反对投降，他就是谢名利山。

"萨摩不过一藩，若琉球举国投降日本的一个藩国，那则连藩属的待遇都没有了。"

这话是说给尚宁王听的，意思就是你现在好歹还能算是大明公司分公司的总经理兼股东，可一旦跟了萨摩走，那多半也就只能混个部门主管了，个中利益，自己衡量吧。

尚宁王一听当然不干了，可一想到赶不走萨摩人一样要做部门主管，所以心中还是相当忐忑。

"王上不用担心,一旦开战,大明必然会派援军!"

有中国血统,去过中国留学,并和大明有着密切联系的琉球国第二号人物亲方谢名利山面对满朝文武的质疑,说出了这样的一番话。

在尚宁王看来,不管怎样,既然利山敢这么说,那多半是他心里有了底,或许已经给人家写过信了,或许是别的哪样,总之,像他这样的人,应该是不太会满口跑火车的吧?

琉球王这么想着,也就放下了心来,并且作出决定:抗争到底。

抗争的结果是一直到萨摩人的绳子都套到他脖子上了,明朝那边却连一条狗都没派过来。

不过说起来这事儿倒也不能怪谢名利山放卫星,其实他是真的有写信寄到北京去过,而且也的确是收到了回信,虽然字数比较少,仅仅只有三个字:知道了。比落款还短。

可利山却觉得这是大明王朝有深度的表现——言简意赅嘛,反正到时候给援军就行。

但是他不知道的是,早在十年前的朝鲜战争中,大明帝国就因消耗了过多的国力而变得空虚不已,连国库都是连年赤字,早就没了余力,虽然万般无奈,但也不得不作出了一个非常艰难的决定,那就是坐视琉球沦为他人之物而假装不知。

就这样,琉球被萨摩占了,但非常幸运的是,没有被灭国。

根据萨摩以琉治琉的基本国策,琉球的统治者依然还是尚家王朝,之所以没有大张旗鼓地把尚家人从琉球抹掉,主要是因为岛津忠恒考虑到明朝那边。虽说这次非常幸运地没有像十年前朝鲜那样招来不该招来的玩意儿,可毕竟当年余威今尚在,不顾及一些影响万一惹急了人家那再引发一些连锁问题似乎也不好,所以在明面上萨摩人还是不敢太招摇,仍旧保留了琉球王国原来的制度和领导班子,只不过在目前,琉球还是暂时归了萨摩派去的各官员代为管理,至于尚宁王和包括谢名利山在内的琉球的主要官员,则都被带去了日本参加培训班。

培训的主要目的说白了就是让他们认识到自己已然是他人之臣这一事实并发自内心地成为帮助萨摩统治琉球的工具。

就这样，琉球列岛成为了日本史上第一块海外殖民地。

在此有必要多提一句的是，秀忠让岛津家去攻打琉球，无非就是想让他们变相多拿一块领地，以安抚这帮颇具尚武精神的亡命之徒。只不过让他万万没想到的是，这招喂狼吃肉，纯粹就是一把双刃剑，虽然从表面看确实是安泰了西南边陲，巩固了幕府统治，但实际上也是为两百多年后的幕府灭亡埋下了一个重重的伏笔。

第十五章 天皇的家事

六月，负责维护京都治安的京都所司代板仓胜重遣人来到骏府城，向家康报告了一个惊人的消息：天皇后宫有些乱。

这是板仓大人经过两年秘密侦察所得到的成果。

而那位敢偷天之腥的哥们儿名叫猪熊教利，时任左近卫少将。

此人生于京都，外号无双美男。据说他每每走在街头，都能引发众多闲人围观，其一颦一笑，举手投足甚至是穿衣戴帽的款式，都成了当时京都男女追捧模仿的对象，比如这家伙的发型在日语中就有一个专门的名词，叫猪熊样（听起来像骂人）。

其实猪熊这个姓早在平安时代就有了，当时的日本首都平安京中有一条道叫猪熊小路，正好有公卿山科家分流的人住那儿，独立了门户之后，便以路为姓，改称猪熊氏。

再说这位猪熊教利，因为长得帅，所以特别受姑娘们的欢迎，但这小子是个坏料，太过风流，且越来越过分，到宫中偷腥还被天皇当场撞见。

结果天皇气得脸都发白了，双手颤抖着就想亲手剁了那小子，可怎奈何家丑不可外扬，一旦要杀了他，那等于这事儿就要被宣扬出去，这要一宣扬出去，那皇家的脸面便荡然无存了。

于是万般没辙之下，天皇只好下了一道圣旨，随便弄了个借口，把猪熊教利给逐出了京都，算是眼不见为净。

可不承想教利走了前后还没仨月,哥们儿居然又偷偷溜了回来,继续在京都兴风作浪。

消息传到江户之后,家康立刻下令京都所司代继续严查,然后没几天传来了一个更让人吃惊的结果:且说那猪熊教利回了京都之后,不光是再度重操旧业,甚至还四处联络其他公卿要他们跟着自己一块儿干,而那帮人一看猪熊大人偷了腥事发东窗却安然无恙,早就已经心头痒痒了,现如今教利又这么一挑,自然便跟着一块儿上了山。

据说这批人搞到后来还公然在皇宫禁地饮酒作乐,旁若无人地开起了大型聚会,其场面之不堪入目,已然到了令人发指的地步。

天皇知道吗?

天皇当然知道,就算不能具体地知道谁和谁有私情,但他还是非常清楚地明白,自己遭到了背叛和欺辱。

不过人生最大的悲哀还不在于此,而是所有的一切只能打落门牙往肚里咽,根本不敢往外传,理由就是之前说过的那一条:一旦败露,颜面尽失。

他甚至连像之前那样把猪熊教利偷偷赶出京都都做不到了,因为打断骨头连着筋,如果处理了猪熊,那么势必也要把其他人给一块儿办了,在这种事儿上要是开了地图炮,那等于是向天下宣告了。

对于人类,尤其是站在高处的上等人而言,在很多时候,那张脸永远都要比那条命来得重要。

就这样,天皇忍常人所不能忍,愣是把这事儿当作不知道,但他万万没想到的时候,尽管自己当了哑巴吃尽了黄连,可这事儿终究还是没能瞒住,仍然被外面的板仓胜重他们给知道了。

板仓胜重向江户方面一连汇报了数次,并写了一份长达几十页的调查报告,从谁和谁有一腿,有过几次,到什么时候有的,在什么地方发生的之类,都写得一清二楚,仿佛他板仓胜重在事发当时正拿着五星牌单反相机蹲守一旁似的。

再说德川家康在看完了报告书之后，先是露出了一丝相当诡异的笑容，接着，他立刻派出专人前往京都，协助京都所司代处理此事。

这话听起来就有些奇怪了，因为这怎么说也是宫里的事儿，你德川家康本不该去管，就算想管，却也是管不着的吧？

所以当幕府专案组的众成员来到京都，找到各当事公卿之后，清一色地被当成了捉耗子的看门狗，并遭到了很多的白眼。

公卿们普遍觉得，这帮关东武士就是吃得太撑了没事儿干，所以谁也不给他们好脸色看。更有甚者还公然表示说，你们这帮武士就是文盲，回去让德川家康好好看看《源氏物语》，他就明白什么叫作贵人们的恋爱了。

《源氏物语》是日本名著，主要讲的是平安时代的日本公卿之间凌乱华美的爱情故事，其中也不乏偷情之类的重口味情节。

让家康去看《源氏物语》，其潜台词很明确，就是请他这种乡下人好好学习学习，深刻领会高贵人群的爱情精髓，没事儿别来瞎掺和。

幕府那边的代表板仓胜重一听这话便再也忍不住了："你们这也算恋爱？这是赤裸裸的奸情！难道羞耻二字在公卿之中已经荡然无存了吗？"

我想，你已经猜到对方的回答了。恭喜你，猜对了。

面对如此掷地有声的质疑，众公卿非但没有一丝一毫的不安，反而还纷纷掩口失笑："所谓奸情，那也是恋情的一种啊。"

白马是马，公卿是人，所以奸情也算是恋情了。

板仓胜重当场被噎得一句话也说不出来，只得打道回府写信给家康，请求进一步指示。

数日后，江户的红头文件传达抵京，家康亲笔批复：找天皇，大张旗鼓地找天皇。

其实，老爷子对此次事件的看法和我们一样：虽然性质不怎么好，可毕竟也是朝廷的家事儿，作为幕府，要想越俎代庖地惩处祸首，那是没有可能的。

事实上他也没想惩处祸首,只想单纯地利用这件事儿:天皇不是怕丢人吗?那就把被戴绿帽子的事情当把柄捏在手里以此作为威胁呗。

威胁他什么?当然是立太子了。

八月,板仓胜重进宫,拜见了天皇,当时说的是要谈谈关于幕府和朝廷紧密合作的一些事情,所以陪同在座的还有一些其他的公卿。

谈了没几句,胜重突然说道:"启奏陛下,臣有要事相告!"

那年头的天皇被誉为活神仙,轻易不能让凡人看到尊容,所以每逢接见臣下,他的身前都要垂着一个长长的竹帘子,以显神秘莫测。

在听完板仓胜重的请求,竹帘背后发了一句话:"板仓卿,但说无妨。"

"据臣所知,在这朝堂之中,有人公然和圣上的嫔妃暗中私通,实乃罪不可赦!"

"板仓大人,你这是在面圣!"本以为胜重会说点别的什么,没想到居然是这话,当下就有武家传奏广桥兼胜出面想截住这个话头。

所谓武家传奏,通俗地说就是负责幕府和朝廷之间交流的联络员。

"正因为是在面圣,才要将此事全盘托出。"

"街头谣言,你也当真?"

"这绝非谣言,而是我多年调查的结果。"胜重说着,从袖子里摸出了一张叠着的纸,"所有参与私通的公卿以及嫔妃们的名字,全都记录在案,陛下,您可要听?"

竹帘子背后:"念来听听吧。"

板仓胜重将纸打开,清了清嗓子念了起来。

第一个名字,当然是万人迷猪熊教利。不过那天他并不在场,实际上好几天前他就没了踪影,多半是提前得到了风声,故而还不等天皇赶,便主动逃出京都避风头去了。

接下来,是第二个。

"参议，乌丸光广！"

这人在现场，所以发出了一声怒号："你胡说！"

"宫中守卫曾亲眼看你半夜翻墙潜入内宫，可以当面对质，乌丸大人，你敢吗？"

"……"

见对方沉默，胜重便继续念了下去："左近卫中将，大炊御门赖国；左近卫少将，花山院忠长；还有同为左近卫少将的南波宗胜，以及太医兼安后备。"

后阳成的身子开始微微地颤抖了起来。

"以上这些人，和以下嫔妃们有着奸情。"板仓胜重依然旁若无人地念着他的那张纸条，"广桥局……"

"通！"

一声巨响，广桥兼胜倒地不起。

那广桥局不是别人，正是他的女儿，由于长得漂亮，所以进宫当了嫔妃，而且还颇受天皇宠爱，不想却做出了这种事情，让当爹的兼胜顿感一阵天旋地转满世界的金星。

胜重感到再这么公开念下去估计就要出人命了，于是便把纸条放了下来，并往天皇的方向一推，意思是说要么你自己看看？

沉寂了大概有五六秒，竹帘子被拉了起来，一只手从里面伸了出来。

可以说，自打天皇娶老婆以来，从未像今天这样如此心如明镜过，时间、地点、人物、事件，一切都如此清楚明白地写在那张纸条上了。

涉案总人数达到十四人，其中嫔妃五人，公卿八人，太医一人。

"大御所的意思是，将这些人全员处死。"板仓胜重估摸着天皇也该看完了，于是便在下面提议道。

天皇说这事儿先别急，先让我一个人冷静冷静，缓一下。

板仓胜重说没问题，那臣在此告退，这纸臣就不带回去了，您留着自个儿慢慢看，有什么不明白的，随时可以来找臣。

数日后，幕府那儿给朝廷上了一道奏折，说是希望天皇能将这些乱搞男女关系的公卿给全部处死。

奏折被压了下来，天皇没准，也没不准。因为不管准还是不准，都很丢人。

又数日后，幕府又上了奏折，内容和之前一样。

天皇的处理方法也和之前一样。

再数日后，同样的地方来了同样的一道奏折。

天皇终于明白是怎么一回事儿了。

虽说幕府的确是无权干涉皇家的家事，但作为皇家的臣子，有权利也有义务向皇上提出建议，说臣希望如何处理此事。

每上一道奏折，等于是在反复提醒天皇：你的那些破事儿我知道，我都知道，我全知道。

潜台词就是：你的这张脸皮，是撕了还是护着，关键在我，都在我，全在我。

天皇懂的，但他还想最终再争上一争，至少，自己的那几个老婆不能全部就这么被弄死吧。

当月中旬，天皇下了圣旨，表示朕在位那么多年，累了，想退位了，这太子，就让政仁亲王当吧。

你既弯了腰，那我就低个头，一看天皇让了步，德川家康便也不再嚷嚷着要弄死那十四个男男女女了，而是很大度地告诉武家传奏广桥兼胜，说这些个狗男女，就让朝廷来处置吧。

二十三日，对于宫中丑闻一事，朝廷下达了最终处分决议：

猪熊教利，死刑。

应该说是理所当然或者罪有应得，这老兄造孽实在太多，而且搞出的后遗症也有一大堆，不杀不足以平天皇心头之愤。当时的教利因早知会有此下场，于是特地逃到了九州想避难，但结果还是被揪了回来，引头一刀。

119

太医兼安后备，死刑。

被杀的就这两个，其他的都是流放，像大炊御门赖国，被丢到了硫磺岛；花山院忠长，则去了北海道；至于那五名嫔妃，倒是都被送去了同一个地方——伊豆群岛中一个叫新岛的岛屿，以后她们可以做好邻居了。

还有两位得到了特赦，不杀头也不流放，就让在家好生反省：一个是时任右近卫少将的德大斯久实，另一个则是那倒霉的翻墙孩子乌丸光广。

其实光广那家伙人还不错，写得一手好字，在当时的京中相当有名，已经到了可以自成一派的地步；而且人也比较好心肠，曾经有一次，他的仆人急着要用钱，擅自把家里的东西拿出去给卖了，光广知道后，也只是微微一笑，全然不当回事儿。

做公家能做到这个地步，着实挺少见的。

只能说，都是年轻惹的祸吧。

天皇宣布要让位给政仁亲王，标志着德川家康在这场幕府和朝廷之间的战斗中大获全胜。

然而，老话有云：谋事在人，成事在天。

第十六章 皇位买卖

庆长十五年（1610年）二月十二日，家康的幼女市姬因病夭折，年仅3岁。

于是，这桩幕府朝廷争霸战的本质就成了家康想尽办法耍尽手段地把天皇给逼得退了位，以便让女儿嫁给新皇上，但结果却是一切都如他所愿地在进行，可临了女儿死了，使得一切都化作了泡影。

所以他一时间相当想不开。

同时想不开的还有伊达政宗。

因为这个贱人一开始并不知道家康的想法，故而他一门心思地想去提亲，好让市姬妹子嫁给自己的嫡子虎菊丸，以便让伊达家更加光辉闪耀一些，可谁承想现在妹子居然驾鹤西去，好好的亲事泡了汤，能不失落才怪。

不过既然人死了，那也就回不来了，后悔也无用，只得另外想辙。

这年五月，德川家康上了一道非常厚颜无耻的奏折给天皇，说是皇上您在位期间日理万机，勤政爱民，实乃不可多得的明君圣君，现在正值壮年却思退位之事，实在是有点不太妥当，您真要走了，那将会给我日本国和广大日本人民造成无可挽回的损失，所以，还是请您继续留在这位子上接着当天皇吧。

其实他的真实想法是再努一把力，争取再生一个女儿，等能把太子妃的位置给填补上了之后，再稳稳妥妥地让皇上滚蛋。

这种混蛋的想法很快就被天皇给看穿了，这回他可是真的怒了：当初是你要我滚，我滚就我滚，现在又要用手段，把我诓回来？

接着他当即回诏一封，以最为强硬的措辞表示了拒绝。

家康见诏当然不肯买账，他让板仓胜重替自己传达了三点：

第一，如果天皇不肯延期退位，那么在新天皇，也就是政仁亲王的登基大典上，自己和秀忠将都不会出席；

第二，自己不来，那么其他大名也不会来，当然，丰臣秀赖可能会来，那你们哥俩就开个双人派对吧；

第三，也是最关键的，你要造的那个什么仙洞御所，那工程款还差几笔没有交付，若你一定要退位，那幕府就不给了，到时候别说是仙洞了，山洞你都住不起；此外，这次新皇登基典礼所需的一切费用，我们也一分没有。

天皇一看自然更怒了，当场又回诏书一封：皇位不是你想买，想买就能买，让我走开，让我滚蛋，你别再无赖。

反正是一个要退一个不让退，双方就这么僵持了起来。

庆长十六年（1611年）三月，在和德川家康激情四射地唱了一年多的对台戏之后，后阳成天皇终于雄起了一回，表示自己一定要退位，不跟你再这么耗下去了。

二十七日，他以自己身体实在不再适合当天皇为由，直接宣布退位。

对此，家康也没多说什么，毕竟人家真不干了，你也不能派人冲进宫去给他俩耳光再把他强行摁在宝座上吧？再说了，自己都这把年纪了，纵然是再想生个女儿，恐怕也是心有余而力不足啊。

而且，现在的老爷子，还有更重要的事情等着去做，或者说，还有更重要的对手等着去搞定。

二十八日，也就是天皇退位的第二天，德川家康在二条城内会见了丰臣秀赖。

这次祖孙二人历史性见面的个中具体，还得从稍微前面一些的时候开始说起。

且说在庆长十五年（1610年）的时候，德川家康下令天下普请，要造尾张的名古屋城。只是这名古屋的主人既不是前将军家康，也不是现任将军秀忠，而是家康的九公子德川义直。

虽然是亲生的，但站在全局高度来看，这家伙也不过是个普通的大名而已。

为了一个普通的大名而让天下的大名出钱出力来修城，这种事儿摊在谁头上谁都是不肯去干的，就好比你绝对不肯无缘无故地出钱来给我家装修一样。

所以很多大名都觉得非常不爽，尤其是福岛正则，更是不止一次地在公开场合公开地表达了自己的抵制情绪："给将军造城，给大御所造城，那是没办法，可给德川义直造，凭什么？"

倒是他的好朋友，同为丰臣家老家臣的加藤清正更能明白事理："正则，若你不愿意去尾张造城，大可以回到自己的领地，做好备战工作，然后和幕府决一死战。"

清正看出了家康的用意，他知道这次天下普请，让大名们造城只是其一，更关键的，是要让大伙明白：现在头顶上的这片天姓德川，只要是德川家的命令，你们愿意也得去，不愿意也得去，不然，就等着倒霉吧。

同时，幕府也是在通过这种办法消耗着大名们的钱财，使他们没有财力来和自己对抗。

福岛正则当然没有觉悟和实力与幕府刀兵相见，所以只好骂骂咧咧地派出人手赶赴工地。

不仅如此，家康还特地派使者去了一次大阪城，通知丰臣秀赖，让他也来为名古屋的造城出点钱或是劳力。

这事儿的结果不用想也知道，淀夫人又一次代表秀赖，严正拒绝了幕府的要求。

但使者却很淡定地表示:"不急,你们先考虑一下,等过几天真的想好了,再来跟我说。"

淀夫人表示别说是想几天了,就算想几年也是这个答案,你就赶紧回江户城复命吧。

可奇怪的是对方却异常坚持地要求淀夫人再考虑考虑,于是淀夫人也就不得不勉为其难地答应说自己就再琢磨琢磨,你先下去歇着吧。

在象征性地想了两三天后,淀夫人决定召见使者,告诉他自己的最终考虑结果,显然,还是拒绝。

但是,很快就传来了一个相当让人诧异的消息:使者不见了。

据伺候他的人说,这厮在头一天晚上就离开了大阪,也不知道是回江户还是回骏府,反正是走了。

这下事情就很难办了,毕竟人没了你就算想拒绝可也无处下口了,可真要就这么装傻吧,万一家康拿此事当把柄拿捏自己一番呢?这似乎也受不了,万般无奈之下,淀夫人只得决定由大阪方面派使者一名,前去骏府城会德川家康一面,对他要求丰臣家参与名古屋城建造一事正式提出拒绝。

使者是片桐且元。

第十七章 二条城会见

当年三月,且元来到了骏府,见到了家康,在致以诚挚的问候之后,他表示,丰臣家对于幕府兴建名古屋城感到非常高兴,但是,因为各种原因,所以无法响应家康大人的请求来支援名古屋建设,实在是非常抱歉,还望您大人有大量,别放在心上。

家康笑了:"既然丰臣家很乐意看到我造名古屋城,那又为何不肯搭一把手出一分力呢?"

"实不相瞒,这些年来,丰臣家财政吃紧,说真的,已然是没了余裕来做这种事情了。"

"你是说……丰臣家没钱了?"

"正是。"

家康用很淡定的眼神看了一眼且元:"哪家的日子都不好过,其他的大名不也都出钱出力了吗?"

"丰臣家可不是'其他'大名哦。"

"不是其他大名是什么?"

"……"

见对方不说话,家康又淡淡地跟了一句:"现如今的丰臣家,不过是一介六七十万石的诸侯而已,这你难道还不明白么?"

"秀赖殿下乃是太阁大人的继承者。"

"太阁大人……他又在哪儿呢?"

"……"

"那么看重太阁大人,大可以追随着一块儿去啊。"

片桐且元已经一句话也说不出来了。

因为他知道,长期以来家康之所以还略微有些顾忌,那全因为秀赖是秀吉的儿子,纵然是无所谓丰臣家,可却也得考虑到别的大名的立场和感受。可时至今日,已经能够随意操控天下诸侯的他,早就没必要再被这层虚无缥缈的窗户纸给隔着了,是时候撕破脸皮亮出爪牙了。

这一天,终于来临了。

片桐且元低头不语,他在努力地想着是不是能用什么话来回敬家康,以便达到既不用帮着修城又不失丰臣家尊严的目的。

可这显然做不到。

"且元。"似乎是看出了对方的窘迫,于是家康打破了沉默,"若是你真不想让丰臣家来修城,那也不是不行,不过,你得答应我一件事儿。"

片桐且元慌忙表示您说,您尽管说。

"你去安排一下,让秀赖来骏府城见我一次。"

这事儿的性质大致等同于当年秀吉要家康上大阪见他。

所以片桐且元的面部表情非常为难。

"若是不肯来骏府,那便可以来二条城,要是连二条城都不肯来的话……"

家康没有说下去,其实也不用接着往下说,且元明白他的意思。

"好吧,容我回去和夫人以及少君商议之后再做回复。"

回家商议的结果可想而知是遭到了淀夫人的强烈抵制:首先,让太阁殿下的儿子,日本现在名义上的主宰者以及未来实际的统治者丰臣秀赖少君屈尊离开大阪城上二条城拜会德川家康,这是一种很失地位很没面子的做法;其次,家康生性狡诈,谁知道他会不会在会见的时候耍什么花样，万一掷杯为号杀出一帮刀斧手把自己的宝贝儿子给劫持了或是当场做掉，那可如何是好？

所以，不行。

持相同观点的还有大野治长。

片桐且元倒是认为必须去，一定要去，不为别的，就为了告诉家康，丰臣家愿意在德川家的屋檐下做小。现在最需要的就是忍耐，只要熬到家康寿终正寝，那什么都好说。

双方就此展开了激烈的辩论，但谁都无法说服对方。

就在这个时候，坐在位子上看他们吵了半天没出声的丰臣秀赖终于开了尊口："我去。"

说完之后怕大伙没听清，于是又追加了一句："我愿意去二条城见德川大人。"

淀夫人很惊讶，因为长久以来这个在自己身边长大，就连大阪城都没出过的小宝贝，从来都只有静静地坐在一边听长辈或是重臣说话的份，别说提出和自己相左的意见了，就连插话的次数，都是能掰着手指头给数出来的。

当妈的一时间没反应过来，良久才憋出来一句特没意义的话："你不能去啊！"

"我一定要去，这是为了丰臣家。"

"万一……万一家康对你做了什么……那可怎么办？"

"我是千姬的丈夫，德川大人的孙女婿，他怎么会加害于我？"秀赖非常有把握的样子。

而一旁的片桐且元也非常是时候地表示确实是这么回事儿，虽说德川家康确实为人奸诈狡猾，但人家再怎么说那也是天下的将军大人，不至于作出那种摆明了把你丰臣秀赖请到二条然后再一刀做了的没营养的事儿，你不要命，他还要脸呢。

淀夫人想想似乎也是这个理儿，于是便松了一口气，但总体上她还是依然没法放心:"你可是太阁殿下的儿子啊……如此屈尊去见家康,这让天下的诸侯怎么看我们……"

"不碍事的,母亲大人。"秀赖笑了,"我对外就说是去参拜丰国神社,顺道路过二条城,这才见的家康。"

丰国神社就是为了纪念丰臣秀吉而造的神社,庆长四年(1599年)开门营业,地点位于京都。

此言一出,可谓是语惊四座。

首先,这样的说法能很完美地撑住丰臣家的面子——我们只是在参拜了神社之后顺道地来看看你,仅此而已,别想太多。

该想法系丰臣秀赖原创,当时在座的没一个能想到,所以大家听完后都惊了一下。

其次,秀赖这一年18岁,这是他活在世间十八年来头一次自己出主意处理国家大事,而且出的还是好主意,并是和自己母亲淀夫人观点相悖的好主意。

这就意味着,他长大了。

"如此睿智,不愧是太阁殿下的儿子!"很少夸人的片桐且元当下就大声赞道。

作为当年秀吉钦定的监护人兼老师,毫不夸张地说,且元等这一天已经等了十八年。

至于那个当妈的,则早已被幸福的泪水打湿了眼眶。

不过高兴归高兴,考虑到此事确实棘手,为保险起见,淀夫人还是做了另一手准备:问卦。

反正都已经这样了,不如听天的吧。

丰臣家有个御用的算卦师父,同时也是家中的军师,叫白井胤治,那会儿已经出了家当了和尚,法号净三。

虽说看上去外表跟普通的老头子没啥区别,但实际上此人却是个了不得的角色。早在文禄八年(1565年),他就担任了下总国(千叶县)

白井城城主原胤贞的军师，且说那一年十一月，一代军神上杉谦信挥师南下意图攻取关东，结果在打白井城的时候，被白井胤治指挥的原家军打得丧师五千，大败而逃，就连谦信本人也在攻城战中受伤多处。

因为这次输得太难看，故而在上杉家所著的史料，尤其是谦信本人传记《谦信公御年谱》中并未被记载。

这真的是一个很厉害的家伙，也难怪后来会被丰臣秀吉给收入帐下。

话再说回大阪城，当时去问卦的是片桐且元，在得知来意后，净三师父非常专业地拿出了各种算命道具，一会儿点香，一会儿问神，紧闭双眼念念叨叨了大半天，然后一头大汗地说了一句且元终于能听明白的人话："我算了三次，三次的结果都是大凶，此次少君若去二条，必有不测。"

说完，白井净三提笔在纸上写了六个字：大凶，大凶，大凶。这是待会儿要呈给淀夫人看的。

片桐且元拿过纸，看了看："可是，这次如果不去，丰臣家反而会有危险。"

净三说："这事儿我不管，我就是个算卦的，卦文如此，那便是天意，谁都没辙。"

听完这话，片桐且元用非常意味深长的眼神盯着净三的脸看了足足有两三分钟，然后说了一句对方根本没想到的话："那你就把卦文给改了吧。"

白井净三说："你开什么玩笑，我是一个有职业道德的算卦师父，怎么可能把大凶给改成大吉？那不是蒙人吗？而且要万一真出事了，岂不是有损我的名誉？"

"那你的意思是不肯改了？"且元问道。

"恕难从命。"

"真不改？"

"真的恕难从命。"

"很好。"片桐且元站起了身子,然后拔出了刀子,"那我现在就让你大凶吧。"

虽说是曾经打败过上杉谦信,可那怎么讲也是50年前的事儿了,现如今的白井净三,就是个表里如一的糟老头子,走路都要腿打战,论砍人,估计都用不着两分钟便要死在曾是贱岳七本枪之一的片桐且元的刀下了。

所以他很为难:"这……这……"

"这次如果少君不去二条见家康,那丰臣家必有后难,你若执意要让丰臣家遭难,那我只有先杀了你。"

"好吧,我明白了。"

白井净三最终还是屈服在了那明晃晃的钢刀下,只不过在他把写有三个大吉的纸张交给片桐且元的时候,非常耐人寻味地说了一句:"片桐大人,或许您从一开始就误会了,其实,真去二条城,也未必会是丰臣家的大幸,该来的,还是会来。"

但片桐且元却始终坚持认为不去会更糟,于是这就真的没办法了。

而当不明就里的淀夫人看到了"大吉,大吉,大吉"这六个字之后,自然是非常高兴,马上就让人开始安排起了各种会见事宜。

会见的当天,为了以壮声势更为了确保安全,淀夫人特意挑了两名颇有地位且和丰臣家关系特殊的大名,拜托他们陪同秀赖列席在座。

一位是浅野幸长,这人算起辈分的话,秀赖还得管他叫一声表舅,让他去,很大程度是因为亲戚关系。

另一个则是加藤清正,也算是我们的老熟人了。让他陪着去,那是因为淀夫人相信,一旦真的在会见时候出了什么状况,这个人一定会挺身而出,纵然是对家康拔刀相向也在所不惜。

如此信任加藤倒也不是没有原因,想当年在朝鲜战争期间,加藤清正因得罪了石田三成,于是后者向丰臣秀吉添油加醋地如实禀报了前者在朝鲜战场的种种败绩，惹来了秀吉的不爽，下令让清正在大阪蛰居，好生反省。

蛰居就是关禁闭，没有命令天大的事情也不准出门。

庆长元年（1596年），日本京都地区发生大地震，秀吉所在的伏见城也遭了难，被震塌了多处，正在大阪的清正闻讯之后立刻率领三百家丁火速赶到伏见，日夜护卫秀吉的安全，生怕再来个余震什么的把太阁大人给震死。

灾难过去之后，加藤清正也不忙着领赏，而是作出了一个让所有人都没想到的举动——他穿着白装束，来到了秀吉跟前，请求秀吉赐他一死。

因为按照规矩，蛰居之身无论发生什么，一旦擅自出了家门，那便是死罪。

清正觉得，自己是丰臣家的家臣，冒着死罪去救主公，这理应是本分，并不能因为履行本分而法外开恩。

丰臣秀吉当然就这么被感动了，不仅不杀，还重重赏了清正一回，赏完之后，又解除了让其蛰居的命令。

也因此，清正得了个"地震加藤"的外号。

第二年（1597年），朝鲜半岛战端再开，加藤清正奉命回到战场，继续被委以大将重任。

当时的秀吉已经身体很差了，为了能让他早日康复，清正又作出了一个让所有人都想不到的事儿——打老虎。

自古以来东方国家就有吃虎肉能强身健体的说法，所以加藤清正想弄点老虎肉老虎骨头之类的送给秀吉，让其补补身子。另外，打死老虎也是猛将的象征，对提升自己的名气有大大的好处，就这样，清正带着人马便向丛林深处进发了。

结果还真让他给打着了，民间的传说是加藤清正一个人拿着一杆长枪跟老虎单挑，双方力战百余回合之后前者终于把后者给戳死了。

131

实际上压根儿就不是这么回事儿,而是在发现老虎之后,加藤家的铁炮队先齐齐开火,把老虎打了个半死,再由长枪队上前一人一枪把老虎扎成奄奄一息,最终主将加藤清正登场,一刀结果老虎性命。

这种打法别说是他清正了,就连丰臣秀次也能弄死个把只猛虎。

但不管怎么说,加藤清正还是得到了"为了太阁殿下不惜与猛虎相搏"的忠名,同时再得了一个新外号:打虎加藤。

淀夫人显然是信了地摊文学版的打虎英雄物语,所以她坚信,加藤清正一定会成为丰臣家的最终防线。

其实本来还想叫福岛正则的,但不知为何这小子托故没去。我没有说他怕了,我也从来都没有说过叫得越是响的人胆子越不大这种话。有可能只是福岛大人喝多了宿醉走不动道儿吧。

就这样,在二十八号早上,双方人等如约在二条城见面了。

首先映入众人眼帘的是丰臣秀赖,小伙子仪表堂堂气度不凡,据说身高超过了一百九十厘米,体重也高达一百五十公斤,虽说是又高又大,可从外观来看,却丝毫感受不到一星半点儿的笨重气息,反而还能给人一种威严里透着一股柔和的感觉。

反观家康,身高一米五六,腰围一百二十公分,简单说来,就是个死胖子。

不过这并非选美比赛,所以纵然是高帅富,也不会有半点优势。

除去秀赖、家康两位正主儿以及加藤清正、浅野幸长两个陪客之外,出席此次见面会的,还有北政所夫人、德川家九公子德川义直、十公子德川赖将以及德川家重臣本多正信、本多正纯和丰臣家重臣片桐且元等。

值得一提的是,义直娶的正房夫人乃浅野幸长的女儿春姬;赖将的大老婆则是加藤清正的女儿八十姬。

说穿了大伙都是一家人。

虽然双方是亲戚,但实际上这两家人也没啥好说的,故而在简单的寒暄过后，家康便打算直接进入正题得了，他挥手示意边上伺候着的，说是拿酒来。

在这种场合所喝的酒，也就是传说中的和气酒，跟打完架之后双方在酒楼里互相喝上一杯酒表示一笑泯恩仇这种事儿属一个性质。

不过日本和中国终究还是有区别的。在日本，和气酒一般只用一个碟子盛，我一饮而尽之后再把酒碟给你，你再一饮而尽，两杯酒下肚，代表我们从此就是同饮一杯酒的哥们儿了。

德川家康一只手拿着酒碟，很随意地往边上一伸，然后本多正纯赶紧跑过去倒酒。

倒完，家康双手捧碟，缓缓地端起，送到口边，接着头微微抬起，喝了一小口，又喝了一小口。

然后，示意正纯把酒碟传给秀赖。

本多正纯在接过酒碟的那一瞬间，脸色微微一变，但旋即又恢复了正常。

他放下了原本抱在怀里的酒瓶子，双手端着酒碟，恭恭敬敬地走到了秀赖跟前，再恭恭敬敬地把碟子捧给了对方。

秀赖开始还挺纳闷的：你光把个碟儿给我干吗？

但当他接过手之后，就顿时明白了过来。

那酒碟中还有四分之一的酒没喝完，不用说，是家康刚才留下的。

不管在哪个国度、哪个时代，吃人家的残羹剩饭总是一件不体面的事儿。但德川家康这回却偏偏就要秀赖喝一回自己喝剩下的酒，其用意不言而明，就是为了要让对方不体面一回，然后通过这种不体面，来证明一件事儿：丰臣家的当主丰臣秀赖，愿意为德川家康挽缰牵马，舔鞋认尿，简称降服。

二十五年前，也就是天正十四年（1586年）的十月，德川家康在大阪城向丰臣秀吉低头，表示臣服。

二十五年后的三月二十八日，太阁秀吉之子丰臣秀赖，会向这个

133

当年曾对自己父亲称臣的老头低头吗？

秀赖捧着酒碟，看看里面那只剩了不到一小口的福根儿，再看了看家康。

他能清晰地感到背后那些人的目光如针一般地扎着自己。

加藤清正，浅野幸长，还有片桐且元。

秀赖就这么端着碟子静静地坐着，渐渐地他的眼前不由得模糊了起来。

自打生下来，丰臣秀赖便是集各种荣誉和褒赞于一身的太阁之子，同时也是天下第一的丰臣家的唯一继承人，然而随着年龄的增长，他开始逐渐明白，老爹秀吉白手起家所打拼下来的家业除了那外表的闪闪金光之外，内在的却是一副任谁都难以扛起的沉重担子。

不过多年来，虽说负担沉重，却倒也轮不到自己来扛，母亲淀夫人虽说远不能胜过家康，可每次一出事，却永远站在最前面，替自己遮风挡雨。

还有片桐且元，还有大野治长，还有那个已经被砍头了的石田三成。

他们都在用各自的肩膀，试图扛起原本该由自己扛着的担子。

秀赖的眼眶开始湿润了起来，他甚至已经无法看清就坐在对面不远处家康的脸庞，但他却还是能感受到对方那咄咄逼人的目光。

酒碟仍然置于手中，既没有喝，也没有被放下，秀赖只是这么拿着并沉默着且颤抖着——手在略微地颤抖。

这样僵了大概数十秒——对于秀赖而言，仿佛如一生般漫长的数十秒。

接着，他高高端起了酒碟，然后一饮而尽。

丰臣家，就此臣服于德川家。

这担子，从即日起，就由我来扛吧。

现场依然安静一片，但每个人的面部表情，都发生变化，有如释重负的，有热泪盈眶的，还有不住点头的。

至于家康，则露出了一丝让人难以捉摸的笑容。

会见结束后，老爷子在二条城里举办了盛大的宴会款待前来的众人，大伙吃饱喝足了之后，便圆满散伙，各回各家。

这次会见，虽然表面上看乃德川家康一方的全面胜利，但事实上却并非如此。

没错，丰臣秀赖的确是装了孙子认了尿，当场喝了你家康喝剩下的那半碟子酒还顺带舔了你的口水，可那又如何？

你德川家康不是大蛇丸，口水无毒无害最多也就有点臭，秀赖舔了根本就死不了，非但死不了，还没有一丁半点的坏处。

可你呢？人家都已经装孙子装到这份儿上了，你还好意思再打他么？还好意思再将丰臣家给赶尽杀绝斩草除根么？

反正要是我的话肯定是下不了那手。

秀赖以抛弃尊严、面子等玩意儿来换取自己暂时的平安，算是以退为进的一种策略。

应该讲，作为一个18岁的少年，他能够有如此觉悟，如此行动，已经算是很不错的了，就算称其一声了不起也并不为过。

只可惜，他的对手是德川家康。

其实，在秀赖忍辱负重喝下那剩下的小半碟子酒的时候，家康就已经在心中作出了决定：一定要把丰臣家给灭得连灰都不剩。

原因很简单，秀赖如此年轻就知道人生进退，一旦真的羽翼丰满起来，那必然会直接威胁到德川家的存在。

到了那个时候，家康该怎么办？

家康根本办不了，因为那时候他肯定已经死了。

丰臣秀赖18岁，德川家康68岁，十年后，会是谁的天下？

京都的老百姓们已经用一句儿歌式的街头谣言给出了答案：御所的熟柿掉下来，树下的秀赖捡起来。

御所就是大御所，即德川家康。这歌的意思是，德川家的天下根本就是个熟柿子，只要等熟透，也就是家康蹬腿，那便自然而然地会从树上给掉下来，到了那时，秀赖连力气都不用费，直接弯个腰伸个手，便能捡起来放怀里。

你说家康能干吗？

他肯定不干。

从某种意义上来看，丰臣家的那位算卦师父白井净三的那卦其实挺准，促使家康对丰臣家起了杀心的导火索，正是这次二条城的会面。

所以，这次会面，根本就没什么胜负，从一开始，家康就已经打好了算盘——如果秀赖是个大傻瓜，不肯喝酒还当场把酒碟给拽人脸上，那便是天赐的良机，灭丰臣家算是师出有名了；可若秀赖要是个肯装孙子的聪明人，不给自己任何机会和借口，那么就稍微有点麻烦了，得自己想办法创造机会和借口。但无论是哪样，这丰臣家终究是不能留的。

只不过，由于秀赖当了一回聪明人，所以现在便不是动手的时候，毕竟人家刚装完孙子你就开杀这实在有点过分。必须得等到对方有把柄落在自己手里的时候，才能名正言顺地做自己想做的事儿。

再忍忍吧，都忍了一辈子了，这差不多该是最后一次了。

还是老规矩，他忍他的，我们不陪着，先扯点其他的。

第十八章 将军一家

话说二条城会见之后,除了刚才说的那个柿子儿歌之外,在街头四起的类似谣言还有一条,那就是老百姓们普遍觉得,当初德川家康逼天皇退位,惩处后宫偷情嫔妃,实际上真正用意是杀鸡给猴看。

这猴,指的是家康自己那庞大的后宫团。

前面也说了,老头子年纪上去了,和以前大不相同了,不再是想生孩子就随便能生的了,可他的小老婆们却都还一个个正值年轻靓丽的时候。为了不让这些姑娘们有非分之想而给自己戴绿色帽子,所以家康才特地借着朝廷的这道题大做文章,以此来旁敲侧击达到目的。

当然,这仅仅是谣言。

不过也正因为是谣言,所以也就在各种地方被人津津乐道着,包括江户城的秀忠家里。

"所以,男人果然还是不要讨那么多小老婆来得好,这样自己心里也能踏实,您说是不是啊,将军大人?"

到底是阿江,连说街头八卦的时候都不忘记旁敲侧击地教育自家老公别去乱采野花。

"当……当然,当然是这样。"

秀忠笑着回道,但头上却不断地渗着冷汗。

别说是野花了,就连野果,都快要结出来了。

诸位读者同学,你还记得当年秀忠长子长丸小少爷身畔的那个侍女阿静吗？

没错，就是她。

且说当年阿江带着千姬上大阪的时候，眼瞅着家中无老虎，这自称山大王的秀忠便迅速地跟阿静好上了，在阿江回来之后，两人也继续着这段地下恋情。只不过秀忠是个典型的有贼心没贼胆之人，想偷腥却怕老婆知道，于是只能偷偷摸摸地干活，把看中的阿静寄养在自己的家臣家里，然后每天蒙着个脸就露出两眼睛跑去幽会。这半路上要是碰上服部半藏他们家的人，估计还以为是来了夜行的了。

就这样夜复一夜、日复一日之后，阿静的肚子里终于有了。直到这时候，秀忠才反应过来：自己闯祸了。

但为时已晚。

庆长十六年（1611年）五月七日，阿静临盆，产下了一名男婴。

前来道喜的是土井利胜。听完这个特大喜讯之后，秀忠一脸惶恐地愣了半天，然后看着对方："利胜，这孩子要不先养在你家里？"

土井利胜满脸笑容一口答应："没问题。"

"那……那就万事拜托了。"

土井利胜仍然笑着点了头。

这要换了大久保忠邻那多半是不会应承的，就算应承，也绝对没那么爽快。

不过土井利胜就是这样的人，只要是上头下来的命令，他都能以最快的速度作出最让领导满意的回应。

"等等……"不过秀忠显然还是放心不下，"这样吧，利胜，你今天就带着孩子去你家，等过一段时间，再给他找个好人家收养吧。"

土井利胜表示不管是我养着还是找别人来养这倒是都没啥问题，只不过看大人您这意思……莫非是孩子您不想要了？

秀忠没有回答，但脸上的神色却显得非常无奈。

土井利胜见状，便也不再多说了，而是转身打算离开，好回去准备一下迎接少主的到来。

"等等!"

"大人……还有什么事?"

"你连地址都不知道你上哪儿去啊?"秀忠说着便把手伸入怀里,摸索了好一阵子才拿出了一张纸来,虽说这纸已经被汗水给沾浸,有些湿漉漉了,但已然是一副被折叠得方方正正的模样,"就写在里面呢。"

土井利胜接过,正准备打开,秀忠又发话了:"别看了,赶紧回去准备吧。那孩子在白银町一个叫四条藤右卫门的房东的出租屋里,租那房子的,是阿静的姐夫,叫竹村介兵卫。对了,我给孩子起了个名字,叫幸松。"

土井利胜紧紧地拿着这张还未来得及打开的白纸,默默地离开了。

这个地址,想必已经被背诵了不知多少遍了吧。

那个地方,想必也已经有过无数次要去的冲动了吧。

那个名字,想必早被念叨了千万回了吧。

望着他远去的背影,秀忠露出了一脸惆怅的表情。

修身,齐家,治国,安天下。

这和今天的"我要成为海贼王""我要成为火影"之类的口号一样,在当年,几乎成了每一个胸怀大志的男儿心中永远的浪漫。

秀忠亦是如此。

但此刻的他,却压根儿就浪漫不起来。

和自家老爹相比,秀忠安邦定国的本事其实还行,至少差距不大,尤其是内政方面,几乎可以说是不分伯仲。

可要说起齐家这事儿,那简直就是烛光和太阳,鱼目和珍珠的差别了。

德川家康,总共十一个儿子,五个女儿,除去筑山殿和朝日姬这两个正牌正房大老婆之外,还讨了十八个小老婆,这些还都是明面上的。除此之外偷吃的以及私生子之类的,那几乎没人能计算明白,比如之

139

前说的那个土井利胜，便有传闻认为这小子正是家康某次偷腥给留下的种儿。

尽管身居这支总数高达三四十人的超级家族团团长之要职，但家康却显得非常游刃有余。儿女们自不必说，一个个视其如神明一般；就连那二十来个大小老婆，也对他是服服帖帖，除去当年的筑山殿之外几乎没有一个人敢兴风作浪的，且大家彼此之间也很团结，几乎不曾有过为争风吃醋而产生互相攻击乃至不共戴天这样不愉快的情况。

再来看德川秀忠，儿子四个，女儿五个，大老婆先后两个，一个是织田信雄的女儿，再一个就是续弦了现在的这个阿江。至于小老婆么……那还真是不曾有过，长丸和幸松那两个孩子都是偷吃之后的结晶，他们的母亲没有一个算是秀忠正儿八经的侧室小妾。

按理说人少比较好管，但此时秀忠他们家，只能用四个字来形容，那便是鸡飞狗跳。

大老婆阿江，几乎成了江户城一霸，但凡她说出来的事儿，就没有人敢违抗，秀忠当然也不敢。好在这女人并非是那种坏心肠的家伙，也就是为人处世霸道了点儿罢了，再有就是特别能吃醋，除了这些也没啥别的问题，所以还不算是有害人物。

只不过这样一来，秀忠喜欢的那俩女人可就苦了：志乃和阿静，一个早在长丸死后便被阿江给赶出了江户，另一个目前则住在出租民房里坐月子，整日里就傻傻地抱着孩子对着江户城的方向一边流泪一边唱着何日君再来，可每回来的那个君却都是土井利胜——替秀忠送钱来的。

而秀忠那尚且活在世间的三个儿子也没让他感到些许安分：幸松都快改姓土井了；国千代倒是不错，可因为被养在阿江身边，所以被宠得特别厉害，而且阿江也三番五次地跟秀忠下命令，说是要他给尚且4岁的国千代封地。可这给谁领地不给谁领地该由家康说了算，所以秀忠也只能如实告诉老婆，说自己做不了主，可每次阿江都要在明知道要不来领地的情况下再闹上一场,而且每次都要在睡觉的时候闹,弄得秀忠是彻夜难眠。

再到后来,阿江也不再闹着要领地了,正当秀忠以为自己能睡安稳觉的时候,不料新花样又出来了。每次在吃饭的时候,阿江都要跟秀忠说今天国千代表现如何好如何好,今天书读得怎么棒怎么棒,说到后来,便直接夸赞国千代是一个将来定能成为一代明君的孩子。

每每秀忠听到这种话的时候,都会面带笑容地说上一句:"好,真好。"

但实际上他心里明白,阿江的真实意图其实是想要他把竹千代的世子给废了,然后换成国千代。

自打上次生病探望事件以来,阿江虽说还不至于恨上这个长子,因为不管怎么说也是自己十月怀胎的亲生骨肉,但就竹千代和国千代两人而言,很显然,她更偏爱那个小的,而且是偏得多得多。

至于阿福,那自然是毫无疑问地被阿江给恨上了,这也没法子,毕竟在阿江看来,之所以儿子会和自己如此疏远,这罪魁祸首,不是别人,正是那奶妈。

最后再来说说竹千代,尽管这孩子归阿福抚养不在身边,可好歹也是自己的亲生儿子,而且又是德川家的继承人,所以秀忠也是非常挂心,有事没事总要派人去问问这小子怎样了。

也不知道是该说幸还是不幸,由于秀忠每回派过去打探儿子消息的人都是土井利胜,所以他每回都能得到几乎千篇一律的好消息:竹千代少主读书很好,很是用功,武功练得也不错。

说幸,那是因为秀忠真信了利胜的话,故而每次都用竹千代也很不错竹千代也很厉害这样的理由来堵阿江的那张嘴;说不幸,则是因为竹千代此刻的情况事实上完全不是土井利胜说的那么美好,相反还挺差的。

第十九章 母与子

竹千代这孩子自幼身体不行,前面已经说过了,同时,因为从小缺乏母爱,没有双亲的照顾,所以在性格方面也很成问题。比如,他很矫情,总是有理没理地搅三分,具体表现之一为不肯吃饭,一般小孩子不吃饭往往主要原因是饭菜不好吃,而竹千代不爱吃饭是因为饭菜不好看,无法激起他的兴趣,所以每次最多像小鸡啄米那样吃上一小口,一天能吃一个饭团的量那已经属于好胃口了。

再比如,他很懦弱,经常在晚上偷偷哭泣。

再再比如,竹千代虽说年纪不大,可却着实有些暴戾,他不仅喜欢对侍女以及身边的那几个陪着长大的孩子们恶作剧,有时候还会做出相当过分的事情,像爬树打鸟,甚至是用石头砸小动物之类。

这一切的一切,其实归拢起来用三个字便能解释——孤独感。

无论是有多少好玩的玩具,无论是有多少陪玩的朋友,对于一个孩子而言,这些东西是永远都无法替代父母的,尤其是尚处于童年的孩子。

德川家康当年下令让竹千代和父母分开,为的是怕父母将其宠坏而日后成为无用之才,可与此同时他也犯下了一个致命的错误——把父母刻意地从孩子身边挪开,很容易让后者在成长过程中造成人生残缺。

这其实是一个非常经典的从某一个极端走向另一个极端的案例。

挑食厌食,晚上偷哭,暴力倾向,这些都足以证明一点——德川家的继承人，日本未来的主宰者，是一个性格有缺陷的问题儿童。

不过，对于时年不过7岁的竹千代而言，自然是无法琢磨到如此高深的境界，他能感到的，也就只有那无时无刻不向着自己袭来的各种孤独而已了。

这也就是这小子喜欢调皮捣蛋的原因——他想通过恶作剧，来引起大家的关注，他以为这么做了，大家都来围观了，自己便能不孤独了。

可是他错了。

当他拉着侍女们的头发玩闹的时候，她们虽然笑着说"竹千代少爷饶命！"之类的话，可纵然是7岁的竹千代也能看出，这帮家伙是在假笑，她们的真心话是："你丫的死小孩给老娘住手！"

当他往河里丢石头砸鲤鱼的时候，虽然会有侍卫跪下用很恭敬的语气劝谏道："请少爷您不要滥杀生命。"但每次竹千代都是置若罔闻继续丢他的石头，每逢此时，那些侍卫除了继续笑着重复之前的话之外，再也不会有其他的举动，有时候干脆就会扭头一走了之，其实竹千代知道，这些人真心想做的事情是噌地蹿上来给自己啪啪俩耳光，然后揪着他的耳朵怒喝道："你丫的小子手欠还是怎么着？这鲤鱼是招你惹你还是抢你老婆了你要这么对它们？"

可是，为何不管是侍女还是侍卫，他们都不会对自己说一句真心话，不会对自己的任何行为作出该做的批评呢？

难道就因为我是竹千代，所以大家都必须不理我，必须对我说假话吗？

那好，那我就继续恶作剧，直到大家肯理我为止！

因为孤独，所以捣乱，可因为捣乱，却更加孤独。

慢慢地，除了孤独之外，竹千代还感到了某种压力——毕竟每次一捣乱就会迎面碰上各种相当虚伪的面孔，久而久之，不心生厌恶才有鬼。

某日，竹千代少爷闲来无聊，带着那五个侍童四处晃荡，当经过鲤鱼池的时候,看着池子里活蹦乱跳的鱼儿,他的手不由得痒了起来。

手底下那几个孩子一看这祖宗又要虐杀生灵,连忙上前劝阻,第一个站出来的是稻叶千熊:"少主,使不得。"

竹千代鸟都没鸟他,一心蹲在地上挑石头,看看哪块又顺手又够分量。

接着松平胜四郎也给他跪下了:"少主,我们去玩点别的吧。"

已经选好了石头的竹千代一言不发地来到了池子边。

大家都知道道义道德爱心什么的都已经阻止不了那熊孩子了,所以只能和以前一样,乖乖地静退一旁,看着他砸鲤鱼。

于是竹千代高高扬起了手里的石块。

在动手之前,他先撒了一把鱼食,趁着鱼儿们纷纷跃出水面争吃的时候,瞄准其中的一条狠狠地把石头给砸了下去。

鱼还真被砸着了。

这小子要穿越到石器时代光凭着他这身砸鱼的本事估计混个族长当当也不是啥难事儿。

再说那条倒霉的受害鱼因身负重伤而再也游不动了,就这样被竹千代给当场擒获,然后被丢在了地上。

可能是边上的某个侍女实在是看不下去了,便偷偷地跑去报告了阿福,阿福闻讯之后火速地赶了过来,但还是晚了一步。当她一路小跑抵达案发现场的时候,那条可怜的鲤鱼已经一动也不动了。

鱼尸跟前站着竹千代,竹千代边上杵着五个面无表情的侍童。

阿福火大了:"你们这几个,看着少爷用石头砸鱼,连劝阻都不劝阻?"

众人不吭声。

阿福继续说教:"身为侍童,你们连劝谏主公都做不到,还要你们这些侍童做什么?养着你们不是为了好看的,你们明白吗?"

稻叶千熊实在是忍不住了,于是又当了一回出头鸟:"我们有劝阻过，但少主根本不听……"

"啪！"

还不等他说完，火冒三丈的阿福一步冲上前去对着千熊的脸就是一个耳光。

"还敢狡辩？"

"阿福！"竹千代终于忍不住了，"你为什么打他？"

"因为他犯了错。"

"拿石头砸鱼的是我，你凭什么打千熊？"

"主公的错就是家臣的错。少主，您要记住，您的一言一行，都会由你的家臣来替你在后面承担着。"

竹千代似懂非懂地点了点头，转而又提出了新的疑问："可是，千熊是你的儿子啊！"

"因为犯了错，所以就算是儿子也不能逃避惩处。"阿福说道，"而且，我打他，也是为了他好。"

"那么，你也来打我吧。"

阿福愣住了。

虽说竹千代有时候捣蛋起来的确挺让人生气，可毕竟是竹千代少爷，别说打了，就连骂他几句这样的事儿，阿福也没想过。

所以她当然不敢从命："您是少主……"

"阿福，你也讨厌竹千代吗？"

"绝无此事！"阿福连忙回道，但同时脑海中也产生了一个大大的问号——也？

"那你就不要像他们一样，过来打我吧！"

阿福低头沉思了一会儿，然后抬起了头："我知道了。"

"啪！"

一记无论从力度、响亮度来看都不输给刚才打千熊那下的耳光这回结结实实地抽在了竹千代的脸上。

145

抽完之后，阿福连忙抱住了小少爷："少主，疼不疼？"

"疼！"竹千代虽然这么说着，但脸上却意外地浮现出了开心的笑容。

"阿福也很疼。以后再也不能做这样的事情了，知道吗？"

"嗯！"

个人以为，一个人要是整天都被人乱打，那固然不是一件可喜的事，可要是一个人活了一辈子却都不曾被人打过一次，那他也着实够可怜的。

被打的人会疼，打人的人也会疼。

只可惜，在现在这个社会里，因为怕弄疼自己，所以愿意去打人的家伙，越来越少了。

"好了，少爷，到吃饭的时候了。"阿福说着，便拉起竹千代的小手向吃饭的屋子走去。

虽说表面是只得乖乖顺从，但小朋友终究还是心怀不满的，没走了几步竹千代便嚷嚷了起来："我不饿，不吃了。"

"没事，没事，先来看看吧，看看之后再说。"

和以前不一样的是，这次阿福没有再说一些什么"多吃点才能长好身子"这样的话，而是只让竹千代去"看看"，看什么？

竹千代很好奇，于是便不再吱声，而是发自内心地非常听话地跟着阿福进了屋子，来到了饭桌前。

当饭菜端上来的时候，他惊呆了。

菜还是以前的菜——烤鱼、腌菜之类的，可饭却和从前大不一样了，整整盛了七碟，每一碟里都只有一点点，可每一碟的颜色却又互相不同，有绿的，有红的，有黄的，有白的，仔细数来，有七个碟子总共七种颜色。

"这是七色饭，少主，好看吗？"

"好看！"竹千代点头大声说道。

"不光好看，还很好吃哦。"阿福笑道。

这边还在说着，那边却早就抄起了筷子。

这一天，整整七个小碟外加一条烤鱼，通通被竹千代吃了个精光，桌子上除了碗筷碟子外加一条鱼骨头之外，什么都没剩下。

打那以后，每次吃饭前，阿福总要问竹千代一声："今天想吃什么色的？"

"红色和黄色吧。"

于是端上来的果然是红黄双色的两碟饭。

就这样，竹千代那种因为觉得饭菜不好看而导致的厌食症被治愈了，他渐渐地开始喜欢起了吃饭，吃饱喝足之余，小家伙倒也没忘记饮水思源："阿福，这七色饭是你做的吗？"

阿福没说话，只是笑着点了点头表示承认。

"你真厉害！"

不错，这正是阿福为了改善竹千代食欲而亲手研制开发出来的新产品——春日局的七色饭。

当然，春日局三字是后世加上的。

所谓七色饭，顾名思义，就是共有七种颜色的饭，分别是白色、红色、绿色、黄色、麦色、茶色以及更白的白色。

每一种颜色都代表着一种独特的米饭料理：白色就是白饭，红色是赤豆饭，绿色是菜饭，黄色是栗子饭，麦色是麦子饭，茶色是茶泡饭，那个更白的白色则是把米粒给压碎了然后煮成的饭，日语叫作引割饭。

色、香、味俱全，而且搭配合理，相当有营养。

阿福是千金小姐出身，虽说持家方面确实很有能耐，但毕竟不是专业的厨师。能够开发出七色饭这样即便是在高科技的今天都认为是上等品的料理，那只能说明一件事：她用心了，她几乎是在全神贯注地照顾着这个小少爷。

可以说，从父母身边被带走的竹千代，因为非常幸运地碰上了阿福，这才不至于在自己人生的道路上走岔了方向。

然而，此时的他却怎么都没有想到，用不了多久，他将碰上自己这一辈子中第一回重大的危机。

第二十章 亲方谢名利山

六月四日，在今天日本和歌山县内的一座名为九度山的山脚下，一个已经生命垂危濒临升天的老头儿拉着他的儿子，用断断续续的声音说道："你……你记住……将……将来……丰臣家……和德川家必有……一战……如果……如果不出意外……丰臣家……必亡……到了……到了那个时候……你……你……"

"父亲大人！父亲大人！"儿子一看老爹话都没说完就要走，连忙高声呼唤。

于是已经都快闭眼了的老头被喊声再度叫活，他努力睁开双眼，艰难地说出了最后一句话："你……你自己看着办……不要……不要放过……建功立业的机会……"

说完，老头儿手一松，眼一闭，头一歪，不管身边的人再怎么叫再怎么摇，都没了反应。

他死了。

真田昌幸死了。

这位曾享有武田信玄之眼、鬼谋军师等荣誉称号的天才智将，就这么死在了一间破木屋中。

且说在关原合战之后，正如他当年所料想的那样，分裂成两股势力的真田家也面临着两种截然不同的结局：作为胜者的真田信幸升官发财，而作为输家的自己和信繁，则面临着人头落地的危险。

好在真田信幸拼死求情，甚至表示宁可不要封赏也希望保住父亲和弟弟的性命，再加上其岳父本多忠胜也帮着一块儿求情，德川家康这才算是开恩放了两人一条生路。但死罪可免活罪难逃，昌幸和信繁父子以及他们的直系亲属如老婆孩子之类，都被流放到了九度山（和歌山县内）拘禁，其实等于就是无期徒刑。

九度山在今天的日本也差不多属于深山老林一类的地方，在那年头那更是一个常人难以想象的不毛之地，所以在那里的日子肯定是很不好过——好过家康也不会让他们去。为了生计，真田昌幸父子二人甚至还得做点小手工制品拿出去卖钱。著名的"真田纽"，便是这两位在被软禁的期间所发明的，为的是弄点新产品，好多卖些钱。

真田纽实际上就是木棉做成的带子，增加了宽度以保证其使用质量，一般用来绑木箱子之类的东西，现在淘宝上还有卖的，感兴趣的朋友可以去买两根回来业余时间练习练习捆绑。

昌幸在临死之前，预言了丰臣家必亡，他之所以要对儿子说不要放过建功立业的好机会，其实是想让他在适当的时候去投靠自己的大哥，趁着还有仗打的时候捞一票功勋，也就不用继续在这深山老林里过苦日子了。

可惜的是，他这番临终前的肺腑之言，却并没有被真田信繁给听进去。

当然，这是后话。

差不多也是在这个时候，当月二十四日，又有一位叱咤战国的风云人物蹬腿去了他界，那便是加藤清正。

且说在陪同秀赖见完家康之后，清正走水路回熊本领地，没想到在途中突然发病，且很快就被随同的保健医生宣告医治无效，连话都说不出了，等到了熊本，人早就已经奄奄一息了，再让各种名医来看，人家也只能是摊手摇头，就这样，他死了。

死因据说是梅毒病发，病根是当年在朝鲜打仗时乱来的恶果。由于这事儿听起来让人觉得有些不靠谱，所以在后世，更多的人认为造成加藤清正死去的真正原因是家康下了毒手——在二条城会见的时候给清正吃了什么不干不净的东西，比如有毒的馒头。

　　日本的馒头和中国的不一样，一般是用来当点心的，而且做工也很精细，在物资匮乏的当年算是招待贵客的上等玩意儿了。

　　据说端给清正的那份馒头被德川家的人用毒针给扎过，针尖儿上涂着他们家祖传的慢性毒药。

　　个人觉得这事儿应该是后来的人给编的，因为那年头日本的毒药技术还远没有发展到这等凶残的田地，更重要的是德川家康也远没有傻到如此的地步。

　　无论在哪个时代，都确实存在着很多只要通过杀人便能办到的事情，但不管是在何时，杀人灭口都永远是下下策中的下下策；而且，如果你的杀人行径后面证据确凿地为天下人所知晓了的话，那你将永远无法达到自己的目的。

　　以德川家康的性格来看，是绝对不会选择这种只有地摊文学编撰者才能想出来的手段去解决问题的。

　　更何况加藤清正本身就没有跟德川家康动刀动枪的意思，人家早就认可了老爷子日本第一把交椅的江湖地位，这往日无怨近日无仇的，何苦去下毒？

　　后人之所以要把清正的死算在家康的头上，一来是因为这事儿确实是很容易就推理到老爷子头上的，尽管没证据但动机很确凿；二来是由于加藤清正本身的人格魅力就很高，像地震加藤啊，朝鲜打虎啊之类的故事数百年来一直在日本民间被广为传颂着，所以老百姓们当然就不太希望这么一个人物的死因居然是梅毒。更何况为丰臣家尽忠而死于家康之手从某种意义上来看也算是一种无上的荣耀了。

　　于是……也就只能对不住家康老爷子了。

151

顺便说一句，据传加藤清正的嘴巴很大，大到能轻松地把拳头放入其中的程度，这是一种难度系数非常高的耍宝技能，一般人根本做不到，不信你可以试试。

几百年后，多摩（东京都内）有一个小伙子因为非常喜欢清正，所以也想模仿他口吞拳头，不料还真的给放进去了。

这家伙便是后来的新选组局长近藤勇。

话题有些扯远了，还是继续说回原来的时代吧。

总体而言，在二条城会见结束了仨月之后，天下大名已经基本达成了共识：德川家和丰臣家的战争已经势在必行。除非丰臣秀赖真的能够觉悟到自行砸毁大阪城，交出全部领地，然后再把自己给里三圈外三圈地绑上五六根绳子，一步三磕头地从大阪走到江户表示全面臣服，只求苟全性命于乱世，绝不再想闻达于诸侯。不然，谁都无法避免战火的再燃。

为此，各路诸侯们纷纷做起了准备，以便那天真的来临了，也不至于临阵磨枪手忙脚乱的。

所谓准备工作，其实也不外乎就是备战：屯粮、攒钱、买武器。

接下来要说的，就是某诸侯在发家致富过程中所发生的一个浪花般的小插曲。

话说这萨摩大名岛津忠恒，自打把琉球给弄到了手之后着实是过上了好日子，因为琉球诸岛怎么说也是大明朝的重要贸易点，同时路过那里的西洋船只也不少，光是依靠那里做点生意，便能得到相当可观的收入。

为了更好地控制琉球，为了更好地赚钱，在庆长十六年（1611年）年初的时候，萨摩方面出台了一套囊括琉球贸易、体制、人民意识形态以及经济制度四方面的法律法规。

这应该是日本有史以来第一部针对海外殖民地所制定的政策，所以还是很有必要来详细扯一下的。

首先是贸易方面，共分四条：

第一，没有萨摩的许可，不许在中国采买任何贸易物品；

第二，不经萨摩允许，琉球的任何商船不可开往他国，包括日本其他大名的领地；

第三，不许在未经萨摩允许的情况下和包括日本其他地方在内的商人展开贸易；

第四，严禁将琉球人贩卖至日本其他地方，也严禁琉球人去其他地方。

以上四条，主要目的是剥夺琉球的贸易主权性，以此独占利益，一切向钱看。

接着是意识形态，或者说社会治安，也是四条：

第一，琉球老百姓如果对琉球的代官甚至是琉球王府有任何不满，都可以直接向萨摩方面委派过去的奉行申诉，不用有任何的顾虑；

第二，禁止街头斗殴、吵架；

第三，不许强买强卖；

第四，严禁赌博和其他有悖人道的事情。

这几条看似跟一般的法律没甚区别，但实际上远没有想象中的那么简单。

所谓"对王府不满就向萨摩申诉"，其实就意味着，对于琉球人而言，原本至高无上的本土王权已然不复存在，取而代之的是新生的、从外面过来的萨摩殖民政权，而这也正是萨摩人的本意——培植琉球老百姓的被支配意识，只要如此做上几十年，那么后世的琉球人将只知有萨摩而不知有琉球。

再然后是分配体制，有五条：

第一，三司官受萨摩支配，遇事不得擅专；

第二，无官职者不许领官俸，包括原本的王族在内；

第三，女性一律不准领取官俸；

第四，严禁将他人变为自己的奴仆，严禁在琉球境内搞任何买卖人口的勾当；

第五，禁止在未经许可的情况下造寺庙或是神社。

这几个条款的意思比较明确，主要是把琉球原本的权力者给变成维持会长，同时再控制宗教势力泛滥，不准买卖人口和将人变成奴仆，主要是为了防止有些人因为太有钱而买了过多的人口变成一方豪强，这对萨摩的殖民统治有百害而无一利。

最后是经济制度，不多，两条：

第一，除每年固定年贡之外，还须向萨摩大名献上贡品，至于贡什么，贡多少，则由萨摩奉行官决定；

第二，度量衡制度一律改成日本的。

这两条全然没甚内涵，纯粹就是赤裸裸的榨取。

总共十五条，所以也称钦定十五条，可以说是条条见血，招招致命。萨摩方面拟写完毕之后立刻分发给了原琉球国各官员，要求他们仔细阅读之后签名，以表赞同。

这事儿进行得还算顺利，虽说大伙都明白这是当了婊子要立牌坊，你签了他要搞十五条，你不签这政策一样要推行，但除了一小撮极端强硬分子之外，绝大多数琉球官员还是很给面子地签上了自己的姓名。

那一小撮，其实具体算来也就一个，不说你也能猜着，亲方谢名利山。

不过这人现在说好听点叫被软禁在学习班，说难听点就是个被囚禁的劳改犯，签名本身就是个走过场的形式，所以那种已经人畜无害的家伙爱签不签，无所谓。

就这样，琉球王国的政治、经济、军事等实质性权益，终究还是被全盘掌握到了萨摩人的手里。

然而，正当岛津家上下指着琉球当一回老母鸡给自己多生俩金蛋的时候，发生了一件合乎情理之中，却又出人意料的事儿。

且说那位琉球的亲方谢名利山，虽说是跟尚宁王一块儿被带到了萨摩参加学习班，以便成为一名合格的17世纪新型萨摩人才，可由于这家伙可能是大脑构造有些特别，尽管别的琉球官员都已经能够毫不羞涩地说出"爷是萨摩人"这五个字了，可唯独这位谢名亲方，别说让他自称萨人，就连琉球诸岛的归属问题，那厮都毅然决然地坚持着那地方乃大明藩属这样相当反动的学术观点。除了特立独行地不签那钦定十五条之外，他还念念不忘反攻琉球，成天就念叨着一些诸如一年准备，三年反攻，五年作战，十年成功之类的口号，看样子是打算跟岛津家血拼到底。

对此，岛津家倒是显得相当大度：谁家还能没个忠臣良将呢，让他去吧，只要用点心思，好好改造，是块石头也能给他焐热了不是？

就这样，当那些经过改造并被鉴定为合格的琉球战俘们一个个地从学习班里毕了业，重新回到了自己的故乡并走上了各自工作岗位的时候，只有谢名利山，依然被留在了学校，继续接受教育。

这一年九月初的一天，某中国宁波商人自长崎来到了萨摩，想做点买卖赚一票，在生意途中，也不知道怎么的就跟谢名利山搭上了关系，两人见了一面。

在双方四目相交打过招呼之后，利山一听说对方是从中国来的，立刻泪流满面仿佛是见到了几百年没碰过头的亲戚，他一边哭一边就当场跪了下来，还磕起了头。

宁波老板吓坏了，心想自己是个做生意的，又不是打劫的，你看到我又哭又号地作甚？于是连忙扶着利山说道："谢名兄，有话您就说吧。"

"老板，不瞒您说，我有要事相求。"

看着一把眼泪一把鼻涕的利山，宁波老板说了一句我们中国人经常说的台词：大哥您有话就讲吧，只要小弟能做的，肯定帮你做了，你就别再哭鸡鸟号的了。

155

谢名利山一听这话，连忙抹了眼泪擤了鼻涕，把手伸到怀里，从内侧袋里颤颤巍巍地掏出了一张纸，然后一边抽泣一边说道："这……你把这……这个……交给明朝的大皇帝。"

宁波老板生怕利山看多了海瑞的故事然后在里面写了些骂人的大不敬话从而使得自己也跟着倒霉，所以在接过之后，又问了一句："我能打开看看吗？"

"请看。"

打开并仔细阅读之后，宁波老板面容一下子变得有些严肃了起来："小弟一定不负大哥之托，将它带到北京。"

"多谢了！"

夕阳下，宁波老板抱拳告别，转身离去，越走越远，越走越远……

然后，被萨摩士兵当场拦截在了某路口。

谢名利山的一举一动都受着严密的监视，这种又是哭喊又是给申请书的行为，当然没可能躲过萨摩特工们的法眼。

拦住之后就是搜身，因为不曾有过地下工作的经验，所以宁波老板很快就被他们从自己身上找到了那张纸。

那果然是一封信，收信人是明国皇帝：万历。

主要内容是谢名利山想请明朝派援军帮助自己收复琉球那沦陷的江山，并且还在信中提到了自己是中国后裔，以博取对方的好感与信任。

在信的最后，他还签上了自己的大名：琉球三司官，亲方谢名利山。

证据确凿，这厮是想翻天。

岛津家久和他爹岛津义弘有一个最大的不同点，那就是忠恒是一个相当刻薄严厉的人，尤其对于想要给自己添堵造事的主儿，他是从来都不会手软的。

当月，忠恒便下达了处决谢名利山的命令。

不仅判了他死刑，还没打算让他好死。

具体的行刑方法是把利山给丢在锅里煮了，就跟后来李自成煮福王朱常洵一样,只不过萨摩人没那么恶趣味,还不至于到吃人肉的地步。

在临上锅的时候,谢名利山还为后世留下了一个很老套的传说。

前面已经提过了,这是个大个子,身高有一米八,在当年的日本算是魁梧巨汉了,所以是由两个萨摩士兵给押着上的法场。

到了锅沿,都要把他往下推了,结果这谢名利山也不知从哪儿来的力气,突然就挣断了绳子,然后一左一右抓着那两个萨摩兵,纵身那么一跃,三个人便齐齐掉入了那水汽弥漫的沸水之中。

周围人一看这场景,慌不迭地灭火的灭火,抽薪的抽薪,但最终还是慢了一拍——呈现在他们面前的,是已经面目全非根本无法辨别出谁是谁的三具尸体。

无奈之下,萨摩人只能把这三位一同下了葬。

听起来似乎跟中国的干将莫邪相似度挺高嘛,反正都是传说,山寨一下部分情节也是很正常的。

谢名利山之死,让尚宁王大哭了一场,毕竟这是满朝文武中唯一一个到死都不肯低头的家伙,可谓是琉球王国最后的忠臣。

而尚宁王这位亡国之君在后来的日子里对自己败了祖宗的家业一事耿耿于怀,一直到死都没能原谅自己,特意下了遗诏,说是不要把他给埋到琉球先王的祖坟里。

宽永十三年(1636年),琉球第二尚氏第八代国王尚丰王,被萨摩藩剥夺了国王称号,只称"国司",虽说后来又经各种渠道而被重新恢复,而且中国方面也一直认可琉球的王国地位,但从实质而言,"琉球王国"这四个字,早已经成了一个被埋入黄尘史册的历史名词了。

至于岛津家,则着实赚了不少,不光有从西洋来的先进玩意儿,还有各种吃的喝的,最具代表性的当属红薯,那玩意儿是在公元1604年的时候被传到了琉球,后来再通过琉球进了萨摩。

萨摩这地方其实挺穷的,因为当地的土地质量很差,要是光靠种地的话那基本上要饿着一大半,所以这种起来方便产量还高的红薯一到，便立刻成为了人气物品，久而久之甚至变成了萨摩特产。直至今日，日本人说起红薯，总会称其为"萨摩芋"。

第二十一章 一个馒头引发的故事

十月二十四日，一直都在骏府城内名为养老看富士山，实为制定草拟划江户幕府各种法律以及密切注意大阪城一举一动的德川家康突然亲临江户城，说是要检查工作。

德川秀忠虽然有些摸不着头脑，但还是以最高的规格接待了老爷子。先是出城迎接，再是准备酒宴，等吃饱喝足大伙都拿着牙签剔牙的时候，家康又说道："我来看看孙子，让竹千代和国千代都过来坐坐吧。"

正当秀忠准备叫人把那俩小的给带过来的当儿，家康又开了口："让阿福和阿江也过来吧。"

"是。"秀忠当然不敢不从，虽然他心里犯嘀咕，带阿江倒是正常，可这和阿福又有什么干系？

照理说，竹千代已经7岁，早就已经断了奶，根据当时的习惯，孩子断奶之日，便是奶妈被解雇之时，虽说是并非必然要走，像秀忠的乳母大姥局一把年纪连女儿都到了能喂奶的时候却仍旧留着，可要知道那是阿福，是阿江这位母老虎痛恨不已的阿福，这哪有不走的道理？

但偏偏她还真就不走了，不管阿江怎么对秀忠说，这阿福就是照样留在江户，稳如泰山，岿然不动。

理由是德川家康有过亲口命令：阿福继续负责竹千代以及那五位

侍童的教育工作。

阿江虽然不满,可怎么着这也是最高指示,哪里有她反抗的余地。

可奶妈毕竟是奶妈,现在这一屋子坐着的不是德川家至亲就是德川家重臣,有必要在见竹千代和国千代的时候让一个奶妈也一起出席么?而且还是德川家最高领导人亲自点名要她过来。

秀忠愈发感到不可思议:难不成,这次老爷子大老远地跑江户城来,跟阿福有关?

没错,就是跟她有关。

这事儿要从很久很久以前开始说起了,具体推算,大概要追溯到阿江探病被当怪阿姨的那时候。

其实这个故事还有后话,那就是阿江在那天晚上,连夜亲自跑了一趟骏府,专门要见德川家康,为的只有一件事:要回竹千代的抚养权。

当时阿江的状态只能用四个字来形容——连哭带闹。她是真的跑骏府城扮泼妇去了,这德川家康英雄一世,可又怎见过如此场景,再说让母子相隔这本来也是自己理亏,所以此时也就只能气短三分了,老爷子不得已下令:闭门谢客,推说身体不适。

在吃了几次闭门羹后,阿江夫人顿悟了,顿悟出了前面已经说过的那句话:竹千代这小子,就权且当作不曾生过,从今往后,就把全部的爱都投入到另一个儿子国千代身上吧。

就这样,次子国千代便受到了来自于母亲的千万宠爱,再加上这孩子确实聪明伶俐又听话,所以父亲秀忠也特别喜欢他。

这种现象理所当然地引起了众多德川家家臣的关注。毕竟谁都明白,家康老爷子纵然有翻天的能耐,可也熬不过岁月,到时候他一走,说了算的是儿子秀忠,秀忠是个老实人,什么都听阿江的,所以,这第三代的继承人,很有可能就是国千代小少爷了。

某年某月某晚,秀忠在江户城内设晚宴招待君臣,宴会过后,绝大多数与会家臣都特地前往了国千代的房间进行拜会,然而,几乎没有几个人去见过竹千代。

这种事情的性质就类似于以前诸大名给家康拜年而不鸟秀赖一样。

竹千代的性格发生变化,其实和这种冷遇也有着不小的关系。

至于秀忠,态度则显得相当暧昧,仿佛这事儿根本就跟他没关系。虽然这家伙并没有明确针对继承人一事发表过任何言论,但在如此的状态下,秀忠的不作为使得大家伙更加认定,德川家的第三代,就要换主儿了。

就在形势万分危急的情况下,一个人横空出世,抱着竹千代说:"孩子,别怕,有我呢,不,有我们呢。"

那人便是阿福,她嘴里说的那个"我们",指的是自己和那五个侍童。

作为德川家各重臣的子弟,这五个孩子的父亲们或许正是那天晚上造访国千代房间的一员,但对于他们而言,他们只是竹千代的贴身侍童,无论外面刮着怎样的风雨,即便竹千代是个性格扭曲喜欢搞乱的死小孩,但他们依然是他最亲近的家臣和朋友,过去是,现在是,将来也会是。

在很多时候,不知世事的孩子们之间的情谊,要比那些看惯风尘的大人们来得可靠得多。

不过对于阿福而言,事情就远没有说几句漂亮话那么简单了。现在的形势相当棘手,从小的方面说,自己悉心照料的这个小少爷很有可能就此被剥夺继承人的身份;往大了讲,一旦废长立幼,那在很大概率上会造成家中不稳甚至分裂,战国乱世中,有多少血案都是在兄弟之间一手给缔造出来的啊!

所以,这事儿必须得尽快了断,而且了断的结果还必须是让竹千代在继承人的位置上坐牢坐稳,这就很有难度了。

可以说,当时的阿福,其实心里完全没有底。

在琢磨了一整夜之后,她作出了一个决定:去骏府,找德川家康。

因为事到如今,只有老爷子亲自出马,才能解决一切。

只不过,这骏府城却并不是那么好去的。

时至今日,当我们提起日本的时候,往往都会说,这是一个古往今来等级制度非常森严的国家。

在你说这样的话的时候,有没有想过,日本的等级制度,究竟是森严到了何种程度呢?

以现在来看的话,那无非就是日本那讲究近乎绝对服从的企业文化,虽说是和现代企业管理思想比起来的确显得有那么一些格格不入,但这说到底也就是个上班下班的事儿,你就算不听话不按规矩来办你的部长课长也不会真拿你怎样,可在当年却是大不相同了,在那会儿,等级制度是可以要人的性命的。

像阿福这样的人,她的身份是竹千代的乳母,其隶属关系说穿了应该是归江户城管,现在她越过江户城,直接上骏府城去告御状,姑且不论她能不能告赢,都算是一种违规的做法。

这就跟现在越级禀告一样,是在理论上不被认可的一种行为。只不过今天你要真的越过课长找社长谈谈,其实也没啥大不了的,最多课长到时候再来找你谈谈,但在江户时代,却是要受到惩罚的。

惩罚的具体标准不知道,因为没有固定的条款可以依照,但有一样却是肯定的,那便是上不封顶。也就是说,如果你越级禀告,那你很有可能被拖出去一刀砍死。

注意,你是不是会被拖出去砍死跟你告状的结果无关,无论你是告赢了还是告输了,你一样都有可能为此丢命。

这就是阿福所面临的最大难题,毕竟人生在世性命就这么一条,真要被砍了那不管吃什么信什么都是不能原地复活的。

她为难过,她犹豫过,但最后她还是踏上了**去骏府城的路途**。

无论这是不是一条不归之路,阿福都已经淡然了。因为这个自幼便是喝自己奶水在自己身边长大的竹千代,对自己而言已不光再是德川家未来继承人那么简单了,更重要的是,他是自己的孩子。

我要保护我的孩子，无论何时何地都要保护到底，就这么简单。

在进了骏府城之后，阿福首先去见了梶夫人，也就是那个传说中聪明的阿梶，这事儿要说起来还多亏了松平长四郎他爹松平正纲，正纲是当时为数相当不多的竹千代派，那天晚宴里他是绝无仅有的那几个上竹千代房间里慰问的家臣之一。故而阿福特地去找过他商量，想问问他该如何是好，同时她去找的还有永井尚政，这人论辈分的话应该是永井熊之助的哥哥。

无论是松平正纲还是永井尚政，他们给出的建议都相当统一：如果真的要直接上诉家康的话，那最好的办法就是通过梶夫人引荐。

因为梶夫人心肠好还聪明，并颇受家康宠爱，而且跟松平正纲也算有夫妻之名，找她的话，兴许要方便很多。

果然，在听过对方来意之后，梶夫人便非常淡定地表示，我一定帮你和大人说，你稍等数日便行。

不多日，便有了消息：家康要亲自召见阿福。

这话是由梶夫人过来亲自传达的，同时她还表示，自己牵线搭桥的工作到此为止，接下来，就要看你自己的了。

阿福说我明白。

就这样，她见到了家康。

打过招呼问过好，德川家康便摆出了一副相当迷茫的神情："阿福，你来作甚？"

面对装傻的家康，阿福相当镇定，将事情原原本本地叙述了一遍之后，又做了一个总结性的发言："阿江夫人如此宠爱国千代大人，使得他在家中的威势已经凌驾于兄长竹千代少爷之上了，如此年幼，便已然有了无视兄长的苗头，我觉得，这绝非世间常理。"

"那你的意思呢？"

"这是关乎德川家，关乎天下的大事，所以，我想请大御所大人亲自裁断。"

"阿福。"

"在。"

"你可知道……"家康说着便站起了身子，走到了阿福的身边，然后猛地抽出了腰刀，"你可知道，你这样越级来上诉，是要掉脑袋的！"

"阿福早已在心中做好了觉悟。"

"你是说，你不怕死？"

"如果大御所能作出该有的裁断，阿福死不足惜，可要是大御所不能有所裁断，那阿福死不瞑目！"

"哈哈哈，很好！很好！"德川家康仰天大笑，将刀收了起来，"我问你，竹千代是个怎样的孩子？"

"竹千代少爷相当活泼健康，文化学习方面也非常不错。是一个如果好好培养，便一定能成为明君的孩子。"

"阿福。"

"在。"

"有你在竹千代身边，真好。"

在接见结束的时候，家康非常威风地一挥大手然后表示，是时候去江户城瞅瞅了。

事实上，对于竹千代国千代那哥俩的事情，他早已有所耳闻，之所以没有出手干涉，只是想看看自己那倒霉儿子会怎么做，不过还没来得及看到，这阿福就找上门来了。

既然如此，那就去走一趟吧。

前面说过了，二十四日，家康来到了江户，刚吃过饭，他便要看孙子。

于是两个孩子被带了上来，跟在竹千代身后的，是阿福；而牵着国千代的小手的，则是阿江。按照规矩，虽说是祖孙，但也是君臣，更何况那么多人都在看着，必须要注意礼节，所以哥俩纷纷跪在了距离家康五六米的地方："给祖父大人请安。"

德川家康非常高兴，眉开眼笑地招了招手："来，来，靠近点。"

两位小朋友以膝代脚又往前挪了几步。

家康越看越喜欢，连忙吩咐手下道："把东西拿上来。"

很快，一个小碟子被捧了上来，放在了一边的小案子上。

"这叫西洋馒头，是从荷兰送过来的，很好吃，你们快来尝尝吧。"

毕竟是小孩子，一看到好吃的马上就把君臣礼节给忘了个干净，两人还不等人请，就几乎同时站起了身子朝那碟点心扑了过去。

"站住！"德川家康发出了一声怒喝。

死寂了数秒后，他又猛地一拍小案子："国千代！"

弟弟跪了下来。

"谁让你和哥哥一起过来的？"

国千代很纳闷地看着爷爷，不知道该怎么回答。

这也是很正常的，整天受秀忠和阿江宠爱的他，心目中完全不存在那个本应当作主君来尊重谦让的哥哥，只知道有了好东西，就该属于自己的。

底下依然寂静一片，谁也不知道家康要干什么。

"听好了，国千代。竹千代是你的兄长，任何东西，都要让着他先来！"德川家康说着说着又提高了嗓门，"你只是为他所用的家臣，明白了没？"

国千代点了点头，算是明白了。

"明白了就赶紧滚回去！"家康一阵雷鸣暴喝，将在场的所有人都惊得虎躯一震。

看着国千代以近乎连滚带爬的姿态跑回阿江身边之后，家康很快又露出了一副笑容："竹千代，你过来。"

本来胆子就挺小的竹千代已经被刚才的那几声吼声给吓得够呛，但因为爷爷在召唤，也就只能硬着头皮走上前去。

德川家康还是一副笑容可掬的样子，将长孙一把搂住，然后亲手递过去一个馒头："吃吧。"

165

一小个点心而已,竹千代很快就吃完了。

"还要吃吗?"

竹千代摸了摸小肚子,摇了摇头。

"嗯,那这吃剩下的待会儿就给国千代吃吧。"

注意,是吃剩下的,如果有疑问可以看看前面二条城会见秀赖的那段。

说着,家康又变了一副嘴脸,以极为严厉的目光射向陪在一边的群臣:"你们也记住了,竹千代在先,国千代在后,明白了吗?"

众人哪还有不明白的,连忙伏地叩拜高呼领导英明。

"你明白了吗?"家康把更为严厉的目光射向了德川秀忠。

"是,是,我明白了,明白了。"

就此,德川幕府的第三代将军人选尘埃落定。

不过这事儿到此还不算完。

在回到骏府之后,家康又专门写了一封信给阿江,这当然肯定不是什么表扬信。在信里,家康用极为严厉的措辞对阿江宠爱国千代而无视竹千代的做法提出了强烈的批评,他表示,德川家的继承人是竹千代而非国千代,这两人虽说是兄弟,但实际上却有着一道无法逾越的鸿沟,你现在如此偏爱那个小的,很容易造成以后兄弟相争,而兄弟相争又是引发家中祸乱的主要根源。你身为母亲,一定要痛改前非,不然以后真起了乱子,你纵不是千古罪人,可至少也是德川家的罪人。

阿江收到这封信的时候正好是在庆长十七年(1612年)的年初,这直接导致了她心情变差而没能过好新年。

不爽之余,阿江想到,这家康突然之间就这么跑到江户,又突然之间公开敲定了继承人,这一切的一切几乎可以说是毫无预兆,着实可疑万分,肯定是有人从中作祟。

想来想去,这罪魁祸首有且只有一个,那便是阿福。

于是她当即决定,让人把阿福给"请"来。

其实也没啥，阿江主要是想骂阿福一顿，出出气。

这个我们应该可以理解，人嘛，受了气就想出气，更何况是阿江这样独霸江湖数十载连家康都要对她挂免战牌的主儿。

然而，老话有云：世间一物克一物。

尽管是江户兼江湖一霸，但这一回，阿江还是碰上了她人生中的克星。

"前几天，大御所写信给我，责备我过分宠爱国千代，导致家中不和。"两人一碰面，阿江便开门见山，咄咄逼人起来，"这一看便是有心怀叵测之人在那里谗言挑拨，阿福，你可知是谁干的吗？"

这话的意思其实就是说你自己都干过些什么就自己招了吧，省得我点破了大家面子上都过不去。

可阿福却很摆出了一副相当无辜的表情表示我不知道。

"你不用顾忌，但说无妨。"

阿福表示我已经但说无妨了，可真不知道。

"江户城里虽说人很多，但符合对后宫之事了如指掌以及能随时见到大御所这两条的，我想也就只有那么一两个吧？"名侦探阿江用严密无隙的推理展现了她超高的智商，并再一次暗示：你丫的就招了吧。

"恕我直言……"阿福非常诚恳地起了个开场白，以至于在场的所有人都以为她要坦白从宽了，但没想到回答却依然还是那句"我真的不知道"。

"阿福，其实这城里都知道，你是奉了大御所之命才当上竹千代的乳母的。"

阿江已经有些无奈了，不得已只得挑明真相：我知道是你干的，就算是你干的也情有可原，谁让你是老爷子安排的人呢，所以你就赶紧招了吧，招了之后好让我骂一顿爽爽。

"回禀夫人，大御所是个观察力很强的人，根本不用旁人说什么，自己便能明白事情的全部来龙去脉，不是吗？"

这话看起来只是把责任给推卸到家康头上的托词而已,但实际上杀伤力却很大。

作为掌管天下的幕府将军的夫人,母仪天下的阿江虽然想骂阿福,可也不能像民间村妇那样随便撒泼,她得找一个理由,一个能够让所有人即便不心服却也能口服的理由——比如德川家康的那封信并非事实,全都是因为有小人进谗言所以才导致了误会,而你,阿福,就是那个小人,所以你说你该骂不该骂?

这样一来,就很顺理成章了。

可偏偏阿福死活不认,说是家康自己察觉的。那么好,现在的问题是,面对阿福的这套理论,你阿江是不是承认?

如果承认,那么你就是狗咬刺猬无从下口,毕竟是人家老爷子自己发现的,你骂阿福作甚?有本事直接上骏府去骂那老头儿啊;可要是不承认,那等于是在否认家康老爷爷那洞察一切的观察能力,这要传出去,阿江也未必能有个好。

总之,两难。

于是阿江急眼了。

"竹千代也好,国千代也好,那都是我十月怀胎的亲生骨肉,现如今竹千代跟我如此疏远,全都是你阿福的教育不当,而且现在又把大御所也给扯了进来,让我蒙受如此责备,你作为乳母,实在是失责之至!"

阿江这是真忍不住了,所以不管三七二十一直接提前开骂了。

而阿福那边却依然是几万分的淡定:"您说的意思,我都明白了,既然您认为我不够格,那我现在就正式向您提出辞呈,回骏府去。"

注意,不是回老家,而是回骏府。

还没有过足瘾的阿江压根儿就没想到对方会来这一手,一下子傻了。

回骏府,当然是又要碰上家康,碰上家康之后,那……

你妹的，算你狠。

事已至此，阿江唯有服软："我并没有一丁点儿要让你离开的意思。"

"您……您是说，还愿意相信我，让我继续担任竹千代少爷乳母一职？"阿福那无辜的脸上立刻浮现出了一丝高兴、期待，或者说开心的笑容。

阿江很违心地点了点头。

"那……那真是太感谢您了！"阿福连忙叩首谢恩，"久闻御台所仁义，现在总算是亲身体会到了，民女一定尽心尽责，全力培养竹千代少爷！"

这就叫得了便宜还卖乖。

顺便一说，御台所就是将军夫人的意思。

阿江还能说什么呢？得了，您下去歇着吧，让老娘一个人静一静。

同时在卖乖的还有德川家康。这年新年，在老爷子的暗示压迫下，德川秀忠以现任幕府将军的身份正式下发红头文件：德川家的继承人，是竹千代。

就此，这事儿才算是真正意义上的尘埃落定。

一切都搞定后，家康又把秀忠给叫了过去："你的那个儿子怎样了？"

秀忠表示，竹千代和国千代都挺好，你不前几天才见过吗？

家康眉头一皱："我说的是幸松。"

秀忠腮帮子一抽："您……您都知道了？"

老爷子长叹了一口气，摇了摇头，表示这孩子真要让你现在就带回家去养，估计就该受阿江迫害了。也罢，我也老了，这事儿就不管你了，但看在多年父子的情分上，给你指一条明路吧，你这儿子，老养在出租民房里肯定不是个办法，还是得先给找个可靠的人家，让人给收养起来。

169

秀忠连连点头，说我也正这么琢磨着呢，就是还没找着合适的人选。

"见性院如何？"

见性院就是武田信玄的女儿，家康五男武田信吉的养母，前面说过。这倒是个好人选，所以秀忠当场便拍板同意了。

就这样经过了如此这般，幸松被送到了见性院处，在那里，他将展开自己全新的人生。

第二十二章 冈本大八事件

三月，在幕府重臣大久保长安的宅邸中，迎来了一位特殊的客人。

他叫有马晴信，是九州肥前国日野江地区（长崎县内）的大名。此人我相信玩过《太阁立志传》第五代的同学多数都不会忘记，因为根据游戏里同名之谊的规则，只要拿到这个人的人物卡，便能取得一张和他同名的超级人物卡——武田晴信的，也就是武田信玄。

这位有马晴信来找大久保长安，不是为了别的，而是要来讨一个公道。

话说在庆长十四年（1609年）的二月，一艘荷兰籍货船停靠在了日野江的某个港口，上岸饮酒休息的船员们因为喝多了，以至于跟几个日本人起了冲突。

本来喝多了吵架闹事也实属正常，可偏偏那几个日本人是有马家的武士，从来都是横惯了的主儿，今天碰上这种事情自然是不肯服软。

双方都是男人，双方都不愿意让步，于是事态只能朝着一个方向发展——开打。

结果日本人没能扛住，包括有马晴信家一艘贸易船的船夫在内，总共被打死了六十个人，同时连他们的货物也被荷兰人哄抢一空。

事情传到晴信那里，他顿时就怒了，当即便挥笔写信一封，让人送往骏府，收信人是德川家康，信的内容是：我要报仇，请准许我报仇。

当时幕府已经建立，各地的大名也基本上都发誓效忠，这其中便包括了向幕府承诺不私斗，不擅自开战等条款，像之前岛津家攻打琉球，也是经过幕府批准的，如若不然，便是有二心，须遭天下共讨之。

所以有马晴信想要报仇，便自然要得到德川家的许可。

再说家康收到信，看完信，再让人调查完事情的前因后果之后，认为虽说打群架这种事情实在是不能只归咎于一方，可这荷兰人也实在太过分了，你打人也就算了，还杀人，还抢东西，不教训教训你我们日本以后还怎么在这地球上混？

当年十二月，他下令给有马晴信：给我揍丫挺的。

同时，幕府方面还派出了军监一人，以观察战斗为名加入了有马家的阵营，此人名叫冈本大八，乃本多正纯手下重臣。

要说这荷兰人也挺二的，你打完人那就赶紧跑呗，他还偏不干，还就停在北九州的港口不动弹了。从二月的情人节开始，一直都到十二月快过圣诞节了，这船居然还没挪过窝，也不知道那帮人在干什么。总之到了十二月十二日，得到命令的有马家正式展开行动，数百名武士海陆并进，将这艘荷兰船团团围住，三天后，在一阵狂炮的猛烈轰炸下，该荷兰籍货船顷刻间便沉入了大海。

这事儿干得相当漂亮，有马家无一伤亡。不过想想也是，几百个人几百条枪再加几门山炮就打一艘货船，这要再出了伤亡那就不当人事儿了。

但有马晴信却不这么认为，他觉得干得漂亮就是干得漂亮，这是一场非常值得庆贺的伟大胜利。在庆贺之余，他突然想到，自己此举为国家挣了那么大的面子，这德川家康怎么着也该给点奖赏吧？

话说有马家在战国时代曾经有过肥前国藤津、杵岛和彼杵三块领地，现如今都归了锅岛直茂所统辖的锅岛家，对此有马晴信一直耿耿于怀，常常叹息说要在有生之年拿回这三个地方，这样即使以后死了，也能在底下有脸见祖宗。

现在机会总算是来了，这次自己为国增光，消息传到骏府，家康似乎也挺高兴，那就干脆趁着这个时候，向老爷子提出，把那原先的三块领地作为赏赐，还给自己吧。

就这样，有马晴信找到了冈本大八，希望他作为中间人，向上面传达一下自己的意思。当然，这不能白传达，好处是绝对不会少的。

之所以要找冈本大八，首先自然是因为这个担任监督工作的家伙是本多正纯身边的红人，说起话来方便；其次，则是因为大八和晴信一样，都是信天主教的。

有马晴信是当时日本为数不多的天主教徒大名之一，在天正十年（1582年），他和同为九州大名的大友宗麟以及大村纯忠一起，向欧洲派出了由四名日本少年所组成的使节团，拜访了罗马教皇，史称天正遣欧少年使节团。

这应该是日本教徒有史以来的首次拜见教皇，同时也是罗马教廷有史以来第一次接待日本人。接见大会非常圆满，双方都非常满意——尽管没啥太大的实际意义，但这好歹也是挂着史上第一次金字招牌的一次交流。

同时也能看出，这个有马晴信是一个多么虔诚的天主教徒了。

然而，就是这个虔诚的教徒，犯下了一个相当要命的错误——他误以为，天下的教徒都一样，都是一心侍奉上帝、绝无二意的厚道人。

在这世道，无论哪个国家，信着上帝却不做人事儿的家伙实在是太多了，而那冈本大八，便正是这样一个天主教信徒队伍中的典型败类。

他在每次收取有马家贿赂的时候，都会信誓旦旦地在胸口画着十字地表示，自己这回绝对说通主人本多正纯，让他找家康美言几句，帮你要回领地。

可每次过不了多久，他就会重新找到有马晴信，表示本多正纯已经知道这事儿了，也在帮着你找家康说情呢，只不过咱家那主人胃口有点大，你给的这钱还差了那么一点点，似乎不够打通关节的。

还有几次，他甚至还拿出了几张盖有家康朱色大印的朱印状，也

173

就是所谓的亲笔旨意，以此来告诉有马晴信：瞧，老爷子都知道你的事儿了，只不过现在还在调查中，等调查完了，这地，自然也就是你的了。

朱印状的大致内容是：有马君，关于你要回领地一事，我早已心知肚明，只不过根据我们幕府的办事程序，有的事儿还得在相关部门那里过一遍，你就耐心等着吧——你敬爱的家康爷爷。

有马晴信的嫡子有马直纯娶了一个老婆叫国姬，这个国姬有个外公，叫德川信康，也就是当年被信长给搞死的那位德川家嫡长子。也就是说，若真按着血统辈分来算的话，他有马晴信还真得管家康叫一声爷爷。

只不过这孙子怎么都没想到，冈本大八拿出来的那个朱印状，是自己手工制作的，都是仿冒家康的笔迹再用萝卜造了个章给盖上去的。

其实，冈本大八就是传说中的骗子。

而那有马晴信要说智商也真够让人急的，你被骗一次骗两次的还好说，哥们儿居然接二连三三番五次地相信了冈本大八，还真的一次次地给他送钱。就这样，在连续送出大概六千两黄金之后，他依然没意识到自己所处的境况，只是单纯地认为似乎是冈本大八不怎么靠得住，所以还是直接找本多正纯去问问怎么回事儿，亲自催促一下他，让他赶紧办吧。

在见了正纯之后，双方发生了如下的对话：

有马晴信说，本多大人您好，您吉祥。

本多正纯也很客气，说有马大人，别来无恙？

晴信说，本多大人，那啥，您答应了我好几个月的事儿了，请问有眉目了吗？

正纯很诧异，我答应你什么事儿了？

晴信很愤怒，你都已经吃了我那么多金银财宝了，到现在还在那儿装傻呢？于是他很高声地表示，是让家康把以前的领地还给我的事儿,你亲自答应说帮我搞定的。

正纯很震惊,我的天,这种事情是我说搞定就能搞定的吗?而且,我什么时候答应过帮你搞定了?还有,你以前的领地,什么领地?

事情发展到了这一步,有马晴信依然没有认识到自己被骗了,还以为本多正纯想装傻赖账呢。为了揭穿对方这一伪装面具,他站起身子,清了清嗓子,然后从水手打架开始,一直说到那六千两黄金,把事情原原本本地都复述了一遍,当然,也包括本多正纯"亲口答应"帮自己搞定领地一事,只不过,这"亲口答应"当然是从冈本大八的嘴里得来的。

听完之后,自幼以聪明绝顶而闻名于世的本多正纯是彻底傻眼了,他是真的完完全全不知道自己就这么给手下的家臣当了一回免费的赚钱工具,这赚来的钱非但一分没进本多家的账户,反而还以自己的名誉为成本,把自己给毁了个干净。

傻完之后,正纯一声怒喝:"把冈本大八给我抓来!"

很快,绑得跟大闸蟹似的大八便被带了上来,不等用刑,便全招了。

这头招完,那头犯了难。因为有马晴信算是和德川家有亲,故而属于自己人这一范畴,这样一来,身为德川家家臣的本多正纯便没有权力擅自处理这桩诈骗案,只能将其移交至德川家康处,由家康亲自圣裁。

但家康却表示,自己老了,管不了那么多事儿,就由大久保长安作为代理来审这个案子吧。

本多正纯一听这话当场就有点急眼了,因为大久保长安所属的派系乃是和自己水火不相容的大久保派,这真要让他们审了,还能有个好?

但老爷子还偏偏就这么指示了,那也就真没辙了。

就这样,有马晴信便找上了大久保长安,也就是之前说的那一段。他想请大久保大人主持一下公道,先把那六千两黄金给要回来,再把领地赏赐给自己。当然，晴信是个懂规矩的人，这个中的好处，他是绝对不会少给的。

要说那本多家的人落到大久保派的手上了，那还真就算是完蛋了。

这冈本大八早在被本多正纯拿下的时候就已经把事情给全都交代清楚了，可大久保长安却不这么看："你小子，还有事儿没说吧？"

大八说："该说的我都说了，并不敢有半点隐瞒哪。"

大久保长安嘿嘿一笑："左右，给我打。"

一顿鞭抽棒槌之后，冈本大八连哭爹叫娘的力气都没了，只得奄奄一息地表示，你们说什么我就说什么。

大久保长安这才问道："此事与本多正纯有关吗？"

"无……无……"

无关两个字还没来得及说出口，长安怒喝一声："你还不老实，接着给我打！"

"有……有关！有关！"

"有什么关？"

"这……"

"你不知道是不是？来呀，提醒一下冈本大人。"

"等等！我……我想起来了！是……是他让我收……收了有马大人的钱……然……然后不办事。"

"那么伪造朱印状呢？"

"也……也都是他的意思。"

"嗯，很好。"大久保长安满意地点了点头。

当天晚上，大久保长安就找到家康，要求将本多正纯还有本多正信这爷儿俩一起给抓起来审查。

对此，德川家康非常淡定且态度柔和地向大久保长安提议表示说："我看这本多正纯也不像那种收钱不办事儿的玩意儿，你看有没有可能是那个冈本大八急了乱咬人啊？"

大久保长安虽说是想利用这次千载难逢的好机会把本多派给一举扫除干净了，可怎奈何家康不让，于是也没了法子，只能退而求其次："在下明白了，在下这就去再做仔细调查。"

　　就这样，新的调查结果很快便又水落石出了：和之前招供的完全一样，此事全系本多正纯家重臣冈本大八在背后私收贿赂，伪造文书，实在是罪大恶极，罪不可赦。故，大久保长安替天行道，代表家康作出如下判决：处冈本罪犯火刑，立即执行。

　　在临被带走的那一瞬间，冈本大八突然吼了起来，吼的内容不是我冤枉，而是我要揭发！

　　揭发对象是有马晴信，揭发内容是他想暗杀幕府派往长崎管辖内务的长崎奉行：长谷川藤广。

　　有马晴信当然不认。其实只要是个人都明白，这绝对是冈本大八那小子知道难逃一死所以随便乱咬人而拉的垫背，可是因为这个长谷川藤广的妹妹是家康的侧室之一阿夏，她一听说有人要杀自己的哥哥，连忙天天吹着枕边风要家康把那凶手给做了，再加上本多正信和本多正纯等本多派死命弹劾，所以最终家康下达了另一条处理办法：着有马晴信切腹自尽。

　　尽管这道命令相当让人费解，因为在这世上，他德川家康只要是不想做的，别说是老婆的哥哥了，就算是老婆的儿子出来说话，他也不会听。下令处死有马晴信，虽说看似是阿夏的枕边风以及本多父子弹劾奏本的功效，但实际上很显然，是家康自己的意思。

　　那就很奇怪了，有马家和德川家往日无怨近日无仇的，人有马晴信也没跟丰臣家有一腿，你凭什么就让人家去死？

　　"底下家臣相斗，作为主君的，只能让他们势均力敌，切不能使一家独大。"

　　事后，家康这么对秀忠说道。

　　如果有马晴信不死，那等于是大久保派的完胜了，现在让晴信陪着一块儿走，虽说确实有点不地道，但也只能通过这种手法告诉大久保忠邻：家康现在根本就没有压制本多父子的意思，你要想变成家中独大，那还得接着斗。

同时也等于是给了本多派一个信号：虽说大八是死了，可这小子该死，谁也救不了他。现如今让有马晴信陪着死，那就说明老爷子还没完全放弃你们，你们还有希望，继续和大久保家开斗吧。

对于家康而言，家臣斗得越狠，他的地位也就越发稳固，他要做的，只是一个裁判员，一个保持赛场平衡的裁判员：当本多家不行了的时候，忙着过去给大久保一拳头；可要是出现大久保快被打死了的场景，那只要不是特殊情况，那老爷子必定会奔过去，对着本多家的屁股就是一踹。

三月二十一日，冈本大八在骏府城边一条叫安倍川的河滩上被执行了死刑——活活烧死。

五月六日，是有马晴信切腹的日子，因为天主教教义有过规定，教徒不允许自尽，所以晴信只得由家臣砍下了自己的脑袋，终年45岁。

此次事件被后世称为冈本大八事件，一般认为，这是德川家内的两派即本多派和大久保派拉开战幕的象征，这第一场胜利，似乎是应该归大久保派所有。

以上说的，应该讲都算是国家大事，每一件每一桩，都能和德川幕府的兴衰存亡多少扯上些关系，但接下来要讲的，却只是这个时代的一个小插曲，虽说事儿不大也没甚影响，但比起那些千军万马阁僚相斗的大事件，此事在日本历史上的地位也是毫不逊色的。

第二十三章 武藏！小次郎！

四月十三日，上午九时，在位于今天山口县关门海峡（旧称马关海峡）的一个被叫作舟岛的小岛上，莫名其妙地杵着一群人。这群家伙在这个往日并无人烟的荒岛上既不野营也不钓鱼，而是径直地朝着大海对岸放望眼去，仿佛是在等着什么人的大驾光临。

为首的那个，坐在小马扎上，已过中年，尽管他坐着别人都站着，但他的双眼也和大家一样，只瞪着海面。

就这样过了一个多小时，一叶扁舟终于缓缓地驶入了众人的视线，随着船的越来越靠近，大伙终于看清了船上的情形：总共有两人，一个划着桨，一个拿着桨。

那个已经坐了很久的中年人见此状再也忍不住了，当即站起了身子，三步并作两步地冲了上去，怒喝一声："武藏，你迟到了！"

他一边说着一边将握在手上的刀给拔了出来，然后把刀鞘往边上一丢，摆好了姿势。

"哈哈哈哈哈，小次郎，你输了！"那个被唤作武藏的人仰天大笑，"所谓胜者，是不会把刀鞘丢弃的！"

"浑蛋，你胡说些什么呢！赶紧下来决斗！"

"莫急，我不想杀你，就用这根船桨和你一决高下吧。"武藏显得相当从容淡定。

日本历史上最著名的剑客对决之一就此拉开了帷幕。

先来介绍两位参赛选手吧。

武藏，全名宫本武藏，二刀流之祖，日本史上最著名的剑人兼贱人之一。此人生于天正十二年（1584年），十六七岁的时候以宇喜多家一名普通足轻杂兵的身份参加了关原合战，战败后逃离战场做了逃兵，之后巡游全国靠剑道混饭，同时一直在寻找愿意收留自己的诸侯，只是多年没有如愿，直到晚年才如愿以偿地成为了细川家的客座家臣，一年拿三百石的高薪。

同时武藏也是一名水墨画家、工艺家以及兵法家，残留于世的除了一张张画得还算凑合的水墨画之外，还有一本名为《五轮书》的兵法作品，主要内容有二刀流教程，如何从单挑到群架的教程，如何战胜其他流派的教程，单挑和群架的本质以及宫本武藏这一生的介绍五部分。

武藏真正的剑人生涯始于他13岁的时候，那是他第一次和人单挑，对手是新当流的有马喜兵卫，结果武藏赢了，据说还赢得很漂亮。旗开得胜的他从此一发不可收，在此后的十五年生涯里，他先后和人用真刀对战六十余次，无一失败，成为了百战百胜的剑豪。其中，以庆长十七年（1612年）和岩流掌门人佐佐木小次郎在严流岛的对决，也就是我们之前提的那段最为有名。此战过后，奠定了他在日本剑人界中流砥柱的地位。

因为宫本武藏的故事，尤其是和佐佐木小次郎对决的事迹，被后来的小说家、文学家以及编剧们进行了无数次的渲染和编撰，又在银幕上亮相了无数次，使得无数人都信以为真，觉得宫本武藏就是这么厉害，更有甚者还给了他"剑圣"这一荣誉称号。

个人认为这个称号似乎也没啥不对，只不过改一个字兴许更加贴切，比如把剑给改成贱。

严流岛决战一事我们放在后面详细说，在此要做的，是扒一扒宫本武藏的某些真相。

首先，所谓的那六十次真刀对决，能够找到确凿证据的，不过十八次。

确凿的证据指的是对方的记载。即宫本武藏的某天日记里写道，今天上午我在门口小花园里和田中太郎进行了真刀对决，我大胜。如果在田中太郎的日记里也发现了比如"今天武藏找我单挑，被他阴了，靠"这么一段，那就说明决斗确有其事，若是太郎的当天或是近期日记里除了吃喝拉撒追漂亮妹子之外只字未提，那就很值得推敲了。

其次，尽管武藏说自己是跟人真刀对决，事实上真正用能砍死人的武士刀对打的，不过两次，一次是跟京都吉冈道场的吉冈又七郎，还有一次是和用锁链的达人穴户梅轩。

除此之外，其余的所有对战，要不用的就是木刀，要不就和普通混混一样随便在路上捡个人家不要的棍子削得顺手了拿着打。

基本情形就是这样，当然，我也不是说宫本武藏就真的是那么不堪了，至少他开创了二刀流，这是真的。此外，那记录在案的十八次胜负，他的确也都是赢了其中的大多数。

只是，这赢了虽说是真的，但赢的手段可以说是相当的那个——往好听了讲叫耍手段，往难听了讲叫龌龊不要脸。

比方说，宫本武藏有一次要和一个剑士某甲比试，时间是一个星期后，在战前大家就约定，说是真刀比赛，生死自负。

然而，从那天起，某甲无论是出去买菜、吃饭还是和女朋友约会，都会听到各种各样关于宫本武藏的传闻：比如说他一巴掌把人打飞了二十米，又比如说有一天他在路上走，突然窜出来五个会空手道的黑帮，在完全不知情的情况下，武藏噼里啪啦打死了其中的两个，还有三个重伤，现在还在医院里，据说幕府将军德川家康甚至还打算在富士山下给他宫本武藏立个牌子上面写剑之圣者四个字呢。

诸如此类的传闻，一直在某甲身边出现，每次都是以两个或者两

181

个以上的人扎堆聊天的方式进行传播，搞得某甲每天惶惶不可终日，心里特别后悔跟这么个角色搞真刀对决，自己真是活腻了，但既然有过约定也不好反悔是吧，也只能怪老天不给自己活路了。

就这样，某甲提心吊胆地挨到了决斗当天，然后又提心吊胆地来到了决斗现场，发现武藏早已胸有成竹地站在那里了，一副不是你死就是我活的自信表情。

某甲那拔刀的右手开始颤抖。

"等一下。"武藏发话了，"这样不太好吧。"

"啥……啥？"某甲竭力让自己的双腿保持平静。

"我俩素昧平生，何必以性命相搏，我看你也是条好汉子，杀了可惜，不如这样，我们就用木刀点到为止吧。"说着，武藏拔出了自己腰间的木刀丢了过去，"这是我常用的家伙，借给你吧。"

他自己手里拿着的是一根木棍，不用说，是刚刚捡来的。

如果你是某甲，此时此刻的你，会是一种怎样的心情？

我想大多数人的心中此时都会涌上一股暖流，心想啊呀，大人物就是不一样，那么仁慈，那么慈悲为怀，高手就是高手。

你能这么想，还打什么架？回家去练练明年再来吧。

于是武藏就这么轻松获胜。

某甲怀着虽败犹荣的心情回到了家里，可让他感到奇怪的是，之前那些凑到一团聊宫本武藏的人，似乎再也没有在自己家附近出现过了。

因为这些人都是武藏的弟子或者是直接雇来的，为的是给对手造成一种心理压力，等到了决斗的那天，再提出以木刀代替真刀，又能给对手一种极大的宽慰，这样一上一下的巨大心理落差，能直接造成对方战意丧失的结果。

说白了，武藏搞的就是一套"功夫在剑外"的把戏，通过心理战人为大幅度削弱人家的战斗力从而取得胜利。

受害者不光有某甲，还有某乙、某丙、某丁等，事实上他的大多数对决胜利,都是靠这种方法赢来的。

在这些倒霉的甲乙丙丁里,最出名的,当属佐佐木小次郎。

在说小次郎之前先来辟一个谣。长年以来,很多人都被游戏、动画等一些东西所误导,错误地认为佐佐木小次郎是个长得很帅的美少年,在花一般的18岁时便死在了武藏的刀下,如樱花凋落般让人怜惜。

这个说法实在挺扯淡的。虽说小次郎的身世长期以来一直是个谜,谁也不知道这孩子究竟打哪儿来,有人说是当年被织田信长灭国的南近江大名六角家的遗腹子,也有的说是越前国(福井县)某大财主的独生子,很多年来都没个定论,不过无论他爹是谁,至少有一点可以肯定:小次郎的剑道,是跟着中条流的钟卷自斋学出来的,同时,也和同门的高手富田势源学过两下子。

富田势源死于天正七年(1579年)左右,两人的交集顶多不会超过这个时候,换言之,即便小次郎天生就是剑圣的命,3岁能拿刀,那么他也是天正四年(1576年)出生的人,在庆长十七年(1612年)的严流岛决战时,至少有个36岁。

也有人认为那会儿的小次郎已经是个五十多的老头儿了,这个也不是没有道理,不过因为有些耸人听闻,所以在此不做大肆渲染。

小次郎的剑道天分很高,他擅用刃长三尺的大刀,打斗时挥舞如风,没有感到丝毫的不便。还在中条流家做徒弟的时候,便自行领悟出了绝技燕返,据说这招是以极快的速度出刀砍杀对手,速度之快,连灵敏度极高的燕子都无法躲避。

话说回来,用的是长刀却能做到出刀快速,着实可见小次郎是个练武的奇才。

学成之后,他在西日本一带活动,背着一把名为物干竿的长刀四处和人切磋,并自创流派岩流。因为屡屡获胜从而名声大振,终于在庆长十七年(1612年)的时候他引起了因关原合战有功而被转封至福冈地区的大名细川忠兴,也就是细川藤孝的儿子,伽罗奢(明智玉子)的老公的注意,他特地让人把小次郎请了过来,让他为自己指导剑术。两堂课一上,忠兴觉得这人的确有些真功夫,便希望他能够留在自己身边做专门的剑术教练,并且还给家臣待遇,也就是佐佐木家的人世世代代都能成为细川家的家臣,属于编制内的公务员。

小次郎答应了,毕竟能够作为诸侯的剑术指导依靠官方的力量来推广自己的流派,这对于大多数剑客来讲都是梦寐以求的事情。

然而,正因为是梦寐以求的东西,所以自然就会有人半道儿出来争食儿的,那人就是宫本武藏。

却说这武藏那几个月正好在福冈教徒弟顺带阴人,听说细川家要找武术总教练,想想自己大小也算个名人了,于是便来到城中毛遂自荐了一番,自我介绍说是二刀流的创始人,从小跟人练到大就没输过,所以这个教头的位子,还是让自己来比较合适。

细川家表示我们已经请了岩流的佐佐木老师了,所以就不劳您费心了,哪儿来的,回哪儿去吧。

不想宫本武藏阴笑几声,说佐佐木那厮当年是我的手下败将,你们怎么连这种人都请?细川家原来就是这种货色啊,也罢,也罢,当我瞎了狗眼,我走,现在就走,多待一秒都嫌得慌。

说完,带着徒弟就准备离开。

"且慢。"

武藏早就料到了会有这声阻拦,所以对方话音未落就转过了身子:"您有何吩咐?"

"请等下,我们去问一问,过两天您再来吧。"

细川家的人其实是想去确认一下小次郎是否真的输给过武藏,答案自然是明摆着的——他连武藏是谁都不知道,这胜负又从何谈起。

这个也是武藏早就料到的,对此,他的解释是小次郎怕丢人,不敢承认。为了证明确有其事,他还特地把胜负的时间和地点说得有鼻子有眼，仿佛真有这回事儿一般。

于是对方愣住了，这到底是真还是假呢？

这个反应也是意料之内的，武藏一看时机已经成熟，便说道："是真是假已经不重要了，要不您就让我和小次郎再次决一胜负，谁赢了，谁就担任这个职位，如何？"

这位细川家的家臣说这是大事，自己不敢擅专，要领导批准的，您还是再等两天吧。

数日后，细川忠兴亲自发了话，决定让小次郎和武藏用真刀对决，地点是严流岛。

这地方前面有说，是个小岛，一边打一边还能看看海景听听海涛，应该说是个不错的地方。

无论是武藏还是小次郎，对此都没有异议，尽管后者有些纳闷：这家伙究竟是谁？

时间被定格在了庆长十七年（1612年）四月十三日，这是约好比试的日子。这天，佐佐木小次郎早早地就起了床，然后按照约定坐船赶往了严流岛，不过上午七点，他就在由细川家众家臣组成的见证团的陪同下，坐在了沙滩的小马扎上，静等武藏的到达。

此时的武藏还在被窝里。

七点三十分，武藏起床，刷牙，洗脸，吃早饭。

八点，约定的时间到了，小次郎站起身子眺望远处，但并没有看到任何往这里开来的船只。

这时候的武藏刚刚出门。

九点，小次郎坐在马扎上不停地跺着沙滩，相当焦急，不时地问身边人武藏那丫的是不是不来了？

当时的剑道比试胜负有两种，一种是对决过后分出输赢，另一种则是在一方缺席的情况下另一方不战而胜。评判缺席和迟到的唯一标准单位就是天，即你迟到了一分钟也算你迟到，可如果是缺席的话，必须是一天不来才能算。

所以现在武藏最多是迟到,不能判缺席。小次郎如果想分胜负的话,必须得等下去,一直等到第二天天亮。

十点的时候,宫本武藏总算姗姗来迟,心急火燎的小次郎猛地从位子上站起来,顾不得一阵轻微的头晕,扯开嗓子便喊了起来,而武藏也不示弱,双方就这么隔着好几米地先进行了一场声波对决。

再接着,便正式开始了。

当时已经非常火大的小次郎打算使个燕返把武藏一刀劈死,但突然他有一种很晃眼的感觉,对面站着的武藏仿佛如同飘着的一半,忽隐忽现,看不大清。

他重重地揉了揉眼睛,又摇了摇头,好让自己清醒过来,可不管怎样,武藏的身影看起来就是那么扎眼,也别说使出燕返了,就是想看清他的动作,都有一定的困难。

还没等小次郎从困惑中反应过来,武藏挥起船桨照着他脑袋就是猛地一下子。

浸过水的木头打人杀伤力更大,小次郎当场就被打得头破血流趴在地上,昏死了过去。

比赛结束,武藏胜。

胜因有三,第一,他故意迟到,让别人心焦,严重影响别人的发挥;第二,他用语言刺激对手,打乱其步伐;第三,也是最重要的一点,当时的武藏特地算好时间和位置,使得自己是背对着阳光,而小次郎自然得面对着阳光,强光照射再加上海面的反光,使他根本就无法看清武藏的身形,更别说动作了。

说到底,这次对决其实就是宫本武藏趁着佐佐木小次郎心烦意乱气急败坏头晕目眩的当儿给了他一记闷棍,除了这些阴人招数之外,没什么特别的技术含量。

武藏很清楚自己的胜利是多么肮脏。由于生怕小次郎事后报复,他特地让自己的门徒悄悄上岸，趁着细川家的人离开而岩流弟子还未来得及登岛迎接师父的空儿，将虽负重伤却并未丧命的小次郎给活活捅死了。

细川忠兴事后也明白了个中的细节，所以尽管武藏获胜，可他却并没有依照自己的诺言聘其来当自家的家臣。一直到快三十年后，细川忠兴都挂了，他儿子细川忠利才让武藏当上了客座剑术指导，仅仅是客座，不算在编制内的。

但不管怎么说，胜了，终究是胜了，虽说的确有点那么肮脏不堪的嫌疑，但宫本武藏战胜了佐佐木小次郎，这是无可争辩的事实。

但本打算靠着这次胜利来混个官当当的武藏还是计划落空了，所以自那以后他不得不重操旧业，继续扛着刀四处修行，碰上厉害点的人就想办法找他们决斗，想尽一切办法战胜他们并四处宣扬，以抬高自己的身价。

有一次，武藏不知从何得知了一代剑豪丸目长惠的栖身地点，于是兴奋不已的他便立即起程，打算前去找人比试。

这丸目长惠，是日本剑道流派之一太舍流的创派掌门，同时他也是真正的剑圣——上泉信纲的得意弟子。

只不过，这年头丸目掌门已经七十有四了，而且也早就不再舞刀弄剑，只是隐居于乡下，每天看着几个徒子徒孙练练剑，顺便自己再种个地吹个笛子地混日子。

就这么一老人家，时年三十刚刚出头的宫本武藏都不肯放过，愣是多方打听然后摸上门去，准备跟其比试之，他个人推算，如若不出意外，这胜利，多半该归自己。

说起来这倒是良心话，毕竟你一三十多的小伙子去揍人七八十的老头儿，想不赢都难哪。

就这样，宫本武藏是真的去了那个传说中的村庄，接着他根据当地村民的指点，穿过了一块又一块的农田，然后来到了一块田前，看

187

到了一个老农正在刨土。

"大爷,丸目彻斋在哪儿您知道吗?"他走到人跟前问道。

彻斋是长惠老了之后给自己起的号。

老农抬起了头,看了武藏一眼:"我就是。"

武藏上下打量了对方,又看了看他身后几个一块儿种地的,然后做起了自我介绍:"我是宫本武藏,前来挑战丸目彻斋,您当真是他老人家?"

"那还能有假?我总不可能冒名顶替,代人挨打吧?"长惠哈哈大笑道。

武藏心里默算了一下,觉得年龄差不多,再加上人家说得也在理,所以他相信了:"老人家,我们去道场吧。"

"你真的要打?"

"真的打,您是老前辈,我有向您挑战的必要。"

丸目长惠身后跟着种地的其实都是太舍流的徒弟,他们看着武藏的脸,都有一种想拎起锄头给他两下子的冲动。

"真要打,也不必去道场那么麻烦。"丸目长惠呵呵一笑,接着脸色瞬间就变了,然后手中锄头平举微抬,一副就要出剑的模样。

武藏吓得赶紧往后连退三四步,脸上闪现出一股惊恐的表情。

"哈哈哈哈。"丸目长惠笑了起来,然后把锄头一扔,手在衣服上擦了两下,转身走了。

武藏羞愧难当,自知技不如人,便灰溜溜地走了。

我不否认对于一名剑士而言,胜负确实是尤为重要的一样东西,胜了,或许能就此飞黄腾达青云直上,若败了,很可能连性命都难保。

所以从这方面来看的话,也不能说宫本武藏就怎么怎么地了,人家也不过是一心求胜而已。

只是,在这个世界上有着很多远比胜负重要的东西,比如人格,比如尊严,比如同伴。

有的人输了，但他不一定是失败者；有的人胜了，却不见得就真的是赢家。

插曲播放到这儿就算是完了，于是我们继续聊国家大事。

第二十四章 邻家姑娘的信

庆长十八年（1613年）四月二十五日，幕府重臣大久保长安因病过世，享年68岁。

老家伙得的是中风，据说本来还好好的突然之间就嘴角抽抽眼咽口斜地蹬腿了，这事儿来得那叫一个措手不及，让周围人惊诧不已。

但很快，事情就不光光是惊诧那么简单了，而是被抹上了一层惊悚的色彩。

话说长安死后没几天，就在尸体才刚刚装入棺材埋进墓穴的当儿，突然某日他们家门外就来了一大票全副武装的家伙，这些人冲进屋子二话不说直接开始翻箱倒柜挖地三尺，大久保家的几个儿子吓坏了，连忙跑过去问你们是什么的干活。

"奉命检查大久保长安贪污公款一案，即日起，任何人不得擅自出入此宅！"

来者一边说着，一边拿出了家康的手谕。

大久保长安主持德川家内政几十年来，在兢兢业业勤勤恳恳搞领地经济的同时，也没忘了滋润自己的小日子。这家伙的生活相当奢华，吃好的，用好的，光是小老婆就是好几十个，比德川家康还要多出一倍有余。

当然，抄他家并非是出于家康的羡慕嫉妒恨。长安的坏名声由来已久，几乎是三天两头就要被人参上一本说他不干好事儿一个劲儿地贪赃枉法，而那上奏本打小报告的，主要是两个人，而且还是父子——本多正信，本多正纯。

这也难怪，冈本大八是长安给判死的，老家伙活着的时候弄不到他，死了之后还不让秋后算账么？

当时的大伙，无论是幕府的官员还是普通的老百姓，都是这么认为的。

但不久之后他们就发现自己错了，因为这事儿被越闹越大了。

五月十七日，幕府正式宣布了长安的罪状：在大久保家抄出了七十万两黄金，贪污证据确凿；此外，还在大久保长安的卧室里发现了暗房，又在房间里找到了一个黑匣子，黑匣子里有大久保长安多年来和外国势力通信的证据，并且在字里行间流出了不少不和谐的思想，不能排除他有里通外国推翻幕府的可能；最后，又在他家里找出了十坛子毒酒，很有可能是用来毒德川家康的。

得，赶明儿谁都别买老鼠药了，不然通通以涉嫌毒杀幕府将军为名抓去坐牢。

公布完罪状之后，原本还只是待在家中限制外出的长安的七个儿子，在这一天被投入了监狱，并且还不是一般的牢房，而是死牢。

七月九日，大久保家的七兄弟被全部处死。

同一天，大久保长安的坟墓被挖了开来，都已经埋到土里去了的棺材又被刨了出来，同时重见天日的还有长安的遗体——幕府决定，将这具已经都烂了的尸体拖到刑场，处以斩首之刑。

这一天围观的老百姓有很多，大家除了看鞭尸之外，更重要的是为了一睹长安那口棺材的风采——因为那玩意儿是由24K纯金打造制成的，堪称人类殉葬史上难得一见的艺术珍品。

以上这些，史称大久保长安事件。

可以说，这次是本多派一边倒的大胜利，但本多正信却似乎意犹未尽，很有一副再接再厉的势头。

只不过这政治斗争不像街头斗殴，不是你想到了就立马能给人一砖头完事儿的，那得仔细斟酌慢慢准备。

现在，本多正信正在慢慢地酝酿着，计算着下一次的进攻；而大久保忠邻自然也得着手开始做起了防御工作，以免下一回再被打个措手不及并落花流水。

表面上，则是一片平静。

同年八月，江户城迎来了几位特殊的客人。

时为公元1613年，不光是日本，就连整个世界，也开始发生了巨大的变化。

在16世纪大航海时代位于世界最顶端的西班牙和葡萄牙，进入17世纪后，其势力开始逐渐衰退，取而代之的，则是在英西海战中大获全胜的英吉利帝国以及被誉为海上马车夫的荷兰。

为了获取更大的利益，两国很自然地将触手伸到了亚洲。荷兰以南洋为势力范围，开设东印度公司，成为了辛香料的贸易巨头；而英国则将势力拓展到了印度，开始做着属于自己的贸易经营。同时，这两个国家又将眼光放向了更长远的地方——日本。

那么，在如此的一个地球村里，日本和其他村民的关系又是如何的呢？

首先要说的，还是日本的那位老师父——中国。且说在丰臣秀吉死后，接替他主宰日本国事的德川家康在外交方面所做的第一件事，便是要恢复和中国之间的邦交。

但问题是这大明朝的上上下下并不怎么待见日本人。本来就是嘛，你跟我天朝上国打了七年的仗，现在说好就要好，哪有那么简单？

德川家康一连往北京派出了好几拨儿使者，却都没有起到任何作用。

无奈之下，也就只得退而求其次了——找朝鲜套近乎。

这是一招标准的醉翁之意不在酒，因为朝鲜在当时是号称和大明帝国最心贴心的好小弟，只要和他们搞好了关系，再借着这块踏板，也就不难跟明朝恢复邦交了。

所幸和明朝那边所不同的是，朝鲜人对日本人的外交活动似乎持有相当大的好感，好像已经完全忘记了多年前日本军队把他们打得半残的凄惨往事儿。

还是那句话，在这世界上，不存在天生的贱骨头。朝鲜人之所以会欢迎日本人，不是因为他们热情好客记性差，而是纯粹的事出有因。

这因，出在明朝身上。

且说在朝鲜战争打完之后，为了防止日本亡我贼心不死哪天突然又来反攻倒算，所以明朝的军队并没有完全撤出朝鲜半岛，而是留下了一部分驻守，以为防务。

但这明朝的军队嘛，你也知道，比较盛产一种介于油子和痞子之间，被称之为兵痞的玩意儿。这些人本身就是在藩属国家当驻留大兵，心中油然生出一股高人一等之情，再加上本性如此，故而驻朝明军在朝鲜可谓是闯祸不断，不是买东西不给钱就是调戏良家妇女，有时候还会跟朝鲜人发生流血冲突，让国王李昖头痛不已。对此他苦思冥想了好久，认为唯一能解决这事儿的办法，就是请明军离开朝鲜，如数回国。

虽说李昖是这么想的，可他也怕日本人哪天突然又杀个回马枪，所以在这种情况下，就非常有必要和日本恢复正常的外交关系了，这样一来，也能同时告诉明朝方面：你看，日本人跟我们友好了，你们可以滚蛋，哦不，撤军了。

就这样，双方从关原合战爆发前就开始了各种交往，但渐渐地，又出现了新的问题。

两国邦交，尤其是正式的邦交，那显然不是说一句你好再见之类的招呼话就能算完的，得有正式的书面形式信件，学名叫作国书。

现在的问题是：这个国书，该由谁先寄给谁？

日本方面认为，朝鲜不过是一藩国，而自己却是独立国，从这方面来看，日本的级别比较高，所以该由朝鲜先寄。

可朝鲜人却觉得，自己虽然是藩国，但却是大明帝国的藩国，俗话说宰相门子七品官，作为大明王朝的首席小弟，怎么着江湖地位也该比你日本高一点吧？所以，这国书，该由你先寄。

于是日朝双方就开始互相纠结起了该先由谁说你好这个无聊的问题了，这样一来，可把一个人给急坏了。

他叫宗义智，是统辖对马岛的大名，当年侵略朝鲜的时候被和小西行长一起编入了第一军团，前面我们有提过。

对马岛这地方地如其名，就是一小破岛，地方小土地也不好，常年穷得叮当响，所以管理对马岛的宗家的唯一生财之道，就是和他们隔海相望的朝鲜做生意，对于他们而言，跟朝鲜之间的和平，那就是自己的活路，一旦没了和平，那活路也就断了。

所以早在秀吉要打朝鲜的时候，宗义智就是持坚决反对态度的主要人员，只不过这个意见在当时没有被听取，他还是不得不带着军队跟着大部队一起渡海；等到仗打完了，他又是第一个展开了对朝的外交活动，甚至要比德川家康更早。宗义智如此积极，原因只有一个：赶紧恢复双边关系，赶紧开始做生意。

但他毕竟只是日本的一介诸侯，在战前还好些，现在两家都打破头了，所以很难再以原来的身份和朝鲜一国发生什么太大的关系。朝鲜人更是明确地表示，哥们儿，不是我们不跟你做生意，你要真的有心一起发安生财的，那就找你们的老大来跟我们谈。

而这国与国之间的交往则必然需要国书，这样一来，问题又被绕回了原点。

绕来绕去，这时间一年年地就这么被绕走了，最后宗义智终于被逼急了，他作出了一个非常了不起的决定：冒充德川家康，写一封国书给朝鲜。

如果朝鲜收到了假国书，便一定会认为日本服了软，自然也就会回一封真国书，到了那个时候，收到回信的德川家康想必也一定会以为这是对方先低头的象征，只要这个端口一开，那么接下来两国之间的外交，岂不是就能顺利进行了？

至于那个假国书穿帮了之后该怎么办之类的事情，宗义智已经没工夫去多想了。正所谓穷则思变，现在对马岛宗家都快要被穷死了，再不用险招，那就要完蛋了。

抱着这样的觉悟，在庆长十一年（1606年）的时候，宗家派遣使者给朝鲜国王李昖送去了第一封原创国书，国书里用词恳切，语言恭敬，一副低声下气的三孙子模样。

朝鲜王李昖很高兴，心想着活了这大半辈子总算是看到日本人跑过来给我说软话了。他这一得意，当下就忘形了。

同年，李昖修书一封让人送去给德川家康，在这封回信里，他先是赞赏了家康之前在信中的礼貌和得力，接着又得便宜卖乖地表示，日本要是想和大朝鲜建交，那光是主动递国书还远远不够，还得做以下一件事：当年日本出兵朝鲜，到处杀人放火，使得朝鲜蒙受了巨大的损失，在这巨大的损失之中，尤为巨大的，当属李家王朝的宗庙，也不知道是哪个缺德的小鬼子把我老李家的祖坟都给刨了，这事儿你德川家康得管，得把挖祖坟的那几个人渣给我找出来，交给我们朝鲜人处理，不然的话，建交之类的事情一律免开尊口。

这封信并非是直接送到江户，而是先到了宗义智的手里，再由他转给家康。

当宗义智看完这封真国书之后，满头的大汗就哗啦啦地流了下来。

李昖要日本方面把犯人交上去，这事儿纯属为挣一下面子而使出的故意刁难之计，要知道朝鲜战争都已经结束了十好几年了，时至今日我上哪儿给你找那挖坟的哥们儿去？就算找着了，人能承认吗？

但这还不算最要命的，关键在于，李昖的这封信，是回信。

在信的开头是这么写的：朝鲜国王李昖回奉日本国王殿下。

日本国王，特指幕府将军，当时除了日本人，几乎没有几个国家的人能分清楚天皇、将军和国王之间的关系，所以通常写信都这么写。

而回奉，就是回复，我李昖回你的帖而已。

这信要真交给德川家康并让他知道自己早在几个月前就被人冒名顶替了，他会怎么想？会怎么做？会怎么对宗义智？

宗义智不敢再想下去了，在擦了擦头上的冷汗之后，他只能一咬牙一跺脚再一闭眼，作出了一个更加伟大的决定：干脆，把这封国书也给改了吧。

好在工作量不算太大，宗义智让人模仿着李昖的笔迹将信的内容给重新写了一遍，开头部分被改为"朝鲜国王致函日本国王殿下"，接着里面的语气也客气很多，是一种近乎哀切的口气在乞求德川家康帮帮忙，为自己找到挖祖坟的罪人，好让列祖列宗在九泉之下含笑一番。

最后，他还弄来了一个伪造的朝鲜国王大印，往信上一敲，算是大功告成。

对此，幕府没有看出任何破绽。

剩下的，就是要上交那几个挖坟犯的事儿了，虽说这是李昖自行构思出来且相当引以为豪的刁难题目，但对于连国书都敢原创并修改的宗义智而言，这个问题简直就不是个问题。

他当下就从牢里随便拖了几个死囚犯出来，然后跟这些人说，你们都是些该死的家伙，现在国家需要你们出力，要是肯为国效劳的话，你们的身后事以及父母，都由我宗义智来妥善料理，如何？

很显然，宗大人是伪造了国书意犹未尽尚觉不过瘾，这回打算伪造几个盗墓犯。

而众犯一听，感到反正都是一死，既然领主大人都说了肯赡养我们的父母，那干脆就从了他吧。

于是大家纷纷点头表示答应，说是愿意为国尽忠。

宗义智很满意，并当场一挥手："端上来！"

一个个小碟子就这么被端了上来，不过里面装的不是美酒，而是水银。

宗义智打算用水银把这些囚犯们都给毒哑了，这样一来就算到时候出了岔子，他们也无法再说些什么。

于是，这几个人造哑巴就这么被送去了朝鲜，成为了毁坏宗庙的罪人。

事情圆满解决，李昖很满意，宗义智很满意，那几个死囚也挺满意的——再怎么说爹娘有着落了。

基于这三个很满意，李昖决定，是到了回应日本一番的时候了。

庆长十二年（1607年），朝鲜方面终于派出了使臣团来到了江户，祝贺德川秀忠当上了新一代的幕府将军。

吐槽者自重，我知道你想说什么，可你得这么想，人家朝鲜友人那么忙，能来祝贺已经是很给面子了，就算稍微晚了一两年又算个什么，再说了，毕竟大家以前开过打，不找个由头怎么坐下来重新谈？

好在这次庆祝活动办得非常圆满成功，我指的是朝鲜使者们并没有说漏嘴，不过想来也是，你是去庆祝人家当将军的，没事儿提什么谁先给谁寄的国书啊。

随着两国之间的交流不断频繁深入，庆长十四年（1609年），双方签订了己酉条约，总共十二条，总结起来可以归纳为四个字：贸易再开。

美中不足的是，尽管日本和朝鲜之间的关系是蒸蒸日上，可明朝那边却依然冷冷淡淡，再加上在这年岛津家又出兵打下了琉球，双方的关系便又陷入了新的低谷。

对此，日本方面采取的态度是等待，静观事态变化，并随时抓住可能出现的一切机会。

不过外交这种东西就是当你在等着一个人的同时，也会有另一个人来主动找上你。

第二十五章 Samurai[1]

之前提到过一句的那几个来到江户城的特殊客人，其实是英国人。具体说来，是大英帝国海军战舰库罗布号的司令官约翰·希尔斯，他随身带着的，是一封由英王詹姆斯一世亲笔所写的国书，是真的国书。

国书的内容不算太多，主要内容有七条：

1. 希望日本方面能允许和英国之间的通商贸易，并且免除关税；

2. 每次贸易的时候，英国商船里的货物如有大御所或是将军看中的，可以尽管开单子出来，我们随时奉送上门；

3. 希望日本的每一个港口都对我们英国开放；

4. 希望能在江户建立专门的英国人公馆或是英国人居住区；

5. 如果有英国人死在日本的话，希望幕府方面不要把他的随身财物以及货物充归国有；

6. 请幕府禁止强买英国人的货物；

7. 如果有英国人在日本地界上犯了罪，希望能够把他交给英国方面来审判。

总体来看，包括了关税免除、自由开放和治外法权这几条，顺便再给点小恩小惠的甜头，不客气地讲，这完全就是对付殖民地的那一套东西。

---

[1] Samurai，即日语中的"武士"。

德川家康是什么人？你把他当非洲黑人的酋长他知道了多半能要你的命，其实英国人也不是不知道这点，他们之所以敢这么胆大妄为，主要原因是他们上面有人。

话说在和秀忠见面的时候，有一位在幕府打工的武士也陪同在座，这本很正常，因为本多正信大久保忠邻等重臣也同样在场，只不过那位武士他的座位却是和众英国人排在一块儿的。

换言之，此人站在英国人这一边。

这没什么好奇怪的，因为他本来就是英国人，本名威廉·阿当姆斯，日本名字叫三浦按针。

他出生于英格兰，是一个船员的儿子。12岁的时候，阿当姆斯便进了造船厂当上了学徒工，之后又加入了皇家海军，然后作为一船之长参加了那场著名的英西战争，并和战友们一起打败了西班牙的无敌舰队。

退伍后，他先是和家乡的一位姑娘结了婚，并育有一儿一女，之后进入了一家商社担任航海士一职，主要负责跑去非洲的贸易航线。

航海士就是负责画航海图计算海上路线并在起暴风的时候指挥全船脱离险境的人，相信看过《海贼王》的同学一定不会对这个职业感到陌生。

在伟大的航海生涯中，阿当姆斯结识了很多新同伴，比如荷兰人A、荷兰人B、荷兰人C等等。当时英国跟荷兰走得比较近，而且荷兰的海上事业又同样很发达，所以能认识荷兰朋友也很正常。

从这些荷兰朋友的口中，阿当姆斯知道了在遥远的东方有一个被称之为日本的美丽国家。同时，他的朋友们也一直鼓动他说要一起去看一下，顺便再做点生意赚点钱。

心平气和地说，这并不能算是一个好主意，因为在当时从欧洲去日本的话，一般常用的路线是绕南美洲经麦哲伦海峡再横穿太平洋而抵达目的地，暂且不说路途遥远自然风险巨大，要知道那年头的美洲海域，大多都是西班牙和葡萄牙的势力范围。

但是，大海和男儿们的热血以及巨大的利益在召唤着他们，公元1598年，34岁的阿当姆斯和他的弟弟托马斯一起加入了荷兰鹿特丹的一家贸易公司，同年6月，组成了一支共有五艘船和五百多船员的贸易船队，24日，全体成员从鹿特丹港出发。

这五艘船各自都有一个非常漂亮的名字，它们分别被叫作希望、爱、信仰、忠诚和福音。

其中希望号是旗舰，阿当姆斯本人也正是在这艘船上担任航海士。

但这终究是一场悲惨之旅。

在船队抵达南美东南部穿越麦哲伦海峡的时候，因暴风雨而导致彼此失散，"福音"在补给不足的情况下去了西班牙人的地头找吃的，结果被当场擒获之；"信仰"则实在是扛不住这风吹雨打，不得已原路撤退，于公元1600年6月回到了鹿特丹，原先出发时候船上的一百零九人只剩下了三十六个。

航程中，因为"爱"的航海士不幸遇难身亡，所以阿当姆斯被从旗舰上给更换了过去。

公元1599年的春天，"希望"的船长带着20多名船员登陆找吃的，不想却和当地的印第安土著发生了冲突，一干人等全部被杀，这其中便包括了托马斯。

因为船上的中坚砥柱都被砍死，所以"希望"虽然在后来勉强跟随大部队一起横渡了太平洋，可终因操作人员水平不行而在一场大风暴中沉入了海底，全船人员无一生还。

最终平安抵达亚洲的，唯有"爱"与"忠诚"。

其中"忠诚"来到了印度尼西亚，当他们刚刚下船正想弄点吃的再顺便问问当地老乡哪儿有辛香料的时候，却迎面撞上了全副武装的葡萄牙人。

就这样，全员遇难。

在最后的最后，所剩下的唯有"爱"了。

庆长五年（1600年）三月三日，经过了为期将近二十个月的生死航行，"爱"终于漂到了九州的丰后。注意，是漂来的而不是开来的，因为此时此刻，这艘原本载有一百零九人的三百吨贸易船上，还在喘气的只有二十四人，而且这二十四人中的绝大多数都身患痢疾和坏血病，早就拿不动船桨了。

所以这些人几乎是被日本人给抬上岸的。

到了日本之后，当地管事儿的立刻将此情况呈报大阪方面，请年仅7岁的丰臣秀赖少君定夺，由于这孩子连日本人的事情都弄不明白更别说外国人了，所以这事的处理权最终还是落到了德川家康的手里。

在此期间，有在日本做生意的葡萄牙人指控阿当姆斯他们是海盗，要求英明伟大的德川家康立刻将他们处以极刑，但被老爷子非常干脆利落地给一口回绝了。

虽然此时的家康还不怎么明白外面世界的各种争端，但是他隐约觉得，这洋人和洋人之间，也是存在着水火不容的国家斗争，既然是这样，那么在和这帮家伙打交道的时候，也得讲究个平衡之术。

用今天的话来讲，叫作以夷制夷。

三月三十日，德川家康在伏见接见了阿当姆斯，因为他是"爱"上身体尚且健康还能自行走道儿的船员中地位最高的人。

在双方的交谈中，家康了解了阿当姆斯他们此次航行的真正目的，同时也听他详细诉说了英国、荷兰和西班牙、葡萄牙之间的斗争形势，老爷子一边听一边频频点头并屡屡微笑。

一切和他料想的基本一致，至于眼前的这个精通航海术的英国人，或许能在将来为自己所用。

就这样，"爱"的全体幸存船员都被赦免并准许回国，除了阿当姆斯——他被留下来担任了家康的外交以及贸易顾问，主要工作是接受家康的各种关于西洋事务的咨询以及为年轻的家臣们讲授各种航海、几何计算之类的洋务知识。

这应该算是一种殊荣吧，至少对于那年头在日本的外国人而言是这样的。要知道很多洋人在日本混了大半辈子都不见得能见上统治者一面，这阿当姆斯来日本才几天就成为了家康的顾问，消息一传出，让很多人都百感交集，尤其是两牙的传教士们，都纷纷感到了一种压力。

但阿当姆斯却很不情愿留下来干这活儿。他几次求见家康，表示说既然您都已经明白我们是无罪之人了，而且其他船员的去留都可以自由决定，那为何偏偏不让我回家呢？要知道我在英国还有老婆和孩子呢。

家康说没事儿，不就是妹子嘛，只要你给我干活，想要妹子那还不简单，至于孩子，你有了妹子还怕没孩子？

就这样，庆长七年（1602年），由家康出面说媒，让阿当姆斯和德川家的御用商人马达勘由解的女儿结为夫妇，婚后两位新人虽然语言不通但关系还算相当不错，生了一个儿子一个女儿，一家四口其乐融融地颇为幸福。

庆长九年（1604年），德川家康召见了阿当姆斯，这回不是问他外国事情了，而是下达了一项非常艰巨且光荣的任务：造船。由阿当姆斯为主要负责人，为日本设计建造一艘承载量大约在八十吨左右的西式帆船。

这仍然是个殊荣，因为没有外国人能为日本的幕府将军造船。

但阿当姆斯依然不怎么情愿。因为他以前虽说在船厂干过，可终究也就是个给人帮忙打杂的副手，从未有过独立设计并完成整条船建造的经验，这万一自己弄出了一条船然后才下海就沉到底了的话，那可不是一死了之就能算完的。

但德川家康却不知怎的特别相信这个英国人，三番五次地派人去催，一副我说你行你就行不行也行的架势，以至于阿当姆斯实在无法拒绝这种和身家性命捆绑在一起的荣誉，只得带着几个还没回国的

"爱"号船员上了阵。

这些人在伊豆建起了日本第一座西式船坞，然后共同奋战了一年多，终于造出了日本有史以来的第一艘八十吨西式帆船。在此之后，大伙再接再厉并更上一层楼——庆长十二年（1607年），日本第一艘一百二十吨帆船成功下水。

两艘船都能开并且都没有沉。

对此，德川家康非常满意。在满意之余，他赐予了阿当姆斯武士的身份，还赏了他位于相模国内的二百五十石领地，并为其起了一个日本姓——三浦，这是因为他的领地在三浦地区。

此时的阿当姆斯已经在日本住了十来年了，日语水平也已经达到了相当的高度了，至少有今天的国际测试二级水平，所以他自己给自己取了个日本名儿，叫按针，意为职业引航，姓和名连起来便是三浦按针。

这是自有武士以来日本国土上的第一个白人武士。

家康不是一个喜欢和外国人凑一块儿的人，但他依然给予了三浦按针近乎无上的荣耀，由此可见，对于他而言，这个来自英国的航海士是一个多么重要的存在。

事实上詹姆斯一世的使者们也是这么认为的，所以他们才会找到按针，希望他能够帮自己一把，帮自己国家一把，开开后门说点好话以促成英国获得在日本的贸易利益。

这些使者们可谓是早有准备，在找到按针之后，别的一概不说，先给了他一封信，那是按针在英国的老婆和孩子们写给他的——这帮人早就打听到了他们的住所，在出发之前特地找到那位夫人请她写的。

之后，使者们告诉按针，你的老婆很健康，孩子很活泼，他们都很想念你，希望你能够回去。

出人意料的是，按针的反应相当冷淡，在听完了家里的情况之后，既没有热泪盈眶，也没有出现一切电视剧中该出现的表情，而是非常淡定地问了一句:"你们是想来做生意对吧?没事,我尽可能地帮你们说话便是了。"

虽说能答应要求那是最好,其他的一律都不用再多问。可使者们还是有点搞不明白,怎么这小子跟妻儿分开了那么久却一点也不想呢?

不是不想老婆孩子,而是不想回国。

回了国,继续跑航海一年到头在汪洋大海上漂来漂去,脑袋别在裤腰带上还不能洗澡不能吃新鲜蔬菜;留日本则是地主老财巴依老爷,东方妻子漂亮温柔贤惠,手底下一帮奴仆招之即来挥之即去,这三浦按针当然是毫不犹豫地选择了后者。

你真以为成为海贼王是一件那么爽的事儿?自己去海上漂一个月不洗澡试试吧。

三浦按针没有食言,他真的专门去拜访了一次德川家康,希望老爷子能够在一定程度上给英国方面最大的恩惠待遇,并且使日本成为英国在亚洲的重要贸易伙伴。

结果家康果然是相当给面子,他答应允许让英国在幕府所辖除江户之外的任何地点建立商馆以便让两国互通有无,同时在看过国书之后还表示,如果自己真有看上英国商人的货物,一定会列清单所要的,这点你们放心,老夫决不客气。

除此之外的什么最惠国待遇治外法权之类,老爷子一概当作浮云,视而不见。

三浦按针有点急了:自己不是家康最倚重的外国人吗?怎么连这点忙都不肯帮?

人一急就容易说胡话,其实他也没说什么过分的,只是用劝说的口气对家康说道:"家康大人,在外国事务上我比较清楚,您最好听我的,我们英国人、荷兰人都是你们的朋友,西班牙人、葡萄牙人,都是敌人,相信我,没错的。"

结果就是这句话让德川家康火冒三丈:"你给我听好了,你是我的家臣，你只需按照我的命令去为我做事，至于其他的，我自己会判断！"

在之后三浦和德川秀忠的会谈中，秀忠的观点和老父亲基本一致，唯一的区别就是没家康那么强硬而已，他的态度很好，很温和。

这件事情就算是到此为止了，再也没了一点回旋的余地，于是接下来众英国人开始讨论把商馆建立在哪儿比较好。

几乎所有的人都认为，商馆应该建立在九州北部的平户（长崎县内），理由是既然德川幕府已经完全驳回了国书上的那几条，那么等于说在今后的日子里英国和日本之间的贸易实际上是困难重重的。既然如此，那就干脆放弃和日本的生意往来，而是选择一个离中国更近的地方造商馆，让其成为一个和中国扯上关系的跳板，这样一来也算是多少有那么点收获。所以，离中国很近并且又已经有不少外国人在那里定居造商馆的平户是最佳的候选地。

唯独三浦按针表示反对，他并不同意自己同胞们的看法。按针觉得，虽然现在英国政府重视的是和中国的贸易，但也不能因此而放弃日本市场。这个商馆，应该要建立在一个没有什么其他外国人在的，并且和江户或是大阪等主要繁华地带距离非常近的地方。

当众人问起是哪儿时，三浦按针用手指敲打着地图的某处说道："这儿。"

那个地方位于按针自己领地的附近，名叫浦贺，在当时是一个相当荒凉的小渔村。

因为没有人愿意当拓荒者，大家都希望能够去已经有比较浓厚的西洋氛围的平户，所以这条意见被当场给驳回了。

其实按针的意见个人觉得是相当正确的。

话说在后来浦贺被改了名字，叫作横须贺，在詹姆斯一世的使者来到日本的一百四十年后，有一位美国海军军官带领着自己的舰队来到了日本的海面上，叩开了日本已经关闭了两百多年的国门。

此人名叫佩里，该事件也就是著名的黑船来行。

而这位佩里提督，正是从横须贺上陆，踏上了日本的国土。

再后来，横须贺一度成为了日本最大的军港。

如果当年英国人真的把商馆建在了浦贺，频繁地和江户展开各种交流联系，那么很有可能英国就会成为当时和日本关系最为亲密的欧洲国家，那么后来当日本闭关锁国的时候兴许也能跟荷兰以及中国一样留在日本不被驱逐，那么这浦贺之地便能成为日本的另一个对外的窗口……这样一来，后世的历史也许会多少被改变一些吧？

可惜历史并不存在如果，也就只能由我们在这里空想扯淡一番罢了。

在逗留了几个星期之后，英国人离开了江户，回国复命去了，他们带走的，除了幕府给英国政府的回信之外，还有德川秀忠送给英王詹姆斯一世的礼物——日本铠甲一副。

在船开的时候，三浦按针特地跑来送行，这位身穿羽织腰间挂着一长一短两柄弯刀的西洋武士站在海边呆呆地看着船队起锚、升帆，然后越开越远，越变越小，船都已经看不见了，他却依然望着远方，看着大海，仿佛自己的眼光能够越过大洋，看到英国，看到他的家乡。

第二十六章 大久保忠邻事件

十二月三日,家康在外出回归骏府途中,路经相模一个叫中原(神奈川县内)的地方时,突然手下前来报告说有人有十万火急的情况要求汇报。

德川家康亲自接见了这个在大久保忠邻手下当家臣,名字叫作马场八左卫门的人,想听听他究竟有些什么要紧的事情。

"启禀大御所,大久保忠邻大人,有不轨之心!"

"什么不轨之心?"家康一听这话顿时就来了兴趣。

"忠邻大人和丰臣家有着秘密的勾结往来,并打算趁着您这回经过他居城附近的时候,发兵奇袭,将您暗杀!"

大久保忠邻的居城是小田原城,就在中原边上一点。

面对这没有证据,没有动机,只有污点证人一名的控诉,家康的表现相当让人感到意外:"忠邻那家伙……果然是有异心吗?"

"是的,此人异心由来已久。"

"嗯,我知道了。"家康摸着胡子若有所思地点了点头,一副准备动手的模样。

对此,我只想说一句:当时大久保忠邻其实并不在小田原,而是在京都出差公干。

他一定是打算通过随意门突然出现在家康面前然后将其一刀拿下,嗯,肯定的。

207

因为此事太过于扯淡,所以在江户的秀忠闻讯之后星夜火速赶往相模,打算为忠邻求情。

父子相见,还没来得及寒暄,秀忠就急忙说道:"父亲大人,听说您要处置大久保忠邻?"

"是的,这家伙很可能有二心。"家康并不否认。

"父亲大人,恕孩儿直言,大久保忠邻乃是家中无人能及的忠臣!您这样无根无据地就认为他有不轨之心,是不是太……"

当说出无根无据的时候秀忠已经意识到自己说错了话,所以更难听的也就不往下说了。

"你是想说我过分?"

"孩儿不敢。"秀忠连忙低下头去,"只是,孩儿根本无法理解忠邻为何要有二心。"

家康很淡定地表示这有什么不能理解的,人嘛,真要疯癫起来鬼才知道是为了什么原因,反正大久保忠邻最近这些日子一直眼神迷茫恍恍惚惚的,我一看就知道他有反革命倾向。

看着老父亲神神叨叨地在那里解释大久保忠邻最近神神叨叨的原因,秀忠基本上也就明白是怎么一回事儿了:敢情这老头儿是想整人呢。

"事情是这样的。"一旁的本多正纯估计是觉得家康这么扯淡实在是无法服人,于是便挺身而出代主解释,"自从大久保忠常大人过世之后,大久保忠邻大人的情绪就变得极为不稳定,已经不止一次有人前来报告说他的行为举止非常怪异,很有可能对将军大人不利。"

这里的将军大人特指德川家康,本多正纯常年在家康身边伺候,在称呼老爷子的时候往往喜欢拣自己说着顺口且对方听着顺耳的词儿,结果这时候却一个没留神地给当着秀忠的面说出了口。

而大久保忠常则是大久保忠邻的长子,也就是当年第一个跑去给德川秀忠通报竹千代出生喜讯的那个,虽说这人才华横溢,性格温和,深受秀忠的喜爱,可遗憾的是,他早在庆长十六年(1611年)的时候就已经因病去世，过早地离开了人世。

老年失子，这无疑是人生中最为悲痛的事情之一，忠邻为此而情绪不稳那可说是人之常情，他若真的一副没事儿人的模样，那才叫可怕呢。

这事情说到底就是本多正信和本多正纯两人打算趁着大久保长安事发的东风把大久保派赶尽杀绝，于是找来了马场八左卫门当污点证人，再随口将大久保忠邻丧子之痛当作动机，以此作为攻击手段。整个事件可以说是相当没有技术含量，基本和小学生打小报告属一个级别。

但家康却信了，与其说他信了，不如说老爷子是确有此意想扳倒大久保忠邻，所以才会相信了如此没有营养的说辞，打算以此来治忠邻的罪。

秀忠是个聪明人，事情发展到这一步，他已经全然明白了前因后果，也知道接下来自己无论说什么都将无济于事，所以他选择了放弃，缓缓地抬起了头，先看了一眼家康，再将目光移到了正纯的身上："正纯。"

"在。"

"你听好了，在如今的天下，所谓的'将军大人'，只有我一个。"

他是真的生气了。

本多正纯听完之后浑身不由猛地一颤，而德川家康却依然淡定自若，仿佛根本没听到儿子的这句话："来人，去一趟京都，让板仓胜重去处理这件事吧。"

当胜重拿着家康的手谕来到大久保忠邻的住处时，他正在和自己的家臣下棋。

两人自年轻的时候便是交好的朋友，所以胜重不知道该如何开口，只是站在门口静静地看着忠邻执子、落子。

"胜重，有什么事情等我下完这盘棋再说吧。"忠邻笑着说道。

板仓胜重的脸色很难看，但还是重重地点了点头。

"以后，这就是我唯一的乐趣啦。"忠邻手里捏着一枚棋子说道。

这盘棋最终以他的胜利而告终,因为对手非常明白板仓胜重来此作甚,故而早已心慌意乱,没了下棋的心思。

"胜重,你有事就说吧。"大久保忠邻连头也不抬,只顾着用手把下完的棋归拢起来放入盒中。

"上谕。大久保忠邻,因近年来突然出现诸多不当行为,经幕府上下一致讨论,认为此人不再适合担任要职,故,决定没收其全部领地,流放至近江栗太郡中村乡,交由井伊直孝看管。但念其多年来为幕府尽心尽力,故,授予其每年五千石俸禄用于养老,以上。"

以上这两字在这里的意思大致等同于中国圣旨中的钦此。

就此,本多派和大久保派的三场较量全部结束,前者以一平二胜的成绩取得了最后的胜利,而大久保派则从此退出了历史的舞台。

可能会有人感到不解:对于家臣之间的争斗,家康向来讲究的是平衡二字,可这一回却为何要把大久保那一派给如数尽灭,放任本多派一家独大?

能这么想,说明你脑子着实不坏,只不过还没好到德川家康那个地步而已。

在这个世上,所谓的平衡,其实只是一种相对的说法,那么多年,从来都不曾出现过绝对平衡这么个玩意儿,就算是在神话中也是如此,比如上帝就是男的,但却并未有过女上帝,虽说后人造了个圣母玛利亚,可却又买一送一地添了个耶稣,两男一女,仍然不平衡。

本多派首领本多正纯,这一年75岁;大久保派老大大久保忠邻,60岁。从当时的平均寿命数据上来看,这两位已经都是不折不扣的风烛残年,当然后者因为年龄比较小所以能多蹦跶个十来年,但也不过就是十来年而已。

在此我们不妨来假设一下:假设这两人双双蹬腿之后,本多派和大久保派会变得如何?

本多正信是后继有人的,他那宝贝儿子本多正纯时年48岁,多年前就紧随家康以及秀忠的身后，要才华有才华要经验有经验，正是能一展宏图的时候，故而我们有理由相信，这家伙是一定能把本多派发扬光大推向新高潮的。

可大久保忠邻就不同了，他的长子大久保忠常已经死了，而另外的几个儿子不是被送去当了别人家的养子就是尚且年幼不堪大用，也就是说，一旦大久保忠邻有个吹灯拔蜡的闪失，那么大久保派中无论哪个继承人都将毫无疑问地败在久经沙场的本多正纯的手下。

再说得直白一点：只要忠邻一死大久保派就没了。

再再说得直白一点：如果后继无人的大久保派依然留在这个世上，那将造成德川幕府最大程度的不平衡。

所以，德川家康才会将其连根拔除，同时另立一派，能够在不久的未来和本多正纯分庭抗礼，继续保持平衡。

这个被选中的家伙就是土井利胜。

其实还有一个人也被选上了，只不过他是隐藏人物，那便是德川秀忠。

秀忠和忠邻虽说名为君臣，但两人的关系真的很好。每次在他为难的时候，忠邻总是会第一个站出来出手相救，当年还是秀吉一统天下的时候，杀生关白丰臣秀次曾经想过让秀忠也来做丰臣家的人质，幸而有大久保忠邻巧妙地数次赶走了前来迎接秀忠的使者，这才使其幸免于难。

在之后的日子里，无论是德川家继承人地位被动摇还是要挑小老婆，秀忠的身边总是能看到忠邻尽心辅佐的身影，结果现在你愣把这个身影给像擦污垢一般给抹掉了，你说那温厚善良重感情的德川秀忠，会对本多家的人有好感吗？

或许这也正是家康老爷子的策略之一吧，为的就是在自己死后能让秀忠狠下心来为德川家来一次大换血？

这些个都是后话，现在就不说了。反正就目前看来，大久保忠邻的时代是真的结束了，再也不会有翻身的机会了，只不过这事儿却还不算完，你得知道那个大久保长安可是个浑身全是宝的主儿啊，无论死活，他的作用都大着呢。

庆长十九年（1614年）二月，正当全国人民尚且还沉浸在新年快乐的气氛中时，幕府方面却相当煞风景地开始磨起了刀子。

月初，已经关押了大半年的原大久保长安家臣米津正胜被从牢房里拖了出来，处以了斩刑，与此同时，关于长安的罪名也非常诡异地多出了一条——里通外国，信奉洋教。

洋教就是天主教，在那个年头的日本，信洋教的基本性质等同于信邪教，一旦被知道了，那是要受到严惩的。

不过既然话都说到这儿了，那就有必要顺道来扯一扯天主教在日本的那些事儿了。

扯淡之前首先要说明一个问题，那便是虽说天主教、东正教以及新教都可以称之为"基督教"，但至少在中文里，天主教是天主教，基督教是基督教，两者之间就如同丰臣秀吉是丰臣秀吉，德川家康是德川家康那样大不相同。在这里，我们所提及的"切支丹"也好，"伴天连"也罢，指的都是天主教。

第二十七章 福音传来

而要想说明白日本的天主教,首先便有一个不得不提一下的人,那便是沙勿略。

此人是个传教士,在日本历史上占据了重要地位的传教士,外号沙秃子——不是我起的。

他生于西班牙巴克斯,是有钱人家出身,父亲是纳瓦拉王国(西班牙境内)国王手下的重臣,所以从小就受到了良好的教育,19岁便去了名门巴黎大学深造,主攻自由艺术,兼修哲学。后来,受了同住一个宿舍的好友依那爵·罗耀拉的影响,决定投身宗教,致力于为上帝服务。

且说这位罗耀拉先生也是个相当强悍的人物,他是耶稣会的创始人,并且发明了一种全新的修行方式,取名为神操(真的叫这个名字)。

在好友的带动下,沙勿略也加入了耶稣会,并且光荣地成为了首批传教士,而且当时的葡萄牙国王约翰三世还非常热情地邀请老沙上葡萄牙位于东方的殖民地去普及天主教,以便让那些未开化的土人们变得性格善良更方便统治些。

沙勿略答应了。公元1541年,他乘船出海,向着遥远的东方驶去。

他来到的第一个地方是印度的果阿,当时属葡萄牙的占领殖民地。在那里,他开始了自己宣教的处女战。

宣教的方式相当简单粗暴——沙勿略先让葡萄牙士兵把一个村

庄里的男女老少都赶在一块儿，然后开始用巴斯克语讲解天主教的教义——巴斯克语乃西班牙北部的方言，西班牙人都保不齐百分百能听明白，更别说坐在下面的那群从没上过学也没念过书的印度土著了。

但沙勿略显然顾不了那么多。他在讲完教义之后，便用结结巴巴的当地土语兑上一些肢体语言要求土著们跟他起誓，说是从此以后只相信天主，只承认天主，只认同天主，阿门。

望着四周全副武装的葡萄牙士兵，土著们被迫跟着阿门了起来，就这样，短短数年时间里，沙勿略就取得了让数万人受洗的可喜成绩。不仅如此，他还带着土著们将当地的佛教庙宇给毁了个精光，算是消灭异教邪教。

那年头白人在亚非拉的"宣教"多半都是那么搞的，可以说纯粹就是欺负人家手里没家伙又不认字，吃了没文化的亏。

在印度获得大好成果的沙勿略似乎被胜利冲昏了头脑，他竟然决定再接再厉，用差不多类似的办法去并非葡萄牙殖民地的日本宣扬一下上帝。

天文十八年（1549年）八月十五日，沙勿略在日本带路党党员弥次郎的率领下，携另外两名传教士，穿过马六甲，来到日本海，并成功地从萨摩上了陆。此时的他踌躇满志，发誓要将日本给打造成东方的天主教基地。

可到了之后这哥们儿才发现自己失算了，印度和日本压根儿就不是那么一回事儿。当时的日本正值战国时代的最高潮，人人都是兵强马壮并窥探着天下，根本不会怕西洋各国的殖民者，也别说怕了，你要真敢动人家直接就做了你。

至于文化程度，日本人也是相当凑合的，毕竟跟在中国身边白学了那么几百年，无论是修养还是艺术造诣，丝毫不逊于那些自称文明的欧洲白人。

要想在这里搞坑蒙拐骗强买强卖的勾当，是绝对行不通的。

到了当年年底，沙勿略不但没能诓到几个人来入伙，反而还因在一次宗教辩论大会上输给了当地的僧侣，被指为邪教，所以得到了当时的萨摩领主岛津贵久相当客气的逐客令——贵久说是请他去京都看看，那边或许有需要上帝的人。

但沙勿略并没有马上上京，而是先于天正十九年（1550年）来到了九州北部以及本州岛的周防（山口县）地区，想在那里转转，以便寻点生机。

要说上帝还真不是没给他机会，沙勿略才到了周防没几天，就承蒙当地诸侯大内义隆的召见。其实义隆属于活了一辈子没见过外国人想瞅个新鲜的那种，至于天主教什么教的，都在其次。

而沙勿略却并不知道，他以为这个日本诸侯是真心对天主教感兴趣，于是在家备足了功课，把大内义隆喜欢什么讨厌什么穿几号内裤都调查了个一清二楚，然后便胸有成竹地赴约了。

双方见面打完招呼，还没说上几句，沙勿略突然就表示："大内阁下，你有罪。"

大内义隆很莫名，说："我最近又没干过什么坏事，哪有罪了？"

"听闻你好男色。"沙勿略很正儿八经地说道。

王公贵族爱美少年在当年的日本很是普遍，我们在很久之前便已经说过，所以面对沙勿略的发难，大内义隆一时半会儿还没明白过来是什么意思，一边点头承认一边又在努力回想：是不是自己虐待了哪个朋友？

没有啊，自己对大家都很好啊。

想到这里，义隆实在是忍不住了："我有何罪？"

"你好男色，这在天主教义中乃是大罪，要下地狱的。我的孩子，现在迷途知返还来得及。可怜的羔羊，让我救赎你吧。"

大内义隆顿时火冒三丈，心想你丫在我这边无证传教我还没说什么，你倒是先管起我家的事儿来了，而且还又是孩子又是羔羊的，你

215

以为你谁啊？我爹？

于是他当即下令，将沙勿略逐出周防，让他该滚哪儿去滚哪儿去。

沙勿略滚到了京都，在那里他受到了个别商人的热情招待，比如一个叫小西隆佐的药材商就对他特别好，不但盛情款待，还告诉他日本的各种风土人情以及社会潜规则，这些都让沙勿略认识到，如果真心要想在日本作出一番事业来，像以前在印度那样子是肯定不行了，必须得先了解日本文化，这样才能走近日本人。

顺便一说，这个小西隆佐数年后成了天主教徒，他儿子后来也入了教，名字叫小西行长。

沙勿略在京都晃荡了好几个月，沿途说法宣教，本来还想上比叡山找山里的和尚们来一场辩论的，不过被人家拒绝，也就只好作罢。

天正二十年（1551年）春，沙勿略再一次来到了周防，并再一次得到了觐见大内义隆的机会。这次他学聪明了，知道日本人注重表面印象，特地穿了一套特漂亮的西洋礼服，并且大包小包拎了好几麻袋的礼物，里面有怀表、小手枪、眼镜、望远镜等新奇玩意儿，还附带了一封果阿地区主教的亲笔信。这信本来是要给天皇的，可那年头兵荒马乱，天皇哪有工夫理这些啊，沙勿略连皇宫的门把手都没摸着，于是便只能顺水推舟把信里的抬头和一些称呼涂涂抹抹修改一下之后再转给大内义隆，就当是写给他的了。

因为原本的收信人是天皇，所以信里面的用词特别恭敬，一口一个尊贵的殿下，叫得义隆心花怒放，再加之那么多西洋好东西，于是他一改之前的态度，当场允诺让沙勿略留在自己这里，宣扬天主教，并拨出一座已经被废弃的寺庙，让他作为自己的活动基地。在那里，沙勿略尽心宣教，并尽量用对着日本人胃口的语言方式来解释天主教的教义，这种尽心尽力的方法给他带来了回报，短短几个月里，便有好几百人受了洗——都是自愿的。

天文二十一年（1551年）九月，他抵达了丰后（大分县），受到了领主大友宗麟超热情的款待，并且在那里取得了巨大的成功。

大友宗麟就是以前我们提过被岛津家打得去找秀吉求助的那位。

从历史的角度客观来看，宗麟这个人虽说确实能算是个厉害的角儿，但也就是那样了，没什么特别出众的地方，也很少会被人着重地记上一笔，但是，在当年的欧洲，在洋人们对于日本的各种记载里，大友宗麟却是唯一一个能和日本霸王织田信长相提并论的存在，就连日本的地图，也被一分为二，一个是织田信长统治的Japan，另一个，则是大友宗麟的Bungo，日语丰后国（大分县）的意思。

在欧洲，尤其是欧洲宗教界，宗麟得到了比信长更高的评价，被誉为日本最贤明聪慧的国王。究其原因，我想多半是出于另一出记载中的另一句话：没有任何一个日本诸侯能像他那样给予我们（西洋人）如此宽厚的保护和待遇。

正所谓吃人嘴软拿人手短，这是全人类的通性，那些个举着十字架四处招摇乱晃勾引人同去天堂的洋和尚们也不会例外。

话说大友宗麟在见沙勿略第一面的时候，便摆出了一副近乎诚惶诚恐的恭敬模样，上来就自称罪人，请上帝宽恕自己。接着，他又表示，你，也不光是你，今后只要是西洋来的传教士，都能在我姓大友的土地上传教。今天，我大友宗麟只掌丰后一国，所以只能委屈你一下，就在这丰后一地宣扬你的上帝吧，可改日我若是坐拥全日本，那么，日本列岛的每一寸土地，都欢迎你们这些拿着十字架的客人们。

沙勿略自打来了日本就没见过那么豪爽的人也没听过那么带劲儿的话，所以他欣喜若狂，顿时有了一种多年来总算是碰到好人了的感觉，于是连忙表示大友大人我们是兄弟，我们都是上帝的儿子。

大友宗麟也很高兴，因为这正是他想要的效果。

其实这家伙是个纯度相当高的实用主义者，同时也是个明白人，他知道西洋科学力量的先进与可怕，故而一直在琢磨着将这种力量归为自己所有，如此一来日后平定日本，岂不是会方便很多？

再加上眼前就有一个天生的好联络员沙勿略，如此关系若是不用，实在是对不起自己请他的这顿饭。

就这样，大友宗麟通过沙勿略开始和葡萄牙扯上了关系，从正经的贸易到军火的贩卖，双方无所不做。日本的第一门佛郎机大炮，就是在这时候通过大友家给引进的。

有了这么多好东西，下一步自然就该是拓展领地了。

凭借着坚船利炮，大友宗麟先是在天文二十三年（1554年）攻灭了菊池家，取得了肥后（熊本县），接着又在弘治三年（1557年）成功讨伐了筑前国（福冈县西）的秋月文种，然后顺利取得了那里的领地。

同时，他也没有忘记自己曾经作出过的承诺——没忘了继续在领地内推广天主教。和沙勿略会见后的短短数年里，光是府内一地，就新增了两千名上下的天主教徒，虽说在天文二十一年（1552年）的时候沙勿略就已经离开了日本，可当时丰后地区的国门已经被打开了，所以也不在乎少他老沙一人。在之后的几年里，大友家所辖地区迎来了无数的洋教士前来传教。在这些人的影响下，府内周边焕然一新，成为了一个充满西洋各式新鲜物品的大都市，从金灿灿的小怀表到马戏团的大象，应有尽有。

而那些传教士们在传教的同时，也开始设立医院。他们建起了内科、外科齐备的近代化西洋医院，这也是日本历史上最早的综合医院。

除此之外，在大友宗麟的支持下，这些人还创造了数个日本第一的记录：

他们在大友家的领土上建立起了日本历史上最初的免费医疗制度，但凡去西洋医院看病的，无论何人无论何病，一律不收钱。

他们还建立了日本历史上第一座孤儿院以及日本史上首所免费就读的教会学校。

传教士们所做的这一切，使丰后地区成为了一个拥有健全福利、教育以及医疗制度的高度发达都市，当外国人提起这块土地的时候，都纷纷称其为"心之国度"。

再回头说那沙勿略,他在日本总共待了两年多,在那里,他深深地认识到了这么一件事儿,那就是日本文化的形成很大程度是受了隔壁中国的影响,甚至可以说,中国文化是日本文化的根源。

于是,一个更大的梦想萌发在了他的心头:去中国,让全中国人也信上帝。

天文二十一年(1552年),沙勿略离开了日本,乘船驶往中国,满怀着梦想,充满着信心。

结果他发现自己又失算了,别说是去传教了,中国的大明王朝觉得这哥们儿颇似邪教人物,有蛊惑人心妖言惑众为非作歹之嫌,所以连入境都不给他入。

无奈之下,沙勿略只得决定偷渡。当年九月,他的船抵达了中国广东省的上川岛,然后停靠一边,等待着蛇头前来接应。

但等了好几个月也不见人来,因为蛇头感到要是带着这帮人入境实在太危险,一旦被抓住了很有可能就要被当成同党处理,所以哥们儿越想越怕,干脆就直接放了沙勿略他们的鸽子。

因为水土不服外加心情焦躁,身处上川岛的沙勿略很快就病倒了,接着,他又染上了疟疾,从此一病不起,于当年十二月三日病逝在了上川岛,年46岁。

他的遗体被人用石灰进行防腐处理之后,变成了一具不腐之身,被用来全世界巡回展览,在展览的过程中,有几个狂热的教徒还用小刀割下了他的脚趾手指偷偷带走用于收藏。遗体一直被展览到了公元1554年才被带回印度果阿地区安葬。在下葬之前,这家伙几乎被分了尸,从牙齿到毛发以及手臂、手腕等地方的骨头都被拆了下来,送给了各处的教区,其中,日本教会分到了他的几根肋骨,现在还在东京妥善保存着。

沙勿略之所以在日本具有超高的人气和知名度,不光因为他和鉴真和尚一样给日本带来了一种新的宗教,更重要的是,他是第一个让日本接触到了除中国之外第二种先进文化体系的人。换言之,沙勿略是让日本睁眼看西洋的第一人。

我们都知道,日本之所以能在近代强大,多半要归功于那场实行于一百多年前的明治维新。所谓明治维新,就是学习西洋的先进技术以及先进制度来武装自己,富国强兵。

而明治维新最初的契机,则是发生于嘉永六年(1853年)的黑船来航,美国海军提督佩里率舰队敲开了日本封锁两百余年的国门。

说实话,日本强大的原因虽说有很多,但其中主要的关键词之一恐怕还是"西化"二字。

靠着西化,日本强大了,所以现在的日本人在庆幸自己当年被西化的同时,也爱屋及乌地喜欢上了一切让自己接触到西洋玩意儿的历史人物,比如前来叩关破国门的提督佩里,非但没有被认为是什么帝国主义侵略者,相反每年还有好些活动在纪念他,纪念这小子敲开了日本封闭着的大门。

这也就是为何沙勿略能如此受欢迎的原因了。

从客观上来讲,老沙的出现,其实也就是把天主教带给了日本,仅此而已,至于后面那帮诸侯通过洋教来和洋人打交道牟利,那纯粹是一种师父领进门修行在个人的行为,跟他几乎没甚太大的关系。

这家伙和他的后继者们对日本唯一作出的直接贡献,说白了不过是让那几个岛屿上多出了一大堆信上帝的人罢了。从面朝黄土背朝天的农民一直到商人武士,都有他们的教友,甚至连一些诸侯,也信上了这个。

麻烦也正麻烦在这儿。

前面已经说过,沙勿略给日本带来的是一种新文化、新宗教、新思想,那么这种新文化、新思想、新宗教则必然会跟旧文化、旧思想、旧宗教发生冲突。

在这里还是要说一个发生在大友家的故事。

话说他们家有一位家臣,这位家臣因为地位高工资多,所以自己手下同样也有一些部下。在日语中,家臣的家臣被叫作家来。

在这些家来里,有一个年仅十六七岁的信奉天主教的少年。

有一天,那位家臣,也就是少年的主人把少年叫了过去,对他说:"前些日子夫人在庙里算了一卦,求了一个神符,不过没有当场取回来,现在你就去一趟,把那玩意儿给拿回家吧。"

这是一个在当时很常见的打杂任务,但是这位少年家来却拒绝了,说:"我不去。"

主人一惊,心想你居然敢拒接我给你的任务,真是大胆,不过嘴上还是问了句:"为什么?"

"我是天主教徒。"少年回答道。

天主教徒怎么了?天主教徒就能不打杂光吃饭了?主人挺火大的。

"天主教徒此生只信奉天主,绝对不能再和异教的神灵有所接触,如今您让我去异教的庙宇中办事,就有违教义了。"

主人怒了:"难道为了你心中的上帝,你连主命都能不遵吗?"

"即便是您的号令,也恕难从命。"

无论怎么说,那位少年都坚持不去,一副拼了命要将上帝信奉到底的派头。

而主人的忍耐程度也终于到了极限,他下令将这个不听话的手下给抓了起来,准备严加惩处。

众所周知,日本是一个等级森严的国家,这话我已经不止说过一次了。虽说战国时代有其特殊性,比如流行以下克上手足相残之类的事情,但说到底,武士之间的主从关系,依然是支撑社会的主流,这位少年宁要心中神,不要上头人的想法,等于是在挑战武士社会的根本,所以,为了惩前毖后,他的主公决定,判其死罪。

然而,此事也不知道是谁给说了出去,一下子就捅到了大友宗麟

221

的耳边，他闻知之后，亲自赶往那位家臣的宅邸，要其刀下留人。

"天主教徒不可违背教义，他这么做是没错的，我能理解他。"

于是，该少年被无罪释放。

这事儿闹得不大，仅限于大友家那一亩三分地，可影响却很广，几乎全日本都知道了。

因为这是一场冲击。

可以说，此事在日本历史上造成的影响，未必亚于当年的佛教传来。

众所周知，自日本立国以来，他们所受文化几乎清一色来自中国，即便佛教是印度的，可那也是先到中国，被中国化了之后再传至日本的。

不夸张地讲一句，尽管自菅原道真之后日本七八百年里无数次想要摆脱中土文化对列岛的影响，可终究还是没能做到，这个国家的文化思想，是完完全全建立在中华文化的基础上的，别说摆脱了，连动摇都做不到。

为什么？因为没有替代品，千百年来日本根本就找不到能够替代中华文化的另一种文化。

可现在找到了，沙勿略给列岛带来了上帝之音。在上帝的影响下，原有的文化体系开始出现了微妙的裂痕，虽说战国时代流行下克上，但在没甚大事的时候，来自于中华的君臣纲常还是绝对的，就算是主公让自己的家臣去死，家臣也不得有二话，这就叫君要臣死，臣不得不死。

可现如今大友宗麟却为了一个从外国飘来，连长什么样住哪儿都不知道的洋神仙，居然可以破坏从古时便传至今日的武士法则、中土文化体系，那长期以往，还怎么拢聚人心？如果人人都心里想着上帝，以上帝为借口做这个做那个，如此折腾下去，必定会搞得人心背离，国将不国。

说句大白话，如果全日本的老百姓都信了天主教，那肯定是没有原先信佛信道那么来得容易统治。

第二十八章 切支丹武士

考虑到上面说的这一点，所以在天正十五年（1587年），丰臣秀吉颁布了《伴天连追放令》，就是在全国范围内取缔天主教。

如果你是一个当时的日本老百姓而你又信天主教，那么你就惨了。领主大人会带着一群全副武装的武士冲你家里，逼着你放弃自己的信仰，不然就抓你去坐牢。

你若是心里琢磨着好汉不吃眼前亏，先承应着之后等他们走了再接着信，嘿嘿，对不起，领主大人聪明着呢，他会拿一张画有耶稣坐像以及天主教十字架的画来，然后放在地上叫你死命地踩，踩坏了算他的不要你赔。

这招有个专门的日语用词，叫踩绘或是踏绘。

你要是真踩了，那么等于是践踏了自己的信仰，你这种人即便日后再信天主信上帝，那也是一个立场不坚定的变节分子，多你一个少你一个都无所谓。

可你要不肯踩，那也好办，关你进大牢，严刑拷打之后再叫你踩，若是仍然不肯，同样好办，拖出去给你一刀，死了的人，信什么都不打紧。

如果你虽说信天主教但身份却不是老百姓而是一介诸侯，那么对付你的办法兴许就要文明很多了，不会让你踩什么图画也不会打你，而是由丰臣秀吉亲自下令要你放弃信仰，如果不肯，那便剥夺你的领地，将你流放。

在这种高压政策下，很多人都表示此生再也不会和上帝发生什么关系了，但也有些顽固分子，表示自己生是上帝人，死为上帝鬼，就算五马分尸也绝不会放弃信仰。

对此，秀吉的做法是看关系——和自己关系亲密的，那就睁眼闭眼地过去，比如小西行长，哥们儿出兵朝鲜的时候都戴着十字架，可也没人敢说什么；但若只是一个单纯的路人甲，那就对不起了，死去吧您呐。

比如黑田官兵卫，这厮原本是个天主教徒，结果在《伴天连追放令》出台的当下，就连忙跑过去找到秀吉，以一种和上帝不共戴天的愤恨之情表示自己从今往后一定要和这个白胡子黑袍还在腰间挂着宝刀的老头划清界限，从而深受秀吉的好评。

但例外总归还是有的。

话说有这么一个人，当他面临着身家性命和信仰只能挑一个的抉择时，却毫不犹豫地选择了后者，宁可抛弃多年苦心奋斗得来的荣华富贵，也决不出卖自己的信仰，此人便是被后世誉为"切支丹之鉴"的高山右近，在很久之前有过登场，希望你还能记得他。

顺便一说，黑田官兵卫之所以信天主教，也是因为受了右近的影响。

高山右近出生于今天的大阪府境内，他爹高山友照和沙勿略是老相识，同时也是日本老资格的天主教徒。受父亲的影响，高山右近在年仅12岁的时候便受了洗，24岁的时候他继承了家业，然后便开始在自家领地里大事宣传天主教，五年过后，高山右近手下两万多领民里，有将近一万八的人信了上帝。

这种人罗马教廷真应该给发个奖状啥的。

之后，他投靠了丰臣秀吉，并且转战全国各地立下赫赫战功，深得秀吉赏识，并受封了播磨国（兵库县西南）六万石领地。

应该说，这家伙小日子其实过得是相当不错的。

在《伴天连追放令》出台后，面对秀吉的各种威胁，右近始终不改初衷，表示自己是个虔诚的教徒，早已将身心一体交给了上帝，就算五雷轰顶也绝对不会放弃信仰。

秀吉相当火大，当即就削去了高山右近的所有领地，并且将其流放。

不过他人缘好加之又有才华，所以有很多诸侯都争着要他去自己那里。

在四处晃了几年之后，右近来到了秀吉好友，加贺（石川县）百万石大名前田利家处，当上了前田家的一名名誉家臣。他在那里一待就是十几年，一直到了前田利家去世，德川家康建立幕府，他还在那里混吃混喝，不过也不白混，会经常给继承人前田利长出出主意什么的。

再说秀吉死后，日本的统治者变成了德川家康。对于天主教，家康基本沿用了秀吉的做法，采取的是全面封杀的政策，只要发现有人信天主教便直接下大牢，事实上，他之所以选择跟英国以及荷兰这两国做生意而避开西班牙和葡萄牙，不光是因为两牙的实力问题，还有一个原因就是英国与荷兰信奉的都是非天主教的新教。

而给已经死去多时的大久保长安扣上一顶莫须有的天主教教徒的帽子，其主要用意似乎也正是打算以此来大鸣大放大清算一番，好多搞掉一些自己看着不爽的人，既清净了世界，又能起到威慑作用。

事实上却并非仅仅如此。

说句老实话，把大久保长安给弄得这么个家破人亡挫骨扬灰的模样，其用意肯定不是为了好玩儿，虽说安在他头上的那几个罪名是挺吓人的：贪污巨额公款跟信邪教。可要是仔细琢磨琢磨的话，似乎也就是那么一回事儿。

首先是贪污。大久保长安此人，说小了，那叫幕府的经济总管，可要往大了讲，给他一个江户时代经济基础奠基人的荣誉称号也是毫不过分的。就这么一个人物，不过是多拿了那么几块钱，至于把他从棺材里挖出来鞭尸吗？

225

如果你说至于，好，那我再问你，他活着的时候家康干吗去了？大久保长安讨了几十个小老婆，生活作风奢华之类的事情，他德川家康不至于完全不知道吧？总不能人活着的时候不知道他有几个老婆，等人一死就全都明白了吧？

那么，既然有大久保长安在经济方面的犯罪证据，为何不在其尚且苟活于世的时候处理？非要等人死了再动手？

还有谋反这条。人家在德川家打工打了30年最终是寿终正寝，结果你倒好，人死了说他要造反，人真要造反什么时候不能造偏偏要等死了之后再造？

信天主教也同样如此，暂且不说大久保长安是不是真的教徒，就算是真的，家康早干吗去了？千万别说他信上帝的证据也是死后才发现的，这亏心不亏心哪？

唯一的解释就是，德川家康处理大久保长安这事儿，并不是把长安当一个罪人来处理，而是一种利用。他要借题发挥，借长安这块石头去打人，但绝不是见人就打，而是有目的性地针对那么几个人，毕竟大久保长安这种级别的石头，不是谁都有资格挨的。

于是，现在我们需要探讨的问题就是：那几个幸运的家伙到底都是些谁？

首先一个是大久保忠邻，这哥们儿前面已经倒了霉了，在此不必多说。

紧随忠邻之后的其实是秀忠，不过他并没有遭受什么实质性的损失。家康只是为这个儿子上了一课，告诉他只要自己还活着那天下将永远姓德川名家康而非名秀忠这一真理。

再接下来的那个，家康正尚在琢磨中，主要琢磨的不是拿谁下手而是这刀从哪儿下怎么个开法，结果就在他正想着的时候，从北边金泽传来了一个令人震惊的消息：高山右近，那个死乞白赖家财散尽都要信上帝的高山右近，现在正在前田家宣扬天主教。

话说这哥们儿自打被送到金泽当了前田家的客座家臣之后，可能是觉得太闲了没事儿做，于是便开始当起了义务传教士，整天逮着个人就跟人传教，一听人信的是佛教神道教就赶忙摇头，说你这落后了，不行了，赶紧退了吧，别再去神社庙宇了，跟我一起信天主，这样等世界末日来了之后大家都能上天堂。

有时候他甚至还会跑到大名前田利长那里跟他扯淡一番，企图让他也改信上帝。

到底有没有人真的从了高山右近我不知道，反正这事儿是传出去了，而且还传到了家康的耳朵里，老爷子当下就怒了：老子刚刚给大久保长安定了信洋教的罪怎么这儿真就冒出来个不怕死的家伙？

虽然很想把他给拖出去一刀砍了，但这高山右近怎么着也算是战国时代留下来的老人儿了，当年秀吉都没搞死他，自己要真跟人家论死论活的，也不太合适。可要是不杀，真让这厮这么到处放毒，好像也不行，干脆就给他个罪名，然后流放吧。

不过这流放地点得好好斟酌斟酌，因为要是万一选了个虽然偏僻但却有那么点人烟的地方，那保不齐他高山右近是不是会去当义务乡村传教士搞一些星火燎原的勾当。想来想去，德川幕府决定，判高山右近流放罪，流放地点：吕宋，也就是今天的菲律宾。

把你送到国外去，那就随着你的性子折腾了。

当年秋天，已经62岁高龄的高山右近坐船出海，于十二月抵达马尼拉，在那里，作为"武士教徒"已经名扬四海的他，受到了当地教会的热烈欢迎。

但因为长途颠簸、年岁已高外加水土不服等原因，到了之后不久高山右近便染上了恶疾，第二年（1615年）二月，高山右近与世长辞。

他死后，教会为其举办了盛大的天主教葬礼，包括菲律宾总督在内多名要人出席，算是对右近作为一名坚定不移的天主教徒的肯定吧。

　　不过，对于德川家康而言，高山右近纯粹是自己送上门来找死的零嘴，他真正要用来当菜蒸炸煎煮的，并非是这个上帝的信徒。

第二十九章 伊达政宗你去死吧

当年四月,家康派使者来到了越后高田(新泻县内),指明要找统辖高田的大名松平忠辉出来见个面,说是有要事传达。

忠辉很纳闷地接见了来人,并问父亲找我作甚?

使者说,松平大人,近来大御所对您的一些所作所为相当不满。

忠辉很理所当然地问了一句是什么所作所为。

使者说有很多证据都能表明,六爷您跟着大久保长安一块儿崇洋媚外,甚至还和洋教沾边儿。所以在下特地代表大御所他老人家来到您这里,正式向您提出口头批评和警告。

大御所的口头批评和警告跟你现在校长给的口头警告一次以观后效虽说在形式上没甚区别,但本质上却要严重很多,尤其是德川家康这样的大御所,他很有可能这次给你口头批评,下次就直接要你小命了。

实际上并没有特别确切的证据表明松平忠辉就是天主教徒,唯一能够确定的就是他对海外贸易怀有强烈的兴趣,并且和一些教徒有过接触。

但这些并不重要,松平忠辉明白,这都只是一个借口,一个可以拿来说事儿的借口而已。

所以他只是冷笑了一声,然后表示,弄掉了我的两个家老,现在父亲打算弄我了么?

使者倒是很好心,连忙提醒说六爷您慎言,这节骨眼儿上就别再给自己添乱了。

大久保长安在担任幕府各种要职的同时,还是松平忠辉的家老,这是一个。

忠辉口中的另一个,叫皆川广照,此人不光是他的家老,还是抚养他长大的人。

说起来,松平忠辉跟伊达政宗其实还算蛮有缘的,两人之间有着不少共同点,其中一个就是他们小时候都不受人待见,且不受待见的原因都是长得难看。

忠辉在刚刚生下来的时候,就因为长相寒碜而遭到了德川家康的厌恶,当场就把他往门外一丢,说这丑孩子不是自己生的,不要了。幸而家臣本多正信刚好路过,将尚在襁褓中的忠辉捡回了自己家,然后又辗转送到了另外一个家臣皆川广照的家里抚养长大,因为这孩子被丢得急,连个名字都没有,所以也只能碰啥叫啥了,碰巧那年是龙(辰)年,所以叫辰千代。

辰千代小朋友就这么一直长到了7岁,才得以见到自己的父亲德川家康,这一见面,家康动了恻隐之心,想想好歹也是自己的娃,这么对待孩子也太不厚道了。于是便给了辰千代小朋友几万石的领地,又让他改了个名字叫松平忠辉,之后领地虽然逐年都有递增,但比起其他几个弟兄来,那可真是差远了。

这也就是这倒霉孩子总是整天念叨叨地说父亲不喜欢他的原因。

只不过松平忠辉并不知道,在他说三道四家长里短的时候,有一双眼睛在背后一直默默地注视着他,并且还将他的一言一行几乎全部记录在案。

那个人就是皆川广照。

庆长十四年(1609年),广照把松平忠辉自打会说话之后所有的那些个反动言论整理成册,递交幕府检举揭发。

但结果却是皆川广照被以身为抚养人管教不严为罪名削减了领

地,但对于松平忠辉,家康却并没有做任何处理,以至于这孩子误以为自己福大命大,可以继续折腾。

结果最终家康是忍无可忍,对他下手了。

当你看到这里的时候,请千万不要恍然大悟什么,因为对于德川家康而言,松平忠辉也不是他要料理的人,这小子不过也是一枚棋子,用来打人的。

打谁?打某贱人的。

话说看着松平忠辉这么个遭罪法,有一个人心里特别不是滋味,那人不是忠辉他妈,而是伊达政宗。

倒不是说他同情心泛滥心地善良,而是他明白,幕府针对松平忠辉是假,这矛头真正指着的,其实是自己这个六十二万石的仙台藩藩主。

不过这也难怪,伊达政宗本身就是一个对外国事物非常热心的人,他不但和当时的欧洲人展开生意往来,据传似乎还讨了一房英国的小妾,也不知道这家伙是不是曾经在宴会上喝多了然后高声喊过一句"Let's Party!"。

所以一旦以信洋教、崇洋媚外之类的罪名来处理忠辉,政宗自然不免会心中一阵"小鹿乱撞"。

其实他心里很明白,家康根本就不待见自己,或者说根本就在提防着自己。当年关原合战之后赖掉说好的那百万石领地赏赐,并非是家康小气不想给,而是怕给了之后伊达家如虎添翼,对德川家的政权造成威胁。

其实,政宗的这种觉悟并不算太准。确切地讲,家康不是不待见他,而是挺欣赏他的,同时也并非只是"提防着"他那么简单,而是如同防贼一般地防,戒备级别仅次于对丰臣家。

自从决定让忠辉和伊达家的五郎八姬结婚之后,家康就已经打心底里放弃忠辉了,这个儿子对他来讲就是一枚用来牵制伊达政宗的棋子。只不过不到关键时刻不能轻易使用。

所以皆川广照跳出来揭发的时候，他愣是把这事儿给摁了下去，好造成一种假象让伊达政宗明白，自己是非常器重这个老六的，你懂的。

伊达政宗以为自己懂了，但实际上他没懂。

然后现在他是真懂了，知道了家康为何要整完了大久保长安再整松平忠辉。

非常值得一提的是，忠辉和五郎八姬之间的那场婚姻，其实从头到尾主要都是大久保长安在那里牵线搭桥，从说媒，到下聘再到准备婚礼。

事已至此，政宗唯一能做的事情只有一件——装孙子。

装作什么都不知道，静静地等风头过去吧，只要自己不行动，不表态甚至是不说话，那么纵然是家康也是抓不到一丁点儿把柄的，只要这么当缩头乌龟，总有一天一切都会好起来的。

遗憾的是，他失算了。

在松平忠辉被以信洋教而遭穿小鞋上眼药厄运的同时，一个相当可怕的谣言在整个日本传播了开来：伊达政宗为了给自己的女婿报仇，写信联系了西班牙国王，西班牙方面准备了三百万（没打错数字，但也有说法是三十万）精兵打算开赴日本，协助政宗推翻德川幕府，然后扶植忠辉做将军。

相当凑巧的是，在庆长十八年（1613年），伊达家家臣支仓常长奉主君政宗的命令，坐船赶赴时为西班牙殖民地的墨西哥进行出访活动，为的是增进日本和西班牙之间的友谊。

其实这次访问的背后完全是幕府在操纵，家康虽然不喜欢天主教，可也不打算让荷兰跟英国在日本的势力独大，所以才策划了这次友好交流活动。只不过老百姓哪明白这事儿啊，他们只知道支仓常长出国了，去的是西班牙的地儿，然后也不知道听谁说了一句是找西班牙国王讨救兵，于是便满世界地传开了。

这种类似于今天网络炒作的行径使得该谣言被凭空地增添上了一份"真实"的色彩。

听着街头巷尾到处流传的这个日本版的王子复仇记故事，伊达政宗几乎要崩溃了。

他非常明白，这回这事儿可真不是闹着玩儿的，一旦幕府真拿这个做文章，那自己百分百就该跟着大久保长安一块儿去了。

与此同时，伊达政宗突然有了一种别样的感觉：这次谣言的始作俑者，会不会就是幕府啊？

应该说，能够想明白这事儿，证明他长大了。

没错，这三百万精兵无脑谣言的原创作者正是德川家康，不为别的，就为了找个借口来抓伊达政宗的茬儿。

没辙了，这下真的没辙了，人家摆明了要弄你，你还能有什么办法？

在谣言传得最猛的那几天里，伊达政宗几乎是束手无策，整天就只能摆出一副近乎疯狂的面容在自己的卧室里走来走去，不断地琢磨着对策。

终于有一天，已经快要被逼疯了的政宗在正踱着小方步的当儿突然就扑通一声冲着眼前的一张小板凳给跪下了，口中念念有词："面见将军大人不胜惶恐之至。"

接着，他又变了一副声调："哦，是政宗啊，起来坐吧。"

再接着又变回了原来的声调："多谢将军大人。"

变声："政宗，听说你要勾结洋人，颠覆幕府，可有此事？"

原声："不不不，绝无此事，不知将军为何要出此言？"

…………

这天，伊达政宗就这么独自一人跪在那个小板凳前一边磕头一边自问自答了一整天。

手下人都以为他疯了，其实不是，伊达政宗这么做，只能说明两件事儿：第一，他真的急上火了；第二，他看过《西游记》。

233

还记得金角银角两大王的那章吧？猪八戒奉命去巡山，结果到了半山腰就思索着怎么偷懒怎么回孙悟空的问话，然后找了三块大石头当作师父、悟空和沙僧，唱了个大喏之后开始演戏，并且自称是"此间编造停当，哄那弼马温去"。

现在政宗做的就是这个勾当，他是实在没了对策，只能这么模拟演练一番，以便真被叫去问话也不至于因太过紧张而说错什么要了自己性命。

这真是狗急了跳墙、兔急了咬人、伊达政宗急了COS[1]猪八戒。

就在哥们儿都快要被活活逼出精神病来的时候，幕府却迟迟地没有了动静，就连谣言都逐渐地趋于平静了。

政宗误以为这是暴风雨前的平静，于是真的吓傻了，每天练猪八戒的那套练得更加勤快了。

在骏府的德川家康则笑得很开心。

其实他就是要看政宗吓得不行的样子。

你知道怕了，那我也就放心了。

打人专用石头松平忠辉号，在这次砸人行动中，发挥了令人无比满意的作用。

在此后不久的某日，德川家康派出了使者跑到仙台，告诉伊达政宗，小子啊，别再扮八戒了，爷不会怎么着你，赶紧收拾收拾，准备出兵吧。

伊达政宗如释重负，立刻下令全领地进入备战状态，随时准备出发。

目标不用家康说他也知道，是大阪城。

终于到了要动手的时候了。

---

[1] COS，即Cosplay，指角色扮演。

第三十章 日本版文字狱

七月，由丰臣家出资建造的京都方广寺大佛殿宣告完工，同时他们还特地整了一口大钟，并请来了南禅寺的长老，一代高僧文英清韩为其撰写铭文。

接着，秀赖又让片桐且元去安排为大佛开光等事宜，一票人忙得不亦乐乎。

而远在骏府的德川家康听说方广寺的大钟写了铭文了，而且还是文英清韩的手笔，于是便让本多正纯想办法复刻了一份拿来看看，同时陪着一起围观的还有天海和幕府御用的儒学教头林罗山。

看着看着，天海突然就"哎呀"了一声，然后说道："这文章可不简单哪。"

"嗯，写得挺好，不愧是文英清韩。"家康说道。

"不是，您来看这里。"顺着天海手指的地方，家康和林罗山的目光很快就落在了分别为不同两组短句的八个字上：国家安康，君臣丰乐。

这两句话相隔甚远，要是不刻意连着看的话几乎根本没法把它们挨一块儿想。

所以德川家康有点莫名：你看文章怎么跳着看的？

一旁的林罗山是汉学大家，已经看出了门道，但毕竟是儒家人士，不好意思抢人功劳，只能站着笑而不语。

235

"国家安康,就是大御所您的名讳:家康;而君臣丰乐,则指的是丰臣家。"

"天海,你这个解释很有趣啊。"家康听着便笑了起来。

但天海却根本就没有想笑的意思:"大人,这是诅咒。"

看着对方一脸严肃的表情,家康知道这个老和尚是认真的:"那你倒是说说,这怎么就是诅咒了?"

"国家安康,就是把家康二字给拆开,即'家康'身首分离的意思,这八个字连在一起,就是'家康身首分离,丰臣家上下平安'。"

也不知道数百年后咱大清雍正爷的那个著名的"维民所止"文字狱是不是山寨了天海的创意。

听完之后,家康笑了,而且是哈哈大笑,这回他不是觉得有趣了,而是高兴。

长久以来一直在寻找的那个把柄,今天终于找到了。

数日后,使者从骏府城出发,前往大阪,要求丰臣家对于诅咒大御所德川家康一事作出合理的解释。

对此,丰臣家的反应是又惊又怒又愁。

惊的是:怎么这世界上竟然会有这种不要脸的人?死乞白赖地捏造把柄来坑人?

怒的是:怎么这世界上竟然会有这种不要脸的人!太不要脸了!

愁的是:这不要脸的家伙我们又打不过他,怎么办呢?

片桐且元提出的建议是,先去南禅寺问一下写铭文的文英清韩,确认一下他到底有没有真的诅咒家康。如果确实没有的话,那么自己将带着文英清韩亲自去一趟骏府城,向德川家康当面作出解释。

这是一个让人说不出好坏的办法,因为眼下似乎也就只有这一条道可行,所以淀夫人准了。

再说那南禅寺的文英清韩,当他得知片桐且元的来意之后,给出了一副出家人特有的不屑表情:"贫僧写这铭文,为的是祈祷丰臣家,至于诅咒之说，那纯粹是一些不学无术的无赖宵小自己意淫出来的吧？"

"那么你敢不敢和我一起去一趟骏府，当着大御所的面，向他解释清楚呢？"

"别说是当着他的面了，最好将这份铭文传遍天下，让所有读过书的人都来议论议论，看看这到底是诅咒还是祈福。"

于是一行人就这么去了骏府，至于那个开光仪式，那是肯定没法再开了。同时被取消的活动还有一个，那就是每年八月十八日的丰臣秀吉周年忌日。

八月二十日，一场关于铭文是否存有诅咒之意的辩论会在骏府拉开了序幕。

正方代表为德川幕府的天海、金地院崇传以及五山寺的各位高僧，当然，林罗山也位列其中。

金地院崇传和天海一样，都是侍奉家康左右的和尚，有事的时候出谋划策，闲着的时候互相斗上一斗，跟本多派大久保派基本雷同。

至于那五山寺，说白了就是分别位于五个山头的五座寺庙，只不过规格很高。

按照当时日本的禅寺等级制度，最高级别的是南禅寺，就是文英清韩的那家，而南禅寺下，就是被称为"五山"的相国寺、天龙寺、健仁寺（我没打错字）、东福寺、万寿寺。

而五山之下还有十刹，那位著名的得道高僧一休和尚小时候出家的安国寺，正是列于十刹之内的高级庙宇。

而反方的主要战力只有两个：片桐且元、文英清韩。

但结果却是相当出人意料的，尽管德川一方的各路高手轮番攻击，双方一来一往地辩论了大半天，从佛教说到儒教，再从儒教扯到文英清韩是个从九州熊本来的乡下和尚，最后都要开始相互谩骂对方是秃驴了，可这帮人却始终说不过文英清韩，连半点便宜都没占着。

最终，一直没说过话的片桐且元实在是忍不住了，开口表示说你们到底要闹哪样啊，不就是想抓个把柄吗？得了，就当我们认栽，老爷子你开条件吧，这事儿你想怎么摆平？

这人从一开始就明白家康的真实意图，其实他这次来的真正目的并非是想跟人辩论，而是打算借着辩论之名，行谈判之实。

德川家康一看来了个识相的，于是连忙下令大伙暂停，都别骂了，先回去休息休息，喝点水吃点饭再好好洗个澡睡个觉，等来日咱亲自和片桐大人谈条件。

于是这场辩论会便这么散了场，文英清韩在接受了一些调查之后很快便返回了南禅寺，而片桐且元则留在了骏府，等着谈判之日的到来。

可这一等就是好几天，别说跟他谈判了，就连来找他唠嗑说话的人都没有。

寂寞的且元一直到了二十九日才有人来鸟了他一下，告诉他一切都已准备停当，可以开始谈判了，同时那人还表示，家康大人有点忙，所以就由我来代表德川家跟你谈谈。

那人是本多正纯，奉家康之命前来谈判。

从两人会面之后开始，正纯的态度便强硬得让且元诧异，仿佛他跟自己有仇似的。

当片桐且元表示，自己可以让丰臣秀赖亲笔写一封保证书，保证对幕府绝无二心的时候，被本多正纯非常粗暴地给打断了："你做什么梦呢？"

且元一愣。

正纯则继续说道："大御所大人这次极为生气，他根本就没想到自己都已经如此德高望重了居然还有人敢公然诅咒他。你们丰臣家难道对此就只给一张保证书就想打发了事了？"

且元说："那你想怎样？"

"为了平息大御所大人的怒火，我们几个重臣商量了一下，一致认为办法只有三个。"

第一，让秀赖离开大阪去江户做人质；

第二，让淀夫人离开大阪去江户做人质；

第三，让丰臣家交出大阪城，去别的地方当一名普通的路人甲级别的诸侯。

这三条是选择题，只需选一个就成，不必三个都要。

可凭良心说一句，这每一条都足以让丰臣家家破人亡了。

所以片桐且元表示这个自己万万不能接受，同时又说，我不和你谈，我要和德川大人谈。

"大御所大人不想见你。"

其实不光是不想见，同时也见不了。

此时此刻，在骏府城内的另一间屋子里，正在举行着另一场谈判会。

与会者主要有两人：德川家康和大藏局。

这是因为片桐且元迟迟不归，淀夫人心生疑虑，于是便让自己的乳母也前往骏府城，一来问问且元去了哪儿；二来探探家康的口风。

面对大藏局，家康显得非常亲热，就差当面对老太太说您是我的亲人这句话了。

但大藏局却还是有些忐忑不安的，毕竟大钟铭文一事闹得这么大，她自己都觉得，这事儿肯定不会那么简单地收场，所以在见面寒暄过后，先是弱弱地问了句，说片桐大人还在骏府城吗？

家康连忙回答说当然还在，每天好吃好喝地招待着，他跟我谈笑风生，也多亏了他，我知道了不少关于秀赖、淀夫人还有大阪城的近况。

大藏局表面笑着说那真是太好了，但心里却咯噔了一下：片桐且元跟德川家康说大阪城里的事干吗？

接下来，她又问说，关于方广寺大钟铭文，您打算怎么处理？

"怎么处理？为何要这么问？"让大藏局没想到的是家康竟然摆出了一副相当无辜的面容，仿佛这文字狱是别人给搞出来的。

于是大藏局只好很耐心地说:"你不是说这大钟铭文是诅咒吗?既然是诅咒,那你打算怎么处理那诅咒你的人呢?"

家康听完之后便哈哈笑了起来:"那只是秀赖因为年轻而偶犯的一个小失误吧?我好歹也已经是70多岁的老人了,论辈分也是他的爷爷,怎么可能因为这种小事和自己的孙子斤斤计较呢?"

大藏局顿时有一种如释重负,或者说是喜出望外的感觉:"这么说……您不会出兵攻打丰臣家了?"

"你这是说哪儿的话?我至于这么干么?"

"那……那真是太好了!"

与此同时,片桐且元的房间里则是一声哀叹:"那……那就容我回大阪城仔细商议之后再作答复吧。"

本多正纯露出了自见面以来的第一次也是唯一一次的笑容:"可以,那大御所和我就静候佳音了。"

两个使者在相同的时间,相同的地点,为了相同的事情和相同的一方进行谈判,却受到了截然不同的两种态度对待以及得到了两种完全相反的答复。这正是德川家康的高明之处。

九月七日,大藏局和片桐且元回到大阪城复命,当淀夫人先是听了大藏局表示德川家康非常热情非常大度地既往不咎之后,又听了片桐且元所带来的那三条近乎灭门的条件,当即便心生疑虑了起来。

她的疑虑主要是针对片桐且元。

而一旁的大野治长更是坦白地道出了自己的看法:"片桐且元这家伙,该不会是和德川家私通吧?所以才会想出如此苛刻的条件,为的就是让我们作出妥协,以便向骏府那边邀功。"

淀夫人默默地点了点头,算是不否认。

于是大野治长进一步地表示道:把他给做了吧。

同时还拟了一个比较老套的计划:让片桐且元过来开会,讨论那三个条件,趁着这个当儿,掷杯为号,杀出刀斧手,将其剁为肉泥。

但开会的那天片桐且元压根儿就没去,情知不妙的大野治长立刻亲自率领一批人马赶赴片桐府邸,打算上门杀人,可当他们赶到的时候,家里早就已经空空如也,别说且元本人,就连他的家小还有值钱的东西,都被带走了。

片桐且元连夜出逃,投靠了德川家康,不为别的,就为了保命,和当年的石川数正一样,这位始终坚持要让丰臣家以妥协的方式面对德川家的丰臣家家臣,本来就已经处处遭到强硬派的猜忌而如履薄冰,现在更是因为落入家康一手设计的圈套之中而被彻底打上了内奸的烙印,不得已,只能趁着还没被砍死之前拿了细软跑路。

德川家康倒是很大度,毕竟人是他坑的,总该负责吧,所以他当即下令,收留且元,并且还亲自接见了他。

见了面的第一句话是:"大阪城居然连你这样的人也容不下了啊。"

且元笑笑,说这一切全都拜您老人家所赐。

家康也笑笑,反正你现在也没啥事儿了,那就跟着我一起去看看那座号称永攻不落的大阪城,是怎么被打下来的吧。

第三十一章 写信,找朋友

家康的这句话就意味着,宣战了。

消息传到大阪,淀夫人很快就明白了家康为何要设计把片桐且元给赶走:弄掉了家中唯一一个和平派的同时还下令宣战,那就是说,丰臣家和德川家之间,将再无和平,只有死活。

既然你要我死,那我就只能拼死一战。

话虽然这么说,但其实在当时,淀夫人的自我感觉还是相当不错的。她觉得,丰臣家的威名虽然远不如当年,可怎么多少也还留了点吧?要是现在振臂一呼,让太阁殿下的独生子丰臣秀赖少君给一些大名写点信什么的,人家很有可能就来帮自己了。

主意已定,那么接下来的问题就是,究竟该请哪些人来比较好呢?

既然是打仗,那么挑选同伴显然要符合以下两个标准:第一,能打,毕竟这是打仗;第二,关系铁,毕竟这真的是打仗。

可惜的是,放眼那年头的全日本诸侯,同时符合能打以及和丰臣家关系好这两条的大名,是一个也没有。于是秀赖只能退而求其次,把"和"改成"或",找几个要么能打的,要么和自己关系很铁的大名来当同盟。

丰臣秀赖写的第一封信,是给福岛正则的。想必很多人都已经猜出来了。

但结果却是令人大失所望。

这位不止一次在各种场合自称是丰臣家最终防御体系的大忠臣，被丰臣秀吉的夫人北政所一手带大的丰臣家嫡系重臣，连使者的面都不肯见上一见便下令要人打发对方回去。

他手下的家臣都有些看不下去了，在一旁劝说道好歹也是你娘家来的人，不管怎么说，总该看人一眼吧。

"使者很辛苦，我知道，可那又如何？就算我现在出去见了他又能有什么改变？这对秀赖少君的处境是不可能起到任何改善作用的。还不如让他早点回去呢。"

这是福岛正则的回答。

于是家臣也就只能很无奈地准备转身出门答复丰臣家来的那位使者。

"等等。"

背后突然传来了正则的声音。

家臣以为自家主公回心转意了，连忙别过身子走了回来。

"你去跟那个使者说，让他转告秀赖少君，关于这次大佛钟铭文的事情，请不要再顽抗什么了，在现在这种时候，若是企图和大御所对着干，那无异于和神佛为敌，还是尽快改变自己的心意，顺从江户那边吧。我福岛正则，早已经是幕府的人了，如果大阪那边真有什么不轨之心的话，那到时候恐怕在前去征讨的大军中，或许还能见到福岛家的军旗。所以无论如何还是请秀赖少君自己想明白，是要长久还是要自灭，自己尽快做个选择吧。"

这可真是让人出乎意料的一段话，所以那位福岛家家臣在听了之后，愣在那里半天都没挪窝，搞到最后这家伙都没好意思去传达这些话，只是对丰臣家的使者表示自家主公恰逢每个月都会有个那么几天的身体不适期，所以没法接待您，还是请尊驾先打道回府吧，一旦我们大人身体有了好转，定会主动派人前往大阪联络的。

使者是个明白人，一见这种情形，一句话也没有多说，默默地告辞了。

我不想说平日里叫得越响的家伙到了真有事儿的时候就缩得越快这种话，因为以当时的形势来看，强行出头显然的确是一种对自己不负责任的行为。

继福岛正则之后，秀赖又给四国的大名蜂须贺家政写了一封信。

蜂须贺家政他爹叫蜂须贺正胜，又名蜂须贺小六。玩过太阁的人都知道，这小六乃是丰臣秀吉手下元老级别的家臣，从秀吉还被人叫猴子的时代起，就忠心耿耿地跟着他走南闯北枪林弹雨地打天下，最终成为了丰臣家的栋梁人物。

结果这个栋梁元老的儿子只给了秀赖内容为一句话的回信：我对关东毫无二心。

而且还是口信。

之后秀赖又给几个和丰臣家有着各种特殊近缘的大名写信，但结局却是和上述的那两位无太大差别。

事实证明，这世界上很少存在铁一般的关系，绝大多数人只有在你像一块铁一样坚不可摧的时候，才会跟你铁。

总之，凭关系找人是没希望了，接下来还是试试那些或许和自己关系没那么好但却非常能打的大名吧。

虽说这事儿听起来要比前面的更不靠谱，可都已经到这个地步了，秀赖早就别无选择，他只能是死马当活马医：或许那些个能打的家伙里面还真有一时脑热肯来帮自己的呢？

在写信之前，我们先来看看，到底谁才算是能打的。

凭良心论，纵观当时日本，最能打的，只有两个，一个是时年已逾八旬的鬼石曼子岛津义弘；另一个则是正值壮年还不到半百的立花宗茂。

什么？你说伊达政宗也很能打？是，那哥们儿确实能打，只不过说他能打，那叫吃了吐。

我没想黑他，我真没想黑他，可问题是咱现在说的是历史，讲究的是实事求是，我只能说，伊达政宗这个人，确实是个很聪明很了不起的家伙，但在军事打仗这方面，他本身就是一黑，不用人下手就已经是乌漆墨黑的了。

丰臣秀赖究竟有没有写信给伊达政宗，时至今日已经完全无法考证了。只不过政宗就算是收到了信，也绝对不会拿出来，因为他之前派支仓常长去墨西哥这种无甚大害的事儿都被传得满城风雨差点要了自己的命，这回要是再爆出自己收了丰臣家的信，岂不是更加说不清道不明了？所以即使秀赖真的给伊达家送过信，其下场也至多不过两种：要么原封不动地接都不接，要么就是被政宗偷偷地用来擦屁股丢厕所或者烧掉就地毁灭证据。

这话似乎说得有点过了头，其实我个人是很喜欢伊达政宗的，只不过每次看到他的一些所作所为的时候，都会忍不住想吐槽几句。

OK，现在言归正传，继续说正事儿。

话说和那些闷声不响，生怕因和丰臣家发生往来而给自己带来不必要麻烦的嫡系大名形成鲜明对比的，是岛津义弘老爷爷。

在十月的时候，丰臣秀赖修书一封，让人送往萨摩，在信中，他以非常恳切的态度请求鬼石曼子岛津义弘发扬当年在朝鲜和关原的武士道精神，出手相助，同时还很大方地表示，如果萨摩兵数量不够也不要紧，只要岛津义弘人来，大阪城内的士兵可以如数归他指挥。

随信附上的，还有名刀正宗一把，算是见面礼。

数日后，都已经习惯了信件石沉大海的秀赖意外地收到了一封来自萨摩的回信。

信是义弘的儿子岛津忠恒写的，内容如下：今天我收到了秀赖少君您的来信，顿感荣幸之至。按常理，我本应该在拜读了您的信文之后和老父亲一起立刻上洛前来助阵的，可是遥想当年，家父义弘正是因为还没搞清楚事情是怎么一回事，只是怀着一颗要对太阁尽忠的心便糊里糊涂地卷入了德川大人和石田大人之间的战争，结果才有了关原的那次惨败。幸而德川大人不计前嫌，并没有对家父的出格行为作出严惩，这实在是让我们萨摩岛津家既惭愧，又感激。说句公道话，对于太阁大人的忠诚，我们岛津家已经算很尽心尽力地尽过了，现在应该是要报答德川大人的时候了，缘此故，这一次我们实在无法出兵相助，如有得罪，万望海涵。

随信附送的，还有名刀正宗一把，就是秀赖当初送过去的那个，现在原物退回。

愿意就是愿意，不愿意就是不愿意，无论是哪样，都要堂堂正正地告诉对方自己的真实心意，这便是萨摩的武士。

至于立花宗茂，其实也是一个不输给岛津义弘的忠义男子。

这个人，如果要给一个评价的话，那只有一句话：男人中的男人，武士中的武士。

话说关原之后，宗茂因站错了队被而剥夺了全部的领地，成了一介平民老百姓，并被勒令滚出自己的领地柳川城（福冈县内）。在临走之前，他下了一道命令，不是砸城毁墙，也不是焦土迎敌，而是让手下把城池好好地，认认真真地打扫一遍，要把这座城干干净净地交给前来接收的德川方面人员，同时还嘱咐那些将要留下为德川家当城代（城池的代管人）的家臣：一定要好好干，切莫因为我而辜负老百姓。

立花宗茂离开柳川城之后，便去了京都当浪人，同时跟着他一块儿走的，还有家臣数十名。

这些人本来都可以留在柳川，但他们不干，宁可跟在自家主公后面讨饭，也绝不离开其左右。

"宁可讨饭"这四个字不是文学夸张手法，而是事实。

话说在这一大帮子人抵达京都之后，因为他们除了杀人放火之外就基本上没有其他的生存技能了，再加上因为都是罪人，身上又没带几个钱，所以一时间连吃饭都成了一个严重的问题。

就在大伙儿眼瞅着都要把锅吊起来当锣敲快要饿死的时候，有人提出：我们去赚钱吧。

这个想法得到了全体成员的一致赞同。

接下来的议题是怎么赚钱。

在经过一番苦思冥想之后，这帮武士发现，卸下了刀的自己，似乎除了要饭之外，就再也没有别的本事了。

那么，就去要饭吧。

于是，这伙人就这么要上了饭。每天早上九点出发，大家兵分三路沿街乞讨，下午五点左右回家，将要来的东西汇总在一起，勉强凑合着做一顿吃的。

平心而论，你老板要是有一天破产了你会宁可要饭也要接着跟他混么？

或者说不要饭，就扣掉你一半的工资？

在如今的这个世道，别说是老板了，就算是老公老婆，只要有了点风吹草动、鸡毛蒜皮便各自展翅分飞的，我想恐怕也是大有人在的吧。

当然这个比方可能打得确实有点不恰当，毕竟是此一时彼一时的事儿，不过有一点我却可以基本肯定并很恰当地告诉你，纵观日本有武士的这千儿八百年的历史，无论是镰仓时代、战国时代，还是在提倡要忠君的江户时代或是鼓吹死都要爱天皇的二战时代，真正能做到跟落难主君不离不弃，哪怕沿街乞讨也患难相随的，唯有立花宗茂他们家。

我这个人书读得不多，知道得也少，所以你要是知道还有别人家也是这么君臣一起去要饭的，那欢迎来告诉我，我会非常感谢你的。

立花宗茂君臣在京都街头要饭的消息，惊动了日本的各界人士。

大家纷纷被感动了，首先作出反应的，是宗茂的老相识、老战友：岛津义弘。

老爷子以一介退隐君主的身份，在第一时间内从萨摩给调拨了一

247

批大米让人送去了京都，以解立花家饥饿困苦之难。

接着响应的还有加藤清正以及当时的一些商人们，大伙纷纷出钱出粮，帮助这批值得所有人尊敬的家伙们。

弄到最后，幕府也出面了。当德川秀忠在江户得知此事后，立刻派人去了一趟京都，将立花宗茂聘为自己的家臣，给了五千石俸禄，名其为御书院番头，也就是将军的亲卫队队长。

让一个当年要弄死自己的人来保护自己的安全，立花宗茂的情义和忠勇，由此可见一斑。

之后，又给了他陆奥一万石领地，数年之后，增加到一万五千五百石。

这些，都是对宗茂这么多年来一贯坚持的武士之道的肯定。

其实在当年立花家遭难的时候，丰臣家也有送过粮。

只不过问题在于，这个有情有义又武勇过人的好男儿，现在可是幕府的家臣啊，你觉得就凭他的那份忠义，肯调转枪头来帮你丰臣秀赖和德川家对着干吗？

得，这回连写回信也免了。

写信写了一圈，丰臣秀赖终于明白了一个事实：时至今日，自己已经孤立无援成了孤家寡人一个了。

而另一方面，德川家康却已经做好进攻的准备。

十月一日，下定决心要将丰臣家给灭了的家康对各路大名下达了出征的命令。

除去幕府本身的亲戚大名和家臣大名之外，第一个响应号召的诸侯，是伊达政宗。

也着实难为这哥们儿了，前段时间又是女婿挨整又是三百万西班牙兵的谣言，现在好不容易碰到个能向幕府表忠心的机会，居然还是去流血打仗。

没办法，这就是人生啊。

由于这次战争的性质属于"对丰臣家发动总攻击"，所以德川家康亲口表示，但凡只要还是日本的大名，就必须出兵，到了阵前或许会安排你围观而不用出手作战，但不管怎么说，你都必须来。

不过虽说这是板上钉钉的死命令，但在具体执行的时候，德川家康还是相当人性化的，比如福岛正则、黑田长政、加藤嘉明以及蜂须贺家政等当年和丰臣家缘分特别深的几个大名被留在了江户，不用亲自赶往阵前，但与之作为交换的是，正则的儿子忠胜，长政的儿子忠之，嘉明的儿子明成以及家政的儿子至镇都被要求随军出阵。

这么做的原因有两个。首先是人道主义，再怎么说你让从小被秀吉一手带大的福岛正则，被竹中半兵卫带大的黑田长政对大阪城横刀相向实在是有些过于残忍了，说老实话这场战争德川家势在必得，也不缺他们那几个，所以就乖乖地留在江户城吧。不过话还得说回来，这要真让那帮人去打大阪城，天知道到了阵前他们会把枪口对着谁啊？不过你不去，你的儿子则必须去，这就是第二个原因了——主要是为了告诉那些大名：虽然你曾是丰臣家的亲密家臣，但从你儿子这一辈开始，你们家便和丰臣家脱离关系了，他们都是德川家的臣子，生是德川家的人，死是德川家的死人，和丰臣家不再有半毛钱的瓜葛。

十月十一日，德川家康离开骏府，算是正式出阵了。

当时这老头身边总共也就有四五百人，而且一路上招猫逗狗放鹰打猎，非常逍遥自在。

与此同时，他还派了一个使者赶往江户，甩了一句话给秀忠：老夫先行，你们随后跟上。

另一方面，早在大钟铭文事件彻底谈崩之后，丰臣秀赖就已经开始做起了准备，除了我们之前说过的到处给各路诸侯写信之外，为了避免碰钉子，秀赖还安排了另一手计划——招募浪人。

第三十二章 失业了也能很强

浪人，就是失业武士，这种人在战国社会非常常见，毕竟那年头你打我我打你，指不定哪天谁就灭了谁，一家被灭，手下的家臣当然不可能被斩尽杀绝，于是这些没了职业的倒霉孩子便成为了浪人。尤其是在关原合战之后，因为跟着石田三成混的诸侯大多都被夺去了领地，手下的家臣们自然也就没了工作，所以一时间日本土地上出现了成千上万的失业武士，再加上幕府创立之后，各种因乱七八糟的事情而得罪了将军被剥夺领地的大名及其手下家臣等等，这浪人的人口基数其实是非常可观的。

对于这些浪人们而言，首先，他们的失业多多少少都能和德川家扯上点关系，故而大伙对德川家康一直都抱有一种相当痛恨的心态；其次，这些人里除了少数还有点积蓄之外，绝大多数都已经是处在了一种一无所有的状态之下，他们唯一还多少有点价值的，就是自己的性命。

总而言之一句话：横竖一条命，老子跟你拼了。

就这样，一大帮子抱着一种拼一个鱼死网破万一赢了就能荣华富贵的赌徒心态的家伙，在丰臣秀赖的金钱招募之下，浩浩荡荡地走进了大阪城。

再加上临时招募的各种乡勇杂兵，原本只有三万兵马的大阪城里一下子便多出了七八万人，成了一座拥有十万大军的要塞。

这其中不乏一些能征善战之辈，比如明石全登，后藤基次等人。前者是关原合战中石田三成方先锋大将宇喜多秀家的重臣，在大战中和素有猛将之称的德川方先锋福岛正则一来一去互相攻防了大半天不分胜负；而后者则本是丰臣秀吉座下著名军师黑田官兵卫的家臣，向来作战勇猛，是著名的黑田八虎之一。不过他比较特殊，不是战败了才当浪人，而是因为和官兵卫的儿子黑田长政关系一直处不太好，比如在朝鲜的时候，黑田长政都被人踹下河了，他还不闻不问完全不当回事儿，仿佛被淹死的是素未谋面的路人甲而非自己的少主，这种工作态度当然就会引起长政的各种不爽，所以在关原合战之后不久，后藤基次便主动离职，云游四方。

　　还有一个人叫毛利胜永，他就是当年在秀吉侵略朝鲜的时候代理岛津义弘担任第四军团军团长的毛利胜信的儿子。严格说来，这家伙其实算不得浪人，而是丰臣家的老员工，只不过因为在关原合战的时候站错了队伍，跟了石田三成，故而在战后被剥夺全部领地，并举家被软禁在了四国岛的土佐（高知县）。后来听说丰臣秀赖在招募浪人便又逃了出来，进入了大阪城。

　　应该说，这次招浪人行动，招来的浪人无论是从数量上还是质量上来看都算是成绩喜人了，但丰臣家却仍然没有满足，而是继续将目光放长远，在全国范围来回扫射，看看还有没有漏网没被招进来的那些个能打的、有名的人才。

　　十月上旬，一个满脸皱纹满头白发，四颗门牙已经掉了两颗，说话满嘴漏风，身材矮小背影猥琐的大叔骑着一匹高头大马，身后跟了几十个人，缓缓地走进了大阪城。

　　和以往不同的是，这位大叔受到了前所未有的大欢迎，不但丰臣家的重臣如大野治长等人亲自出城来接，就连大阪的老百姓们也兴高采烈地夹道欢迎，一边挥手一边呐喊道："真田大人，万事拜托了！"

"真田大人，我们的性命就交给你了！"

不错，他就是真田信繁，在后世各类文献里被赞誉为日本第一兵的真田幸村。

提起幸村的话，很多人的第一印象应该都是那位在大阪战阵中率寡兵突袭德川军本阵，险些把家康给逼入绝境要死要活的无双帅哥。

在真实的历史中，幸村虽说的确是跟德川家康有过交手，并且也确实把后者打得还算惨——这些我们后面都会说，但在交战的那会儿，他却早已是过了能够称之为"哥"的年龄，同时从外貌来看，这人满头白发少俩门牙身材矮小，这怎么看怎么都不可能帅，说句心里话我要看到这么个家伙骑马进城，心里面第一个印象多半是四个字：废柴大叔。

当然，以貌取人似乎不太好，那就客气点：简直就是个废柴大叔嘛。

可以很肯定地说，真田幸村应该是在所有日本历史人物中被文学作品或是动漫游戏美化得最厉害的一个。

于是现在就让我们来剥开那一层层华丽的外衣，还原这位被誉为"日本第一兵"的真田幸村的本来面目吧。

真田幸村这个名字虽说被代代相传了好几百年，但在正经的历史文献上却是见不到的，据说是在他临死之前两个月的时候自己给起的，但在那段时间里他写给亲戚朋友的信中，落款的地方却没有一处是写"真田幸村"的，而清一色签的都是他爹给他起的那个名字——真田信繁。

所以在正式开讲之前有一点得先说明白，真田幸村这个名字是很不靠谱的，真正存在于真实历史之中的那个家伙，叫信繁。

真田信繁的童年其实挺惨的，因为他摊上了一个生性喜欢跳槽的老爹真田昌幸。在那兵荒马乱的年头，作为一介生存在夹缝中的弱势大名，每跳一次槽都是需要付出代价的，最常见的就是当你前去投靠某大名的时候交出人质一名,以显示你的忠诚。像结城秀康被送去丰臣家,就差不多是这种性质。

而真田信繁,正是真田家的专用人质——专门用来送的那个。

从他18岁开始,短短几年里便几经易手,先是去了上杉家被押在了上杉景胜那儿,后来又去了大阪城,成为了丰臣家的人质。

天正十八年(1590年),小田原会战,23岁的真田信繁第一回拿刀出战。但非常不幸的是,这哥们儿被分配到了石田三成的手下,于是被迫看了好几个月的水漫金山却几乎没有立下任何战功,但总体表现据说还算不错,至少在看水淹忍城的时候态度非常严肃,并没有作出嘲笑三成或是当场吐槽之类的不和谐举动。

秀吉死后,信繁的人质生涯也随之结束,回到了父亲身边之后没多久,便爆发了关原合战。在上田城一战中,他配合老爹真田昌幸打败了德川秀忠,也就是之前提过的上田城之战。

战后,他去了九度山,前面也说过了。

之所以要不厌其烦地把信繁在进大阪城之前的这几十年人生给简单梳理一遍,主要是为了告诉你一个或许你不相信但就是事实的真相:这家伙在被秀赖招过去之前的大半辈子里,也就打过两次仗。

或许还曾经有过出城剿灭当地土匪之类的事情,但至多也就不过那么几次。

换言之,真田信繁其实是个没什么作战经验的人。别说是名将了,就连"久经沙场"这四个字用在他身上都嫌糟蹋得慌。

于是有人会问:既然是这么一个乍一看简直就如同废柴大叔一般的家伙,为何丰臣家还要不远千百里地跑九度山把他给招来?

理由很简单,因为他是真田昌幸的儿子。

试问,在那年头,有谁曾经两次击败过德川家康?

答案:真田昌幸。

标准答案:唯有真田昌幸。

龙生龙，凤生凤，老鼠儿子打地洞。

日本人他也信这个。

确切地说，丰臣家想招的那个不是真田信繁，而是真田昌幸的儿子。

所以在庆长十九年（1614年）夏天的时候，丰臣家就派了使者化装成和尚的模样走进了九度山，找到了真田信繁，给了他一封信。其实也就是丰臣秀赖的聘书，说是决定聘用著名的信繁大人，请他前往大阪城帮助抵抗德川家康，事成之后，将给你十万石的领地作为赏赐。

真田信繁几乎都没怎么仔细琢磨就作出了决定：他当场允诺使者，说自己接受丰臣家的聘用，并立刻离开九度山，跟使者一起去大阪。

真田昌幸临死之前的肺腑之言，他是一句也没有听进去。

还是之前说过的那句话：每一个生活在父亲阴影之下的儿子，都有着一颗超越父亲的心。

武田胜赖如此，德川秀忠如此，真田信繁亦是如此。

不过，虽说是要离开，但毕竟是被禁锢之身，所以信繁还是费了一番周折才得以全身而退的——他在走之前的那晚于住地召开了大型的派对，对外宣称是自己的生日，把周围的居民以及负责监视他的人都一个个地给请了过来喝酒。因为这十多年来，真田家的人一直都非常太平守法，从未想过出逃之类的事情，所以大伙都毫无戒备地前来参加然后又被毫无例外地一一灌醉，接着，信繁便带着老婆孩子趁机离开了九度山。

丰臣家还是坚信，真田昌幸的儿子就算不能青出于蓝而胜于蓝，却也至少能有个七八成的还原度，所以来到大阪城之后，真田信繁当即就被委以重任：先请他担任军师，参与核心的战略决策，之后又将一支数千人的部队交付其担任指挥。

信繁将他的那支军队手下全员的铠甲换成了清一色的大红，意图效仿当年武田信玄的"赤备骑兵",所以这支由真田信繁带领的部队,也被称作真田赤备。

十月十日,眼看着人都到得差不多了,于是大阪城第一届防务作战会议便正式召开了。

会议的主持人是大野治长,同时他也是大阪城内的三军总司令。

这是淀夫人的安排,这种安排只是出于一种感情——一种被称之为信任的感情。

时至今日,淀夫人最信任的,或者说唯一能够信任的,也就只有大野治长了。

不过治长其实是个不怎么会打仗的人,所以他没有办法独自制订作战计划,而是先问了一下与会的大伙,说你们要是有好提议可以说出来然后大家一起讨论。

第一个发言的是真田信繁。他表示,最好的防守就是进攻,德川家远道而来,必定疲惫不堪,到时候我们先发制人,主动出击打他个措手不及,然后再把京都周围的一些重要据点给抢了,这样一来,就有了一个良好的开端,等于是成功了一半了。

这个想法得到了包括后藤基次、明石全登的很多人支持,但还是有人问道:"这次德川家康前来,想必至少有大军二十万甚至更多,主动出击的话,万一敌军乘虚袭击大阪城,那该如何是好?"

"那我们就直抄家康的大本营,由秀赖少君带队,全军出动,杀他个落花流水!"

这方法呢,也不能说不好,只不过就是没可能实行而已。

"秀赖少君不可能离开大阪城,淀夫人是绝对不会同意的。"大野治长说道。

很多人都认为这句话的后半段才是关键,大家普遍喜欢把真田信繁出城作战提案被驳回的责任归咎到淀夫人不让秀赖出城身上,其实根本就不是这样。

出城作战，真的是个好主意吗？

不可否认，的确是个好主意——不过只是对于真田信繁一人而言罢了。他带着人马杀出去，打赢了，提高名声；打输了，死的不是他家里人，可以说根本就是个零成本的计划。但对城里的丰臣家众人而言，总共兵马也就这些人，一个萝卜一个坑，大家谁也没买复活圣水也不信春哥，死了一个少一个，没法原地复活，所以任何可能会造成大规模减员的作战计划，都是要慎重考虑的。

事实上，从当时的情况来看，虽说是胜利之光确实已经渺茫到了一个都无法看见的程度，可真要面对现实拼死一战的话，那么最好的方法显然是据城而守。

因为这城不是一般的城，而是大阪城。

在这世界上，不是每一座城堡，都有资格被称之为大阪的。

这座城是秀吉造于天正十一年（1583年），截止到真田信繁他们进城那会儿，不算当兵的，城下的街道（日语叫城下町）里有常住市民大约30万，是日本规模最大的都市，比江户和京都来得更大。

同时，这座城的周围被长度超过八公里的高墙壁垒所包围，墙壁的外面则是深不可测的护城河。

秀吉是个攻城的高手，所以也深知如何将城池造得难以攻破。这座大阪城正是他破城无数后的心血所得，在当时，无论是其本人眼中还是外人心里，大阪城都是永远无法攻破的金汤之城。

此外，城里的粮食有好几十万石，够三军上下吃个一年都没问题。有这种固若金汤的堡垒当后盾，要还想着出城迎战，那简直就是在瞎胡闹了。

所以作战计划的第一步还是依了大野治长，决定不让秀赖出城，并以守城的方式来抗击敌军。

接下来就是第二步了：这城，该怎么守？

结果第一个发言的又是真田信繁，他表示自己又有好主意了。

大野治长说那你就讲吧。

真田信繁清了清嗓子，说有一天他夜观大阪城地图的时候，发现这座城哪儿造得都好，就是南面的工事薄弱了点儿，再加上那里的地形是一片宽阔的平地，防御力很弱，故而应该在南城造一座出城，即修建于城墙之外的小城，可当作防御工事的那种。

这个建议听起来很是不错，所以当场就被采纳，并且将造城的具体任务交给了提议者真田信繁。

因为眼看着战争随时都会打响，所以工事的进程非常迅速，几乎不过短短数日就完工了，这座被称作"真田丸"的建筑物是一座半圆形的小城，三面挖掘了壕沟，树立了双重的栅栏，城中设置了箭塔、瞭望台和楼阁，每一点八米就开了六个枪眼，是一座坚固的防御工事。真田丸的建造，不但弥补了大阪城南相对薄弱的防御力，同时为大阪军出城野战之时，能够迅速地占领城南的篠山高地创造了便利条件。

不过，在真田丸修筑期间，大阪城内也传出了一些关于真田信繁的种种新闻。

话说某日深更半夜的时候，有德川家的使臣偷偷来到了城外真田丸修建工地上，找到了日夜忙碌在施工现场的真田信繁，表示真田大人您的哥哥就在我们德川家，如果您愿意和令兄联手，也就是投靠我们这方的话，那事成之后，家康爷愿意给您五万石的领地作为报酬。

信繁听后，非常不屑地"哼"了一声：五万石？你把我当什么人？

使者连忙表示，那就十万石。

但换来的依然是"哼"的一声：十万石，我不是那种人。

使者不得已，只能回家去了。

本以为此事到此为止，但谁承想这德川家康似乎是看上他真田信繁了，一副不挖到手决不罢休的模样。没几天，家康又遣使上了门，这回开出的条件更高，说是只要信繁愿意跟着德川家混，等做掉丰臣家之后，给甲斐（山梨县）一国的领地。

一国等于现在的一个县，怎么也该有个几十上百来万石的样子。

所以德川家觉得，这一回信繁的回答应该是，"今天起我就是你的人"。

可面对如此诱惑，真田信繁依然一口回绝，并且还说了一句非常帅的台词："十万石无法收买我，你以为一国领地就能收买我了吗？"

德川家使者走了，再也没有出现过。从此之后家康知道了信繁是个硬骨头，便再也没有打过他的主意，同时，在大阪城内，几乎人人都在夸信繁是条好汉子。一时间，信繁几乎成为了全城人心目中的偶像，丰臣军的精神支柱。

但如果仔细想想的话，就会觉得这事儿其实有很多奇怪的地方。首先，德川家康这老头吧，其实说难听点就是个小气鬼，他对人挺抠门的，尤其是家臣。当年他转封关东，坐拥二百万领地，可手底下家臣们的领地能过一万石的，也不过那几个人，那位横跨黑白两道，为德川家做掉无数敌人，本能寺事件之后带着家康穿越伊贺的服部半藏，每年的俸禄也就八千石而已。所以很难想象家康会对一个几乎是素未谋面而且还被他所痛恨的家伙一出手就是十万石甚至是几十万石。

再说了，这一旦给了他真田信繁十万石，那就等于是给了他一份造反的资本，天知道这位被德川家折磨了十来年的家伙会不会拿到领地转过身子之后就竖起反旗，惹是生非。

总而言之，只要德川家康没有被人用铁锤打过脑袋导致思维紊乱，那就绝对不会用十万石甚至是甲斐一国这样的条件来勾引真田信繁，这件事情如果不是后人瞎编，那就只能是真田信繁自己给编出来的。

若是信繁自己原创，其实也并非没有理由。要知道他之所以能进入丰臣家的核心决策层并有资格率领一支军队,虽说的确有其个人原因所在,但更多的,还是仰仗着他那已经离开人世的老爹真田昌幸的威名。说白了,信繁是打算通过被德川家拉拢一事,来提升自己在大阪城中的地位。

不得不说这招效果相当不错,在谣言传了数日之后,丰臣秀赖亲自召见了一回信繁,并且当面表示,好好干,以后好处绝对少不了你的。

十月二十三日,德川家康抵达二条城。

还没进城,就看见一个人骑着一匹马,冲着朝自己跑过来。

这人真眼熟啊。

"父亲大人,秀忠前来恭迎父亲大人进城。"

家康的脸开始微微地抽搐了起来:"秀忠,你怎么到得比我还快?"

"回父亲大人的话,孩儿为了避免关原的前车之鉴,这回特地日夜兼程地急行军而来,所幸路上不曾碰到什么阻碍,这才比父亲大人早到几天。"

"浑蛋!"家康一声怒喝,让秀忠着实吓了一跳,"关原是关原,大阪是大阪。如今敌军守,我们攻,结果你急匆匆地远道而来,岂不正好让人打你个以逸待劳?"

秀忠明白自己又做傻事儿了,于是便一言不发地低头站在一边。

家康叹了一口气:"也罢,你天生就不是干这行的料,进城吧。"

既然生了一个不会打仗的儿子,那老夫唯一能做的,就是留给他一个无需打仗的天下!

在随后的几天,德川一方的参战大名也都陆陆续续到齐了。其中,家康的儿子德川义直和德川赖将虽说时年不过十四五岁,可也带着贴身家将随军出征。德川一方的总兵力,已经达到了二十来万。

而松平忠辉跟鹤千代则奉命看家,留守江户。

这剩下的兄弟俩你看看我,我看看你,鹤千代年不过13,而且都没元服,理应好生待在家里,至于松平忠辉,他留下来的理由你也懂,我就不多说了。

十一月中旬,各路诸侯基本都到齐了,在一番小试牛刀之后,德川军将丰臣家在大阪城外围的全部工事如数拔除,同时,对大阪城形成了四面包围之势。

东面的平野川,由上杉景胜、牧野忠成以及德川四天王之首酒井忠次的儿子酒井家次等大名布阵;西面的木津川前,是锅岛直茂之子锅岛胜茂,池田辉政之子池田忠雄,蜂须贺家政之子蜂须贺至镇等人的阵地;在北面的淀川,则是立花宗茂,本多正胜之子本多忠政以及天才军师竹中半兵卫的儿子竹中重门等一帮子人;至于南面的真田丸前,则主要有独眼龙伊达政宗,跳槽王藤堂高虎,结城秀康之子、人称日本樊哙的松平忠直,前田利家之子前田利常以及率领着德川家最强骑兵部队,井伊赤备的井伊直政之子井伊直孝等能征善战之辈(伊达政宗不算)。

应该说,在德川家的铁壁合围阵中,实力最为强劲、最被看好的,是南面真田丸前的那票人。不光是因为那里人才济济,几乎各个都是名将,更重要的是,在他们的背后,也就是大阪城更南边的茶臼山和冈山上,分别是德川家康和德川秀忠两人的本阵。

正如信繁所料想的那样,家康确实是打算从没有天然险要的南面入手,攻破大阪。

十一月二十七日,真田信繁从自己手下的忍者那里得到了一个可靠的情报,说是德川家康在近期将有可能亲自来到南方战场视察,慰问奋战在战斗第一线的同志们。于是,一个相当大胆的计划出炉了,信繁决定,亲自组织并率领一批精锐铁炮部队,悄悄埋伏起来,等到家康出现的时候发动突然袭击,将其乱枪打死。

很值得一提的是,在真田信繁的手下,确实存在着一群忍者,或者说是精锐情报部队,无论是这次得到家康要视察战场还是之前满世界给信繁吆喝炒作,都是他们在其中具体操作。在后来,这帮人被传得相当神奇,几乎就是上天入地无所不能的存在,到最后里面的十个人还有了一个非常光荣的集体称号:真田十勇士。虽然这十位勇士除了极个别的确有其人,其余的连是否真的在历史上出现过都非常值得推敲。

在预定出发的那天晚上,信繁亲自带着几十个精锐出发了,他们先是坐船渡过护城河,然后在对岸的芦苇丛中隐蔽埋伏了起来。当时正值严冬,天气很冷,真田家的士兵们不得不抱在一起取暖,而信繁也没闲着,从身上摸出了早就准备好的几瓶酒,然后大家一起喝酒再偷偷地跳舞,以此活动身子,并把油脂涂抹在裸露的皮肤上以防止冻伤,就这样,这帮人总算是熬到了天亮。

结果是德川家康那几天估计正好身体不舒服,所以那天他临时取消了视察计划,但为了不影响士气,老爷子还是让本多正纯代替自己走了一遭。

不过也有说法是家康的反侦察工作做得很好,提前知道了信繁的计划,所以特地不去,以避风险。

信繁等人非常失望。他们大冬天地在野外熬夜挨冻,为的就是刺杀家康,结果现在正主居然放了鸽子,那心情真是可想而知。

就在这时候,有人向信繁建议说,反正老贼是不会来了,那不如就把本多正纯这瘪三给做掉吧,也不枉费我们傻乎乎地冻了一晚上。

真田信繁立刻摇头否决,表示自己是一个脱离了低级目标的、有追求的人,说好杀德川家康那就非德川家康不杀,至于本多正纯,那种废物杀了纯属浪费子弹,就放他一马吧。

就这样本多正纯在几十杆黑洞洞的枪口之下晃荡了一圈之后又安然无恙地回去了。

目送正纯离开之后,真田军也随之全员撤退。

十二月一日，发生了一件让全体参加本次行动人员目瞪口呆的事情：德川家康来了。

因为上次本多正纯在察看了阵地之后，看到了那座新造出来的真田丸，便立刻回去向家康和秀忠做了详细的报告，于是老爷子决定，亲自上阵前看看，想想有没有什么对策。

此时此刻，真田信繁就算是想渡河搞暗杀可那也来不及了。

再说那德川家康视察了一圈之后，便作出了指示：真田丸是一座好工事，大阪城是一座好城堡，我们的作战方针应该是极力避免正面强攻。现在既然人家在城外搭建违章建筑，那干脆我们也搭几座玩玩吧，等搭完了，把大炮运来，用那玩意儿往城里射炮弹，多爽。

指示完之后便是点将，家康表示，这造工事的活儿，就交给前田利常吧。

利常在接到命令后，立刻就指挥本部人马展开行动，开始挖掘壕沟构筑土台，但因为动作太大，整天都是人声鼎沸然后铁锹飞土什么的，所以被站在真田丸里居高临下防守的真田家士兵看了个一清二楚。而真田信繁也很快就明白了对方想干啥，于是他便在前田家工事附近增派了数百名携带铁炮的士兵，专等对方挖工事挖得最欢快最投入的时候，出其不意地一阵乱炮，一天人吃三顿饭他打三趟炮，每次都能杀伤百十来人。

就这样一连射了一两天，前田利常终于忍不住了，毕竟这世上肯当活靶子的人真心不多。他打算主动出击，好好教训教训真田信繁。

由于当时的作战方针是先造工事再待命，并未说过要攻击敌人，所以这种作战计划之外的作战是必须要征得总大将同意的。

总大将有两人，德川家康和德川秀忠。虽然实际上我们都知道唯有家康才有资格被称之为真正的总司令，可至少在名分上，秀忠是和老爷子平起平坐的。

结果前田利常头脑发热，干了一回傻事，他居然跑去向秀忠申请，希望出战，拿下真田信繁以及那个真田丸。

秀忠么你也知道，打起仗来基本就是猪一样的队友，当他在听完利常的申请报告之后，觉得这真田信繁忒丫的不是玩意儿了，同时，也为了报一下自己十六年前在上田城下的旧仇，秀忠当即批准了对方的作战请求。

同时，为了确保万无一失，秀忠还命令松平忠直以及井伊直孝协同作战。

第三十三章 大阪冬之阵

十二月四日凌晨，大阪城攻防战的第一枪正式打响。

打头阵的是前田利常，他率领本部人马一个劲儿地就往真田丸下冲，而松平忠直跟井伊直孝则引兵在后，是为策应。

而大阪城内因见敌军来势汹涌，故而也派出了后藤基次和长宗我部盛亲等人率总共一万五千余人的军势赶往真田丸。

他们跑得很快，天还没亮就已经到了城下。不过悲惨的是因为天黑，所以大伙看不清路，又不熟地形，故而很快就受到了早有准备的真田军来自四面八方的攻击并陷入了混乱。而后面松平忠直跟井伊直孝一看前面开打了，于是连忙一阵急行军，冲到大阪城下，然后三路人马人挤人人推人地一起被困在了真田丸下，成了信繁他们的活靶子。

在一连挨了数小时的揍之后，三人借着刚刚升起的太阳，总算是看清了脚下的路，于是便各自带着已经基本上被打崩溃了的队伍逃离了这个是非之地。

是役，德川军损失极大，折兵两千有余。

顺便说一下，在这场被称为大阪冬之阵的战争中，德川军的全部战斗兵力也不过是四千来人。

收到败报后的德川家康极为愤怒，先是把井伊直孝叫过来痛骂一顿，说你爹那么能打，怎么就生出了你这么个脑残玩意儿？你爹要还活着，早大耳光子抽上去了。

井伊直政病逝于庆长七年（1602年），死因是在关原合战中被岛津家打的那枪旧伤复发。

家康骂完直孝，接着是骂松平忠直，骂他的台词跟之前差不多，也是类似于"你爹结城秀康是跟你大伯德川信康不分上下的猛将，怎么到了你这儿就成这副熊样了？信不信秀康晚上在你床前显灵哪？"这样的话。

唯一没有被骂的是前田利常，因为人家做得又没错，你挖壕沟挖了一半有人拿枪打你，你也得打个报告去问问是不是要主动出击吧？

最后那个下令主动出击的哥们儿，也就是德川秀忠，被叫到了家康的跟前。

家康已经骂不出话了，一来是刚才骂忠直和直孝的时候太投入，把满腔怒火都给泄光了，现在有点无力；二来是秀忠他爹就是自己，这真要骂起来，还不是要抽自己耳光哪。于是老爷子只能拍拍秀忠的肩膀，表示哥们儿咱跟你商量个事儿吧，这次打仗，你就别管了，就在冈山上吃吃便当看看风景，不然的话我们三军估计都得让你给祸害得去领便当了。

秀忠说父亲大人我知道了，这次战事就全仰仗您了。

另一边，旗开得胜的丰臣家上下士气空前高涨，人人都沉浸在胜利的喜悦之中，而作为本次作战的最大功臣，真田信繁受到了丰臣家全体一致好评，当人们提起他的时候，再也不说真田昌幸之子这六个字，而是清楚明白地称之为真田左卫门佐信繁大人。

同时，据城死守的丰臣家并没有寻求扩大战果，而是继续死死地以大阪城为据点，并未迈出城门一步。

就这样，战场陷入了僵局。

在这天寒地冻的大阪城外，二十万大军不得不夜夜露宿于寒霜之下，别说是普通的小兵，就连指挥官也基本上都没有什么御寒装备，到了最后，就连装盔甲的箱子也被劈了当柴烧，眼瞅着再过几天就要把刀鞘给丢火堆里取暖了。

可以说，仗打到这个份上，应该是德川军所没能想到，其实也是几乎所有人都没能想到的。当时在京都街头，朝廷公卿之间碰面的第一句话往往都是："你听说昨天的战斗了吗？丰臣家比想象中的要强硬好多啊。"

但家康却依然非常优哉游哉地在茶臼山上混日子，偶尔问上一句身边的本多正纯："运到了吗？"

在本多正纯一连回答了好几天"回大人，还没到"之后，终于有一天，正纯跪下表示："回大人，已经如数运至茶臼山下了。"

"好，很好。"家康站起了身子，"那么，就开始作战吧。"

这天半夜大概一两点的时候，大阪城里的丰臣家守军基本上都睡下了，突然，外面一片火光，喊杀声震天，同时伴随的还有一阵阵的铁炮声。

有人夜袭！

丰臣家众军连忙起身，穿衣拿刀冲出城去准备厮杀。

但他们前脚刚出门，那些端着铁炮放枪扯着嗓子乱叫的德川军士兵们却离奇地退了回去。

丰臣军一看这架势，也不追了，大伙一边鄙视着德川军的软弱，一边打着哈欠回家继续睡觉去了。

刚睡着，德川军又杀来了，城外还是一片震天的叫声。

等丰臣军再杀出去的时候，他们却仍然和上次一样，并不交战，只是撤退。

因为是大晚上，而且谁也不知道德川家打的什么主意，所以丰臣家上下并不敢真的追上去，于是他们就被敌进我退敌退我进敌驻我扰敌疲我打地折腾了一整夜。

到了早上，德川军倒是不来偷袭了，而是在大阪城城北，一个位于淀川之中，名为备前岛的小岛上，架起了大炮，目标是天守阁。

这些大炮就是家康日夜期盼天天问正纯"运到了吗"的宝贝，总共有十七门，是由三浦按针牵线，幕府从荷兰以及英国购买来的，最厉害的一门炮口径十四厘米，炮弹重四公斤，射程高达六千米以上。

只不过那时候的大炮炮弹里没有火药，就是一个大铁球，所以像这样的远距离发射其实杀伤力并不大，最多也就是吓唬吓唬人，骚扰骚扰人。

吓唬谁？当然是吓唬淀夫人了。

一连几天，德川军晚上敲锣打鼓，白天发射大炮，弄得丰臣家人人都精疲力竭，而淀夫人更是近乎神经衰弱，与此同时，家康也不失时机地大搞策反，比如把一封封劝降信绑在箭上再射入城中，同时，他还不失时机地派出密使，找到了淀夫人，表示愿意和谈。

淀夫人一开始是拒绝的，但态度并不强硬，但随着大炮夜袭的不断持续，她开始变得犹豫了起来，偶尔也会问问来使，说你们都肯给些啥条件？

直到十二月十六日发生的一件事，才从根本上彻底地改变了她的立场。

那天上午，和往常一样，备前岛上的德川家炮兵部队继续打炮，已经射了十来天的他们熟门熟路地完成了填弹、瞄准、点火这一系列的动作，然后看着炮弹飞出炮膛，呈一条抛物线向大阪城的方向飞去。

在一般情况下，这炮弹应该是落在城内的某块地上，或是某片城墙上，要么就是某工事上，然后砸死几个小兵或是光砸出一个坑来。

可这次和以前不同，炮弹被直接打进了天守阁内。

这真是堪比火星撞地球概率的头彩，以至于炮阵上欢呼阵阵。

他们没想到的是，这不是火星撞地球，而是太阳撞地球。

这枚打入大阪城天守阁的炮弹出乎意料地发挥了巨大的杀伤力——先是击中了某根木梁，再造成了塌方，随后，压死了数名城内的侍女。

最凑巧的是,这根木梁,是在淀夫人的生活范围内,那些侍女,都是她的贴身女婢。

淀夫人慌了,她虽然并非不知道这回大炮打进来是纯属巧合,但她更明白的是,如果以后真有了类似的雷同事件,那万一炮弹打中的不是侍女,而是自己,乃至是秀赖,这可怎么是好?毕竟枪炮不长眼。

所以她当即决定,同意和谈。

十八日,丰臣家遣使来到茶臼山家康本阵,正式开始了谈判。

老爷子为人还是比较爽快的,没有一丁点儿的磨叽就列出了自己的条件:

第一,遣散之前招募的所有浪人;

第二,丰臣家放弃大阪城,另迁别处,并以一介普通大名的身份存活于世;

第三,大阪城的壕沟全部填毁,城墙全部拆除;

第四,淀夫人来江户做人质。

仔细看的话你就会发现,这条件姑且不论杀伤力,其本身完全是有问题的。

第二条,丰臣家放弃大阪城另迁别处;第三条,把大阪城砸了。

既然丰臣家都放弃大阪城了,这大阪自然就该归幕府所有,都给幕府了,你还砸它做什么?

其实,家康这条件本身就是随便提提的,他根本无心和谈,只是打算借此机会用一下缓兵之计,等过了这天寒地冻的时节再卷土重来罢了。

老爷子之所以要提出让秀赖滚出大阪城以及让淀夫人做人质,纯粹是为了用这两条耀眼的光芒来遮盖第三条,即拆城。

大阪城确实是一座难攻的要塞,要想灭丰臣家,首先就必须得毁了大阪城。

另一方面,虽说淀夫人已经被这不知会持续到何时的炮击给吓得肝胆俱裂，但一看这四条和谈条件，却也迟迟地不敢做决断。

犹豫了半天，她表示，拆城可以，遣散浪人有点困难，我们没钱。如果幕府肯出点钱给遣散费的话倒也不是不行，至于人质和放弃大阪城，这个实在是太难做到了，希望家康大人再考虑一下。

虽说基本目的就此达到，但家康却还想再装装，他很强硬地表示，人质，是一定要给的；浪人，是一定要滚的，而且你们自己招进来的人你们自己想办法请出去，别打幕府国库的注意；唯一可以松一松口的，那就是第二条，只要把大阪城外的壕沟都填平了，城墙也都拆光了，那可以让秀赖接着住下去。

经过一整天的讨价还价，双方终于磋商完毕：城可拆，但人不走；答应遣散浪人，但得缓几日；人质也可以给，不过淀夫人不行，最多给你个大野治长。

德川家康装出了一副"算是便宜你了"的模样仔细地斟酌了一番后，终于点了点头："那就签完了和议之后开始拆城吧。"

按照协议，德川军在撤退之前将留下一部分人马来监督并"协助"拆城工作。

对于这些人，家康亲自做了指示："要把城拆到连三岁小孩子都能爬上去的程度。"

造城难拆城不难，短短数日过后的二十三日，便有人来报说差不多都拆完了，连城门都被卸下来了。

家康再派本多正纯实地考察，验证了此言不虚之后，便开始撤军，而随同一起来的各路诸侯也都各回各家各找各妈了。

不过，无论是谁都知道，这次和谈只是纯粹的缓兵之计，德川家是因为大阪城城高墙厚，攻打成本太高，才提出拆城和谈。而丰臣家则是由于自觉城被攻下是时间问题同时也受不了这每日的炮轰，这才不得已饮鸩止渴。

总之，战争必定会再次降临，纯粹是早晚的问题，同时，胜负其实也早就分出了，任谁都看得出来，这丰臣家纵然是招募了十万大军，可想翻天实在是不太可能。

但是，无论是在多么危难的时刻，总是会存在着一些抵死不肯放弃的人。此时的大阪城内虽说有着一群相当悲观的主和派，但同样也有着一些相信丰臣家不会就此灭亡的坚定不移者，比如那群招来的浪人，而真田信繁则是其中的典型代表。

他不相信两家的和谈，并坚持认为战争很快就会爆发，早在和谈期间，信繁就亲口说道："家康的谈判如摆渡口来往的船只一般反复无常，毫无诚信可言，不假时日，大战必定再度爆发，拆除了城池的我们，到时候就将陷入相当被动的局面。"

但同样的，尽管形势已经如此恶劣，但信繁也依然相信，自己会赢。

这种自信源于两点。首先是本身的心态，对于信繁或是其他浪人们而言，与其说他们相信自己会赢，不如说他们有一种渴望自己能赢并且不得不赢的心态，因为这群人一旦战败，那么可能连做浪人的机会都不会有，直接就得成为死人，这是背水的一战；其次，真田信繁相信自己手中还有一样可以制胜的法宝，那就是大阪城的少君，丰臣秀赖。

他认为，丰臣秀赖作为太阁丰臣秀吉的唯一儿子，一定在曾受过丰臣家恩惠的诸大名中存在着相当高的威望，等下次开战的时候，只要秀赖骑着马上阵地前走一遭，那么那些个前来攻打的诸侯就算不望风而降，也得被震得不敢造次。

说老实话我一直觉得这是个相当单纯的想法，光从之前各路大名对秀赖的那些个求救信的反应来看，就算这小子真的在开战后上阵地玩走秀，也多半会被人用枪给狙下来。

但信繁却不这么认为，他坚持自己的看法，所以在停战期间，数度前去游说秀赖，说是请他在下次战斗打响之后，亲自率军出城迎战，但每次都被淀夫人婉言拒绝。

而战争,也的确很快又爆发了。

第三十四章 大阪夏之阵

庆长二十年（1615年）正月，德川家向大阪城派去了敬贺新年的使者，而在拜年的同时，他们也提出了两个问题：第一，为何丰臣家又开始募集起了浪人？第二，为何丰臣家不遵守停战协定，将之前已经答应并且完成填埋的护城河之类的工事又重新偷偷地整修建造了起来？

对此，丰臣家知道是对方的挑衅，所以非常小心翼翼地做了解释，说这招的浪人只是普通的人员补充和调换，虽说有招，但同样也有辞退，并没有大规模增加军事人员的意思；至于那个重新造工事，这纯属空穴来风胡说八道的造谣，请家康大人切勿信谣。

家康大人从不信谣，只会用谣以及造谣。

三月，京都所司代板仓胜重前往大阪，要求他们尽快遣散浪人并且让出大阪城。

遣散浪人这条好理解，毕竟是之前就商量好的，可这让出大阪城又是怎么回事儿？

胜重表示，最近在京都、伏见一带，有不少从大阪城里来的浪人为非作歹，有强买强卖的，还有偷鸡摸狗的，更有甚者还公开表示说要放火烧了京城，这实在是过分之至，所以，要求丰臣家尽快遣散这些浪人，并让出大阪城。

接待他的是大野治长，这家伙听来听去就是没能明白，这遣散浪人跟让出大阪有什么关系,所以非常婉转地表示,这浪人我们现在就遣,但大阪城实在不能让。

消息传回骏府,德川家康表示,丰臣家有不轨之心,开战!

于是,又开战了。

说老实话这回的开战由头找得真没水平,不过时至今日也的确不再需要什么开战由头了,都已经闹成这样了直接就可以说打就打了。

四月四日,德川家康从骏府出发;四月十日,他抵达二条城。

与此同时,已经一度回家的各路诸侯也再次带兵赶了过来。

二十一日,秀忠也到了。

德川一方的总兵力超过了十五万。

次日,德川家康召开了军事会议。在会上,他把大军分为两部,一路从河内(大阪东部)进逼大阪,另一路则走大和(奈良县),自北向南朝目的地进发。

走河内的由家康亲自带队,跟随的有德川秀忠、藤堂高虎、井伊直孝等人,这个不重要,关键是在后一张名单,大和路的指挥官一栏里,清楚地写着一个人的名字:松平忠辉。

就是说,这小子将率领总数为五万的大和路方面军南下大阪,攻城略地。

应该讲忠辉自出生以来就没享受过如此殊荣,也别说殊荣了,其实这次根本就是连去都不打算让他去的。好在后来秀忠实在是看不下去了,跑来跟家康说情,表示德川义直他们那么小都上了战场了,松平忠辉那么大的人了还家里蹲,没必要吧?

家康想了想,觉得似乎还真是这么回事,于是便告诉秀忠,说这次开战我一定让他参战,你等下跟他说,让他好好准备准备。

应该讲,当忠辉得知自己被允许一起去打仗的一开始,还是非常高兴的,可很快他又高兴不起来了,因为他知道,自己多年不受待见,虽说这次有兄长说情,可真要去了战场,谁知道老头子会给自己多少人马，安排在哪个位置啊？搞不好就给小猫两三只然后随便找个阴暗角落往里一丢，也算是让自己参过战了。

结果家康居然让他担任了大和路五万大军的总指挥。这真是让人做梦都想不到的好事。

更让忠辉高兴的是，老头子这次似乎是真的挺想让他建功立业的，因为在大和路军那五万人马中，辅佐总大将忠辉的头号大将是他老丈人伊达政宗。

伊达政宗一听这喜讯之后也是相当地欢喜，他当即准备了一支三千人的精锐部队，浩浩荡荡地赶往京都与女婿会合。

三千人，虽说人数不多，但论成本，那绝对是这次参战双方中最昂贵、最奢华的部队，没有之一。

这三千人马有一个非常响亮且华丽的名字——龙骑兵。

或者也可以被很通俗地叫作伊达铁骑——伊达家铁炮骑兵部队的简称。

就是每个人配一把铁炮再配一匹马，在保证杀伤力的同时还具备相当的机动力，就装备来看，那绝对应该是德川丰臣两家三十多万人里最厉害的军队。

当然，只是"应该是"，因为有时候再好的东西到了不会玩的人的手里，也常常会发生点小意外什么的。

除伊达政宗外，忠辉下面还有水野胜成、松平忠明、浅野长晟等将，虽然说不上是什么超豪华阵容，可在诸战国名将大腕儿都已经死得差不多了的当时，也算是一支挺不错的队伍了。

这种如云泥之别的反差对待，使得伊达政宗满腹狐疑，他在苦思冥想了一番之后终于得出了结论：家康其实并非想重用忠辉，而是意图拉拢自己——在抽打了伊达家几十鞭子之后，为了防止自己被打死或是逼急了咬人，所以就给一块糖尝尝，也算是一种安慰了。同时，作为幕府三军中装备最好，理论上战斗力最强的伊达龙骑兵，家康也自然不可能让他们只是来大阪城前晃悠一圈打酱油的，肯定得用，往死了用，不是冲锋在前就是殿后在尾，可你让人家拼命总得给个由头吧？现在有了，喏，你女婿是总司令，你这当老丈人的还想偷懒吗？

聪明绝顶的伊达政宗没有二话，带着龙骑兵便出发了。

反而是松平忠辉倒是相当开心，他以为老爹以前那么不待见他那是在锻炼自己，这小子这时整天都在念叨着天将降大任于斯人也必先苦其心志，觉得自己的出头日子终于来到了，能看到乌云散开太阳出现了。

反正是各人怀着各人的心思，一起手拉手地上了战场。

至于大阪那边，当他们听说德川家康又出兵了的时候，一个个地都慌了神。

此时的大阪城已经被拆得差不多了，城墙、城门都没了，护城河全都填上了土，唯一剩下的，就是本丸的那座天守阁，可以说就是裸城一座，客观上几乎已经失去了任何的防御作用。

所以淀夫人第一个想到的事情就是和谈。她叫来大野治长，命令他火速赶往京都，找到家康，看看有没有可能避免这场战争，至于条件，则跟之前大不相同了，因为事态紧急，所以淀夫人也不得不作出些许让步，那就是只要能保住丰臣家名号，只要能让秀赖继续留在大阪城内混饭，那么除此之外，不管什么条件她基本都能答应。

但这次和谈终究没能成功，因为大野治长还没迈出大阪城就被人给砍了，虽然是万幸没砍着，但也着实受了不少惊吓。

砍他的是某不知名浪人，此人听说丰臣家要跟德川家和谈，于是便认为一旦和平了，那么他们这些被临时招募过来的人将会被当成战犯交给家康处理，到时候不是被砍脑袋就是被迫切腹，最好的下场也是重新变成失业下岗人员，所以这位浪人打算用这种方式来破坏这次和谈，或者说破坏和平。

事实上有这样想法的浪人绝不在少数。

就现在这种情况来看,即便是再度达成了协议,可大阪城里这几万浪人也肯定不肯安生,到时候真闹将起来,那估计又要给德川家留下不少把柄。

事到如今,丰臣家的和平之路可以说是被完全切断了,摆在秀赖和淀夫人跟前的,有且只有一条路:死战到底。要么死里求活,要么就一起去死。

四月下旬,在大阪城里召开了军事会议,主持人是大野治长,与会者有真田信繁、后藤基次、毛利胜永等人,淀夫人和丰臣秀赖在座旁听。

第一个发言的还是真田信繁,他表示,大阪城早已被拆成了裸城一座,再守着已经完全没有任何实际意义了,不如将军队拉到京都附近和德川军展开野战,死中求活地搏个胜利。

虽说这个提议在浪人们中间广受好评,可却还是被由丰臣家直属家臣所组成的守城派强烈地反对着,他们坚持认为,大阪城就算是被砸得只剩下一堵墙了,可那也还是大阪城,也还是太阁殿下留给我们的重要财产,只要我们不离开他给我们的这块风水宝城,那么太阁大人的在天之灵一定会保佑城中人等的,所以,死也不能离开这个地方。

真田信繁一看这架势,便知道出战是肯定不可能的了,于是便只能退而求其次,请求丰臣秀赖在开打之后骑马出城转一圈儿,哪怕就站在城楼上亮个相也好,反正要让敌人看到,太阁大人的继承者是站在哪一边的。

按理说,作为一个22岁的成年男子,作为大阪城的城主,现如今都兵临城下眼看就要家破人亡了,怎么着也该亲自率兵奋勇作战吧?就算不身先士卒,好歹也得骑上一匹马出城走个过场给人看看吧?就算不给敌人看,也好歹让自己人看看鼓舞一下士气吧?

所以真田信繁的这个建议无论是从哪个角度来看都是非常有必

要的。

可淀夫人仍然婉言拒绝了,理由是鉴于之前大野治长被砍一事,她生怕这次儿子出城后很有可能遭到城内的一些图谋不轨之人的加害。

不管信繁怎么据理力争,淀夫人始终不肯松口,最终只是作出了部分让步:真田信繁可以带城内兵马按照自己的想法出城迎敌,但丰臣秀赖是绝对不会跟着一块儿出门的。

话说到这份上也就没有回旋的余地了,信繁只得表示自己明白了,就按夫人您说的去做吧。

淀夫人点了点头,说你去吧,不用太担心,我也有我的王牌。

真田信繁实在猜不透淀夫人的王牌是原子弹还是奥特曼,但看她这副自信满满的样子,也就只得一言不发地退下去做战前准备了。

五月五日,家康和秀忠自二条城动身出发。

虽说是去打仗,但老爷子穿得可谓是相当凉快——羽织外套一件,白色衬衣一件,脚上蹬着一双草鞋,俨然一副春游的打扮。

手下家臣多次劝说,说大人您这是去打仗的,不穿盔甲不安全。可老爷子就是不听,实在被逼得紧了,才把手伸到本多正纯的腰间,噌噌地拔了他的两把刀然后挂在了自己的腰上:"这样就行了,这样就行了。"

虽说家康他们此时才刚刚出发,但实际上战争早在四月二十九日就已经打响了。

且说在四月二十八日晚上,归在松平忠辉大和路军团之下的浅野长晟领军五千人从自己的领地出发,在半夜时分进入和泉国(大阪府),接着便和丰臣军交上了锋。

迎战浅野家的是大野治房带领的三千人马。治房是治长的弟弟,但和哥哥不同的是,他是一个坚定的出战派,他主张应该给予真田信繁这样有能力的浪人更多的信任和权力,甚至认为如有必要,可将大阪城内军事指挥大权全权交给浪人们来负责,这点当然不会得到认可,所以治房这家伙其实也等于是相当不得志的那种人,这次难得逮着个机会能带兵出战,当然是想好好发挥一番了。

他先是派人放出谣言,以至于让浅野长晟误以为敌人有两万,从而不得不边打边退,相当缩头缩脑,但渐渐地长晟发现似乎有点不太对劲,因为这两万人的进攻和三千人的进攻是有明显差别的,在仔细侦察之后,他终于弄明白了敌人的确切人数,于是便发起了反攻。

结果是双方在一个叫樫井的地方混战了一场然后各自收兵回营,进入了对峙状态。

就在浅野长晟和大野治房开打的当儿,松平忠辉的大和路军团本队也已经开进了大阪附近,摆出了一副随时准备突袭大阪城的架势。

五月一日,真田信繁、毛利胜永率军一万两千,后藤基次率兵六千四百从大阪城出发。五月五日,一干人等行至东边一个叫道明寺(没有杉菜)的村庄附近并驻扎了下来。

不能再走了,再走前面就是敌军了,在正式开打之前,依据惯例,得大家聚一聚,聊一聊,开个会,讨论一下作战计划。

说起来这场会开得着实有点奇怪,因为向来喜欢抢着发言的真田信繁这回却如同吃了哑药一般一声不吭,就光是听后藤基次和毛利胜永在那里说。而后藤基次其实也是个很有自己想法的人,之前因为信繁实在太过于抢眼,以至于他不怎么有发表自己意见的机会,现如今这信繁突然就不说话了,于是他当然也就不客气了。

话说在道明寺村东面有一座山,叫小松山,后藤基次判断,德川军欲攻大阪城,则必先要取此山,那么与其等人来打,还不如先发制人——由自己领军一支驻扎于小松山口,以逸待劳打击敌人。

由于小松山离城太远,故而除了后藤基次的前队之外还得有人在后接应,胜了能追击,败了能收容,根据计划,担当这一后援角色的,正是真田信繁和毛利胜永两人的部队。

也就是说，按照基次的计划是，他先率军占领小松山，无论成功与否，都将会和德川军发生交火，等交火之后，真田、毛利二将再率兵前来支援，三人合兵一出，先打一个胜仗再说。

对此，毛利胜永当场表示赞同，而真田信繁没说话，于是便被当成了默认。

这天吃过晚饭又吃过夜宵，大概是凌晨零点前后，后藤基次便动身了，临走之前他还嘱咐两位战友："此战能否胜利，就全仰仗两位的后应了！"

毛利胜永一脸坚定地表示，兄弟你去吧，我一定会赶来助阵的。

真田信繁因为还在吃宵夜，嘴巴里塞满了东西，所以没有出声。

等到他咽下了最后一口饭之后，毛利胜永表示，你吃饱了喝足了，我们也该准备准备出发了吧？

"不急。"信繁摇了摇头，"我等只是接应部队，辅助而已，没必要走得那么早，等到夜再深点了再说吧。"

然后到了夜里的时候，突然天就起雾了，本来就已经是夜黑风高，现在更是抓瞎地伸手不见五指。

所以真田信繁表示，我们等雾过了再走吧。

但毛利胜永不同意，因为根据他的经验，但凡这时节起的雾，不到早上八九点甚至是九十点是不会散去的，你真要等雾散，那干脆别去得了。

信繁没辙，只得下令集合部队，结果因为能见度几乎为零，所以在集合的时候发生了混乱，磨磨蹭蹭了好几个小时，一直到天快要亮的时候才正式动身。

此时是凌晨三点，后藤基次的部队已经过了道明寺，来到了村口的一条叫石川的河前。然后他得到情报，说是幕府的军队已经抵达了小松山东面的国分村，但并没有进一步占领小松山的意图，而是就地布阵了。

虽然这会儿真田信繁和毛利胜永两位是音讯全无，但后藤基次还是决定加紧行动，抢在德川家前头占山为王。

凌晨四点，后藤军渡过石川，抵达小松山，并在山上严阵以待。

真田信繁他们则刚刚来到了石川前。

而幕府大和路军总司令松平忠辉得知后藤基次已经在小松山上布阵了之后，便立刻下令水野胜成、松平忠明、伊达政宗以及本多忠政四人各带本部军马前去歼灭敌人。

四点半，幕府军的先头部队松仓重政军和后藤基次的先锋部队接触，双方发生了激烈的交火。在交战中，幕府军部将奥田忠次被打死，而松仓重政军则被打得溃不成军，幸而得后来跟上的水野胜成军的救援，才幸免于难。

此时，真田信繁他们迷路了，正在寻找人生的目标。

凌晨五点，幕府军共三万四千人如数抵达小松山下，并对整座山形成了包围之势。同时，伊达政宗的龙骑兵部队也开始向山上放枪，后藤基次虽然作战勇猛，但毕竟兵力不多，只有六千出头，所以很快就只能依山死守，前进不了半步。而基次本人也被流弹打伤，不得已暂时离开前线，接受治疗。

此刻的真田信繁正在问当地老乡路在何方。

凌晨六点，后藤基次左等右等都不见后应部队的到来，虽说他并不知道发生了什么，但有一点却很清楚，那就是如果再窝在这座破山上，那就只有死路一条。

于是，他下令分头突围。

突围计划如下，后藤基次率两千八百人在前，明石全登和一个叫薄田兼相的人带余下的三千多人在后，两部一前一后分批从山上猛冲下去杀散敌军后，再分头赶往道明寺村。

这会儿真田军已经暂停了前进，因为正是早饭时间。

八点，和伊达龙骑兵苦战的后藤基次被一颗子弹打中，永远地离开了这个世界，时年55岁。

差不多也就在这个时候，薄田兼相亦力战而亡，明石全登则下落不明，有的说战死了，有的说逃了，也有说他又回到了大阪城。

击毙后藤基次的消息传到正在大本营里运筹帷幄的伊达政宗那儿后，他便果断地下达了追击令，说是要把后藤基次带来的那六千人马杀他个干干净净，可就在说话的时候，政宗的儿子伊达忠宗突然站起了身子，表示自己要去上厕所。

"不许去！"政宗一声怒喝。

当时忠宗不过15岁，是头一次上战场，虽说作战规矩他知道得不多，可想来也不应该会有不让上厕所这种如此没人性的规定，所以忠宗一时间只是呆呆地望着自己的父亲，不知道他到底在想些什么。

"战场瞬息万变，哪有工夫让你去上厕所？"伊达政宗的声音中依然充满着怒意。

伊达忠宗满脸冤屈，心想这里再瞬息万变也赶不上我这尿急来得如山崩地裂哪，你这样让我上哪儿解决去？

"就尿在这里！"政宗又是一声大喝。

忠宗被震惊了，他没想到居然还能这么来，不过既然是父亲下的命令，也就只有执行了。于是这孩子只能颤颤巍巍地从小马扎上站起身子，打算寻个阴暗角落解决。

"你站起来干吗？"

"解……解手……"

"撒尿干吗站起来？"政宗眼睛一瞪，"就这么解决吧！"

忠宗被彻底地震撼了，此时的他不经意地往自家父亲坐着的小马扎上瞄了一眼，发现下面已经是一摊湿漉，还有几滴水珠若隐若现地顺着下面在滴滴答答。

"你以为在战场上，敌人会给你留空去厕所吗！"

这孩子当场就被吓得把尿给憋了回去。

之后小朋友是否顺利地上到了厕所我们无从知晓，反正在政宗眼里小便这事儿确实赶不上打仗来得急，宁可尿裤子也不能耽误宝贵的时间。

上午十点，真田信繁和毛利胜永两人刚刚抵达小松山边上的藤井寺村，同时也收到了后藤基次战死的噩耗。

毛利胜永听完后很悲伤也很自责，一个劲儿地说要是我们早点到那后藤殿就不会死了，都怪我，真的。

倒是真田信繁显得相当淡定，表示那我们就回家吧，现在回去还正赶得上吃午饭。

其实，这一路上拖拖拉拉慢慢腾腾地磨洋工，全都是真田信繁故意的。

原因是信繁从一开始就把终极目标定为弄死德川家康，除此之外别无他求，故而在和家康面对面之前，自己绝不能轻易消耗一兵一卒。

于是后藤基次当然就怎么也等不到援军了，最终被数十倍于己的大军给活活弄死了。

或者也可以说，他是被真田信繁给活活坑死的。

再或者可以这么说，后藤基次不光是被坑死的，而且还是白白去送死的。

因为真田信繁避免交战的算盘很快就落空了——正在追击后藤军残部打扫战场的伊达铁骑部队很快就发现了真田军的踪迹，然后赶了过来。

而听说碰上真田信繁之后的伊达政宗也颇为兴奋：你不是号称日本最强赤备骑兵吗？那就来尝尝爷的龙骑吧。

政宗果断下达了进攻的命令。

然后很快他就收到了败报，其实也不能说是败报，只是没能打过信繁的消息而已。

之所以没能打过，主要有两个原因。第一是真正和真田赤备军交上火的伊达军人数其实并不多，也就那么三千人，而真田赤备却有一万多；第二则是由于伊达龙骑兵的奥妙被信繁给看穿了。

所谓的龙骑兵在当时其实是有一套固定的作战模式的，那就是先在马上远远地对着敌军放一排乱枪，趁着对手一阵慌乱躲避子弹的工夫再展开骑兵突击，如此一来便能打得人家措手不及。这招在对付奥州的大小土豪以及镇压农民动乱的时候相当好用，但偏偏碰上的是真田信繁，人家不吃那一套。

信繁先让步兵打头阵，在伊达军放枪的那一瞬间，再下令让大伙趴下，由于骑在马上高人一等，自然手里的枪管也要高上许多，再加上本身骑马身子就晃得厉害，手也在抖，所以子弹自然就打不中目标了。

然而当伊达家的骑兵发起突击时，那些原本趴在地上的真田家士兵又一骨碌地爬了起来，然后转身就逃，目标是身后的一片小树林。

骑兵众将士不知为何，以为敌人已经被刚才的那一排枪给吓倒了，无心再战，于是便放心大胆地催马去追。却不承想刚刚跑到林口，早就埋伏在里面的真田铁炮队枪声大作，一时间跑在前面的几十个士兵连人带马就这么摔了下来。趁着这个工夫，真田家的骑兵也纷纷冲出了树林，搞起了大反击。

如此反复数次，伊达军不得已选择了撤退，而真田信繁当然也不会去追，毕竟人家是要留着人马杀德川家康的，于是也就退回了大阪。

后来赶到的水野胜成等人本想追击信繁的，可毕竟对方用的是骑兵，跑得快，而且又走得早，所以只能作罢。

再说真田信繁打退伊达军之回到大阪的当天夜里，他找到了大野治长，提出了自己在丰臣家最后的建议：请丰臣秀赖出战。

同时信繁表示，事到如今，唯有让少君亮相一搏，或许还有那么一丝胜机，不，是生机。

事态紧急，加上大野治长也不是白痴，所以他一口答应了信繁

283

的要求,说你下次出城迎战的时候,我一定想办法让秀赖殿下率军前来做你的接应。

真田信繁笑了:"不是下次,就在明日。"

大野治长有些吃惊:"那么快?"

"德川家康早已在大阪周边完成集结,今天又歼灭了后藤基次他们,想必最后的决战,应该就在明日。"

"那你的意思是,明天就让秀赖少君出战?"

"让秀赖少君和我一起,攻入德川军的本阵,一举击杀德川家康,这是我们明天唯一的目标。"

大野治长表示此事非同小可,先让自己请示一下淀夫人再说。

信繁很困惑地问淀夫人会同意?

治长不吭声了,这个问题的答案其实他很明白,但此时又不宜直截了当地告诉真田信繁打击他的自信心,于是治长只能很敷衍地表示,明天秀赖少君一定会出战的,您尽管放心。

真田信繁并不放心,可也不得不放心,因为除了装出放心的样子,他已然别无他法。

第三十五章 最后一战

五月七日上午十点左右，德川、丰臣两军一南一北，于大阪城南的天王寺各自布阵。其中，丰臣秀赖自然是稳坐大阪城内，跑天王寺的是真田信繁他们，而德川家康则把本阵安在了天王寺口附近。

最后的战斗一触即发。

这一战中，德川军兵力超过十五万，而丰臣家只有五万人，双方的实力差距还算是比较悬殊的。同时，德川一方不但有伊达政宗的铁炮骑兵，还装备了几十门从西洋原装进口的大炮，用于轰城。

即便如此，背水一战的丰臣军依然士气高昂，真田信繁率军五千，和毛利胜永部的一万四千人站在了战阵最前方。

同时，信繁的嫡长子真田大助也在阵中，那一年不过14岁。

决战在中午正式开始。

首先打响第一枪的是德川方的本多忠朝。

虽然他是人称战国最强凶器本多忠胜的儿子，可说实在的，这小子还真没继承父亲的勇猛天赋以及军事才能，尽管得了先手，但忠朝很快就被毛利胜永给压制住了军势，陷入了进退两难的局面。

其他丰臣家将领一看形势如此一片大好，也纷纷挥动手中之剑，发起了进攻。

在这一片喧嚣的战场上，真田信繁却没有丝毫的动静。

他在等，在等秀赖。

信繁的作战目标从六日晚上或者说从去年冬天就已经非常明确且坚定了，那就是德川家康的人头。如果可以的话，顺便也包括德川秀忠的脑袋。

　　因为单纯地以兵力和装备优劣来看的话，丰臣家的胜率几乎是微乎其微，但若是孤注一掷击杀敌军总大将，那么绝对是能够扭转局面，再加上丰臣秀吉的亲生儿子出马，也一定能造成相当的轰动性效果，至少对丰臣家来讲，绝对没有坏处。

　　所以信繁按兵不动，傻傻地等着秀赖的来到。

　　但最终秀赖还是没有来。

　　其实他是想去的，实际上当时的情况是当秀赖听到城外号角声喊杀声的时候，当场激动得热血沸腾，好几次都下令让人给他穿戴盔甲并备齐良马，准备亲自出城迎战，可结果是盔甲才穿了一半淀夫人就出现了，一顿责骂之后告诉儿子说外面太危险，不许去，于是秀赖小朋友只能乖乖地坐在家里，含着手指满脸委屈。

　　当真田信繁知道一切之后他什么也没说，只是把儿子大助给叫了过来："你去城里见一下淀夫人，请求她让秀赖殿下出城。"

　　所有人都以为信繁依然不死心还想再继续等，可没想到的是真田大助前脚离开，他后脚就下令准备出击。

　　事实上真田信繁知道丰臣秀赖再也不会来了，他决定在没有秀赖助阵的情况下单独率兵完成对德川家康的斩首行动。只不过在此之前，想把自己的儿子给送去相对安全的大阪城内而已。

　　我想任谁当父亲，或许都会这么做吧。

　　话再说回战场，当真田军出动的时候，本多忠朝的部队已经基本上被毛利胜永给打败了，正处于溃逃状态，场面一片混乱，于是信繁便直接绕开了本多家的军阵，直接朝着第二阵冲去。

　　第二阵是松平忠直，总人数一万五。

　　暂且不说能不能以寡胜多，就算胜了，那也是杀敌一千自损八百的亏本买卖，等干完了估计也就没力气去打德川家康了。

所以真田信繁决定玩一手阴的。

具体的做法是派出忍者在两军相交的时候到处放谣言，说布阵在松平忠直背后的浅野长晟投靠了丰臣家，正准备对松平忠直下手。

类似的办法其实信繁还用过好几次，比如在五月五日德川家康刚刚出阵的那会儿，他就派人去传过藤堂高虎是内应的谣言，结果被老爷子当场看穿，狠狠嘲笑了一番。

按说这种丢人现眼的把戏玩过一次就不该玩第二次，可当时情况实在紧急，也就顾不上什么面子不面子的了，在信繁的授意下，战场上顿时响起了一大片"浅野长晟要背叛"的呼声。

长晟这家伙真算起来，其实和大阪城里的那位丰臣秀赖是表兄弟，所以当下松平忠直就动摇了，然而却只是将信将疑，还不敢完全肯定。

但接下来发生的事情则让他彻底地傻了眼。

忠直看到自己身后的浅野军突然就莫名其妙地移动了起来，而且目标似乎正是自己的所在。

于是他相信了，因为很多其他的松平军的将士也同时看到了，所以他们自然也都相信了。

就这样，一万五千人的军队顿时陷入了大混乱，而真田信繁见状便立刻下达了总攻令，五千人马如同一支利剑一般直插敌人的阵中，然后穿阵而过。

这时候浅野军也已经抵达了预定的位置——松平忠直部队的旁边。

已经快要绝望了的忠直正准备迎接即将到来的噩运，但他却再次惊讶地发现，浅野军好像根本就没有对自己下手的意思，而是开始默默地收拾起了残局，比如收容四处逃窜的松平家士兵以及大声喊话说大家不要乱，准备追击真田信繁之类的。

其实事情是这样的：当真田军和松平军正互相接触交战的时候，在后面很远地方布阵的浅野长晟知道来者不善，生怕松平忠直一个人应付不来，于是便非常积极地打算勇往直前帮朋友一把。可谁承想居然那么倒霉地就赶上了真田信繁在放谣言，更没想到的是听到谣言的松平忠直以为浅野长晟是冲自己来的，于是就这么乱了阵脚，给人钻了空子。

更糟糕的是浅野长晟这一积极不打紧，害得周围一大堆其他诸侯都以为这哥们儿叛变了，于是大伙纷纷都乱了方寸，整个阵地上几乎就是一片大乱。而真田信繁也趁着这个乱的当儿开始左右穿插地七绕八绕，终于成功地绕到了松平忠直的正后方——德川家康阵地的跟前。

而最要命的地方还不在这里。

话说当松平忠直的部队大混乱的时候，正坐在大本营居高临下观摩战阵的德川家康一见孙子有难，立刻派出了一部分军队前去支援，这个等于是直接削弱自己战斗力的动作被真田信繁看在眼里，认识到机不可失的他以最快的速度整顿好刚刚和松平忠直战斗完的队伍，挥师突进家康本阵。

德川家康是压根儿就没想到这哥们儿还会来这一手，所以当他看到漫山遍野冲过来的那一堆堆小红人的时候顿时吓得方寸大乱，一边命令前方部队死命挡住一边急得直咬手指甲，啃了好一会儿之后才恢复镇定。随后，他果断地下了一道命令：将插在自己身后的帅旗拔掉，藏起来，然后暂时把大本营往边上挪一挪。

这话可能在今天理解起来就是避敌锋芒以待时机，但在当时的日本，说得难听一点就是一种很不要脸的做法。

身为武士，就应该光明正大，堂堂正正地和敌人厮杀，因为贪生怕死而把在战场上堪比自己性命的帅旗给藏在草丛堆里，那无异于乌龟缩进龟壳之中，断然不是武士该有的行为。

德川家康没想到真田信繁敢来闯本阵，而信繁却也没想到家康敢藏帅旗，他只是非常奇怪，因为在厮杀中明明有好几次都已经看到那杆金光灿灿的德川帅旗了，怎么一转眼就不见了？

无独有偶,几乎就在同一时刻,遭受了和家康近乎一样厄运的还有一人,那便是德川秀忠。

这个不会打仗的倒霉孩子在开战之后遭到了大野治长部的死命突击,这真是被逼急了的兔子给咬了一口的事儿——治长先是击溃了秀忠阵地上的第一阵前田利常,接着又突破了第二阵藤堂高虎部的阻拦,远远地奔着德川秀忠的本阵就杀了过来。

虽然此时秀忠跟前还有黑田长政和加藤嘉明这两支部队,但当这倒霉孩子看着大野治长的军队离自己愈来愈近的时候,就彻底开始发慌了。和老爹不同,他倒是没躲,可干了一件比躲还要不合时宜两三百倍的事儿——哥们儿随手抄起一根长枪就要亲自出战上阵肉搏,估计是被吓急了。

手下一看这架势当然不能干了,于是连忙拖的拖架的架,这才好不容易让这厮安定下来。

其实大野治长能杀到可以看得到秀忠的地方已经是奇迹了,此刻的他早就成了强弩之末,根本没有再往前继续杀进的余力,所以不多会儿,就被周围的大名部队给包抄了上来,打了个溃不成军。

而此时的秀忠虽说是长长地舒了一口气,可手里还是紧紧地捏着那杆长枪不敢放。

另一方面,虽说真田信繁作战勇敢,可他也遭遇到了和大野治长差不多的情况——手下的士兵就这些,杀一个少一个,不过几个回合就已经丧亡殆尽了,而其本人也负伤累累,浑身是血,尽管没怎么中要害,但此时的信繁早已精疲力竭,连骑马都困难,只得拿着一杆枪也不知道是扛着还是拄着反正就这么一人一枪一边走一边找家康,打算一旦发现老贼的踪迹就冲过去一枪扎死他。

结果是找了半天没找着,而自己身边的人也差不多都死光了,真田信繁明白,自己想做的事儿肯定是做不成了,到此为止了,该结束了。

但他并没有选择自杀,而是将身边被杀剩下来的几十个残兵聚拢在一起，稍作整顿之后便准备返回大阪城，打算据城做最后的死守。

一行人且战且退，当他们来到一处叫安居天神的神社门口时，已经支撑不住的信繁表示进去歇一会儿再走吧。

当进了神社原地坐下休息的时候，真田信繁才发现，自己身边那仅存的几十个人里，几乎各个都浑身挂彩，有的甚至是缺胳膊少腿却还紧紧地拿着手里的刀枪不放。

因为这帮逃兵清一色地都穿着红色铠甲大白天的特别抢眼，再加上那地方又没其他可以容身的建筑物，所以没多久，德川方的追兵就围了上来，并且冲进了神社。

第一个杀进来的人叫西尾宗次，是个火枪手，他进门之后，很快就认出了正坐在地上休息的真田信繁，然后立刻摆好架势，静静地等着。

前面说了，武士做事得讲究个光明正大，尤其是在这众目睽睽之下，你要是冷不防地把正坐在地上毫无防备的受伤之人给一刀砍死，那可是一件相当厚颜无耻的事情。这个西尾宗次说起来也是个男子汉，虽然立功心切，却也不想乘人之危，所以他才会摆好架势，等真田信繁站起身来，和自己一决胜负。

但信繁不知怎的一直没有反应。

西尾宗次忍不住了，生怕其他人进来跟自己抢功，于是便高声喊了一嗓子："我乃松平忠直殿手下铁炮组西尾宗次，请真田大人和我一战！"

真田信繁笑了，摆了摆手："不必了，我这颗头颅你拿去无妨。"

他打不动了，也不想再打了。

坦然地面对失败，承认失败，也是武士之道的一种，这个我们前面说过。

西尾宗次手起刀落，结束了真田信繁48岁的人生。

真田信繁死后，正如你所知的那样，得到了后世极大的赞誉，不仅各种赞美之词满天乱飞，而且还有无数个荣誉称号，其中，最广为人知的，当属"日本第一兵"。

这个头衔是萨摩大名岛津忠恒的原创，因为是鬼石曼子的儿子，所以他给出的评价往往会给人一种正确的、容易接受的，至少是客观中肯的感觉。

但实际上却根本就不是这么一回事儿。

在大阪城下打得热火朝天的时候，岛津忠恒并不在现场，也别说忠恒了，整个萨摩岛津家就根本没派过一兵一卒去过大阪。虽然幕府是有要求过他们出兵，结果却被这帮刺儿头以家中要搞改革太忙脱不开身而拒绝了。

在此我们不对这种行为做任何评价，只是想说，日本第一兵这个称号的本质，其实就是岛津忠恒在战后听人讲真田信繁的故事，然后听到了妙处忍不住站起来手舞足蹈一番，再摇头晃脑地赞了一句：真乃日本第一兵也。

这等于是跟随口夸一句没啥区别，大致等于现在我们在论坛上看了一篇帖之后，因为好看，所以也不去管是否真假，就在下面回了个"狂顶楼主"之类的字样差不多，并不能实质性地说明什么问题，只是因为他是岛津忠恒，所以才被人当回事儿。

真田信繁之所以能在死后扬名千秋，最最主要的原因并非是他本身，而是因为他的对手——德川家康，还有德川秀忠。

家康和秀忠是江户时代的第一代，第二代领导人，对于当时的老百姓而言，真田信繁作为在这世界上唯一一个能把连续两代宛如全日本人民头顶上太阳一般的人物给打败甚至是逼入绝境的人，那简直就是神佛一般的存在了，所以他的故事在那年头被众好事者们给编了又编，改了再改，属当时街头说书演戏的最佳题材之一，事实上真田幸村这个名字，也正是出自人民群众自发改编的各类民间文学之中。

另一方面，江户幕府对于老百姓们这些行为也保持着一种出人意料的宽容，要知道在那个年头，如果你胆敢在街头公开发表一些有悖幕府统治和谐精神的言论比如为丰臣家唱赞歌，说丰臣家的将领是英雄之类的话，那随便来一个路人都能把你直接扭送至当地公安机关然后下大牢。

但真田信繁的故事却是例外，你可以尽管说尽情演，没有人会来找你任何麻烦。

要论原因的话大致有两个。

首先，真田信繁的哥哥真田信幸跟了德川幕府，并且还是松代藩（长野县内）十三万石的藩主，你要是把人亲弟弟给当一般战犯一样成天挂在嘴边骂也不让老百姓为他说一句好话那实在有些不太合适。

其次，也是最主要的，是因为真田信繁很"忠"，至少看起来是这样的。

他的哥哥在德川家吃香喝辣，只要他一封信，那尽管是不可能有十万石百万石，可也能享尽荣华富贵。但他却没有这么做，而是义无反顾地留在了岌岌可危的大阪城，最终为主尽忠，战死沙场。不管他效忠的是谁，这都是一种忠诚的表现。

我们知道，江户幕府非常看重武士的"忠"，可以说，武士道中的那个"忠"部分，正是在那个时代被发扬光大乃至后来走向极端的。

在幕府建立初期，统治者需要能有一个形象来做代言人，用于教育武士，教育老百姓对自己保持忠诚。

于是真田信繁就这么被推了出来，并成为了一个传说。

总之，这只是一个应时代的需要而被人为塑造成天地无双形象的家伙。

如果真的要我评价真田信繁这个人的话，那我只能说，这确实是一个挺不错的武士，有情有义并能够贯彻自己的信念一直到最后，可若是要把他当作战神一般的人物来看待那就真的是大错特错了。虽说这家伙的确还算能打，但真要论起能耐来，兴许未必能有毛利胜永以及那位被他坑得领了便当的后藤基次厉害。

毕竟前者是在继真田军战败，丰臣军其余各部也纷纷被打垮，要么被就地歼灭要么勉强带着几个残兵败将逃回城里之后，唯一一个留在战场上继续和德川军苦战的猛人。虽说最后仍然是不得不率军撤退，但在临走的时候还是把围上来的藤堂高虎给揍了一顿，然后玩儿命般地把藤堂军的包围给撕开了一道口子，再从容地退回了城内。

而后者也相当厉害，据说在朝鲜的时候打死过老虎。

跟加藤清正不同的是，后藤基次是真的一个人单干的，他是拿着一杆枪直接刺中了老虎的额头，从虎口救起了自己的部下。

这就是历史的常态，同样差不多的人，有的金光闪闪了一辈子兼下辈子，而有的却只能默默无闻几百年。

结束了，一切都结束了。在这一天的战斗中，丰臣军丧师一万五，逃跑者不计其数，回到城里的重臣，也就只有大野治长，毛利胜永等寥寥数人，任谁也该明白，最后的时刻就要来临了。

德川家很快就发起了攻城战，因为大阪城已经被拆成了那德行，守城的将士们根本就无法挡住来攻之敌。短短几个小时，整座大阪城就几乎全部落入了德川军的手中，占领军们开始在城里放起了火。

丰臣秀赖和淀夫人带着随行数人躲到了位于城中某个角落的某个仓库里，望着天守阁上的熊熊烈火，母子两人不禁失声抱头痛哭。

但此时此刻的淀夫人却依然不肯放弃。

她还有王牌。

当天晚上，一名不速之客造访了德川军的大本营，此人的出现，让家康和秀忠都惊讶不已。

她就是秀赖的老婆，秀忠的女儿，家康的孙女，德川千姬。

这便是淀夫人最后的王牌，不是用来战胜敌人的王牌，而是用来保住自己的王牌。

千姬一进门就跪了下来，哀求自己的爷爷饶自己的丈夫一命，仅仅是一命，其余的什么也不要。

293

望着声泪俱下的女儿，一旁的德川秀忠开始动摇了起来。

其实早在去年冬之阵还没开打的时候家康就已经问过自己的儿子："一旦开战，你会舍不得千姬吗？"

秀忠虽说人好，可并不傻，他知道老头子心里想要的答案，于是便咬着牙回了一句："千姬既然作为武门的女儿，那就理应对战败这种事情有所觉悟，我没什么舍不得的。"

这话说得那叫一个违心，家康其实很明白儿子心里在想什么，只是默默地拍了拍秀忠的肩膀："你能这么想，那真是不错。记住了，坐拥天下者，一定要让心中产生一只恶鬼。"

虽然秀忠已经把这句话反复告诫了自己数百遍，可真到了这个时候，他还是失去了立场。

当时的大本营中，除了家康秀忠父子俩之外，还有包括松平忠辉、藤堂高虎、伊达政宗等多名重臣至亲，但没有一个人敢出声，就连素来什么东西都敢吃什么话都敢说的松平忠辉，这时候也没了声音，整个营帐里，只有千姬的哭诉之声。

接着，所有的目光一齐射向了德川家康，等他作出最后的抉择：对秀赖，是杀，还是放。

"我死后，秀赖就拜托诸位了，拜托了！"

"妹夫，以后，秀赖就要靠你辅佐了！"

看着不断为丈夫求情的千姬，自己的孙女，家康的眼前仿佛又出现了秀吉临终前的托孤。

他陷入了深深的沉思之中。

良久，老爷子缓缓地开了口："老夫今年七十有三，纵然是遭受天谴，也已无所谓了。"

当人在需要保护什么的时候，往往就必须要弄脏自己的双手。

即便是背负上千秋万代的恶名，德川家康也要彻底铲除德川政权的后患。

我认为，这是一个相当痛苦的决断。

谈判失败的千姬原本想回去和丈夫共生死，但却被强行地留了下来。

五月八日，没有等到千姬回来的秀赖母子知道大势已去，正在此时，已经打探清楚秀赖所在位置的德川军将仓库团团围住，然后，门外响起了一阵枪响。

这应该算是家康最后的好意了吧，他打算借此举告诉秀赖，你已经走不掉了，与其最终落得个被我乱枪打死的下场，还不如自我了断来得干净体面。

秀赖非常领情，他慢慢地取下了挂在腰间的短刀——这是他第一次用刀刺人，遗憾的是不得不刺向自己的肚子。

与此同时，淀夫人也把刀刺向了自己的脖子。

为秀赖介错的是从战场上逃回来的毛利胜永。在砍下主公的头颅之后，他点燃了引线，线的另一头，则是堆满了整个仓库的火药……

毛利胜永，自爆；大野治长，自尽；大野治房，逃脱，但两年后被捕，然后判处斩刑；真田大助，自尽，年仅14；其余的浪人，也大致无法摆脱或死或逃的命运。

当听到仓库里发出的雷鸣巨响时，家康缓缓地从小马扎上站了起来，然后伸手解下了腰间的那两把从本多正纯身上给扒来的刀，将它们往地上一丢："从此以后，就再也用不着这玩意儿啦。"

将近一百五十年的战国时代，正式宣告终结，这一年被改年号为元和，史称元和偃武。

平衡之术

第三十六章

丰臣家灭亡了,这个由一个农民所一手建立起来的王朝,就这么灭亡了。仔细算来,也就历经两代而已,若是算上秀次,那也就三代。

为什么?

可以当之无愧地被称为人中豪杰的丰臣秀吉所建立起来的基业,为何在他死后不过十七年,就灰飞烟灭了?

一般认为,是因为丰臣秀吉所建立起来的丰臣家政权本身就不是一个完全的统一体;除此之外,还因为他是一介农民,所以没有像其他的统治者那样拥有众多的谱代家臣,即代代都侍奉自己家的老家臣,以至于造成了根基不稳;此外,还有一个最大的原因就是,秀赖继位的时候过于年幼,这才让德川家康有了可乘之机,被夺了家业。

这些东西,乍一看说得很在理,但仔细琢磨的话,就会觉得根本就是在忽悠人。

日本这个国家,自打有各式各样的大名的那一天起,一直到明治维新后废藩置县为止,都不曾"完全"地被统一过,德川家康所建立的江户幕府在行政划分上也不是铁板一块。话说到现在我们大家有目共睹,德川幕府之下,有伊达政宗,有岛津忠恒,有藤堂高虎,还有等等其他的大名,你能说这是"完全"统一么?这仍然是各种意义上的分裂与自治,只不过各大名得在中央政权之下自治罢了。

还有家臣,自战国那一乱,全日本的风气都变了,别说是老家臣了,就是亲兄弟也能拿刀砍你,这家臣老不老,说真的跟你的政权没啥太大干系,更何况事实证明秀吉的那几个家臣确实都很给力,像石田三成,像片桐且元,就算是加藤清正和福岛正则等人,虽说是愣了点,但他们的为人还是相当靠谱的,如果没有家康的从中闹腾,丰臣家的武功派和文治派最多也就是互相看着不爽再吵架打架而已,就跟现在日本开议会一个模样,但断不会弄到各拉十万大军跑关原开打的地步。

至于秀赖年幼,这个也不能算是个说法。要知道在江户时代,十来岁当将军的娃娃有好几个,可也没见哪个就闹成了秀赖那副德行。

说一千道一万,这丰臣家的灭亡,虽说从表面上看有着各种各样的理由和因素,但如果透过现象看本质的话,你就会发现,这众多原因中最最大、最最根本的那个,其实是出在丰臣秀吉的身上。

这家伙其实从最开始的时候就走错路了,他做了一件误以为是对的但实际上是大错特错的事情,那就是侵略朝鲜。

这场总动员30万人,实际参战15万人的大战,让丰臣秀吉把几乎全部的精力都投入了其中,从而使得很多本该做的事情都没法做或是来不及做了,比方说想点手段出来约束手底下的那些个大名,或者是想办法均衡一下武功派和文治派之间的矛盾等等。

没法做,是因为大家都在朝鲜拼命你怎么做?来不及做,是因为战争还没结束秀吉就挂了。

凭良心讲,这场侵略朝鲜的战争,确实给日本带来了很多:掠夺了大量的财富,缓解了国内的好些矛盾以及引进了相当多的技术。

可是,这些好处都是带给日本的,而不是带给丰臣政权的。

长达7年的侵略战争让丰臣家得到的,只有一群抢肥了自己并且互相之间虎视眈眈的大名。

同时还有躲在角落里等待着时机的德川家康。

可以很负责任地说上这么一句话:一个国家,在国力全盛的时候想要出兵侵略人家搞输出政策,对此我没有任何好评论的,但是,如果一个国家打算通过单纯的"攘外"方式来企图一劳永逸地缓解内部矛盾,那我只能给他六个字——玩火者,必自焚。

于是现在就剩下了最后一个问题:既然出兵攻打朝鲜,企图用战争的形式来化解国内的危机是导致了丰臣家灭亡的关键,那么当时的秀吉应该做些什么功课,才能避免这场危机发生呢?

不要急,接下来,我就会就这个问题进行详细的解释回答,但事先说明,这个答案的得出者不是我,而是德川家康。我,只是一个说事儿的人。

话说在丰臣家灭亡之后,家康立刻开始将工作重心转移到了加强幕府权威以及统治力度这两个方面去了。

所谓强化统治力度,其实简单说来就是把一切不利于统治的因素给消灭或者是无限削弱。

而说起当时幕府的统治障碍,那大致上可以分为三个方面:宗教、朝廷和武士。

对应起来就是三种人:和尚僧侣、王公贵族以及诸侯大名。

而这三种人之所以会成为幕府的心腹大患,那是因为他们同时和同一种东西扯上了关系,那就是土地。

由于我们这书是从德川家康出生开始说起的玩意儿,所以很多涉及日本早期历史的东西都没能说到,这其中就包括了一些重要历史名词的起源以及早期的变化,考虑到这样一来可能会对不少读者造成一定的困扰,故而我觉得尽管有的东西现在才说都已经算是马后炮中的马后炮了,可还是有必要放它一发的,比如来说一说为何会产生战国时代。

要说明白这个问题,那得从很久很久以前开始说起了。

话说日本这个国家,在历史上和中国有一个最大的区别就在于,中国几千年来的历史形势基本上是大一统,自秦皇汉武之后,每次国家分裂的时间都不会太长,大部分的岁月都处于一个君主集权的状态下，皇帝是一个独一无二的存在，国家的一切财产、人口、资源都是他的个人物品，不认可任何形式的土地私有制。当然，土地在某些时代可以买卖，但你买了再多的土地，只要皇上愿意，他下一张圣旨，你的田啊地啊山啊之类的就全部跟你说拜拜了。而日本却不是如此，它并没有一段长时间的君主集权专制历史，说一句前面重复过的话，这个国家截止到废藩置县之前，基本就没有被怎么好好地统一过。虽然它也有独一无二的皇帝，也就是天皇，但国家的一切财产资源之类的，都跟这位半人半神的哥们儿缘分不深，特别是在平安时代的中后期，公元10世纪之后，那基本上就属于渐渐绝缘的那种了。

之所以能有这等悲剧的发生，那都是天皇本人一手给作出来的。

天平十五年（743年），为了改变当时日本贫穷，粮食产量低下，土地无法被全面开垦的悲惨局面，圣武天皇特地颁布了一部名为《垦田永年私财法》的法律。

这部法律文如其题，就是无论何人，只要去开垦了土地，那么除去每年按照一定比例上交给国家公粮之外，剩下的无论是粮食也好土地也罢，都将永远是此人的私有财产。

而这些开发者，也有一个法定的名称，叫开发领主，简称领主。

那些田，也是有专门的称谓的，叫作名田，即有名字的田，换言之就是私人的田。所以领主们有时候也会被叫作名主。

再后来，有的领主因为名下的田地很多，地盘很大，于是便被人叫作大名。

这是一部具有跨时代意义的法律法规。

自打这玩意儿出台之后，各地的领主如雨后春笋一般地冒了出来，于是这就坏事儿了。

开发了土地，就成了财主，你当了财主，那随之而来你的安全也就成了问题，毕竟这世道不是什么人都愿意靠自己本分的劳动来发财的。

那么，为了保护自己的家产和家人，就必须要有武器，有了武器还不够，因为你不能一个人拿九把刀，所以还得招募保镖，来保护自己的田园。

这保镖，在日语中被叫作"侍"，也就是武士，俗称打手。

可以说，武士最初出现的意义，是为了保护土地以及农民。

日子一长，打手多了，吃饭的人也就多了，于是饭也就显得不够吃了。要吃饭就得多种庄稼，种庄稼得要土地，获得土地的方法大致有两种：第一是开发新的，第二是抢别人开发好的。自打制定了那条谁开发就归谁的政策，就导致日本国内土地被接近疯狂地充分开发，所以要想找到一两块没被开发过的地方是比较困难的事情，故而办法只有一条，去抢。

抢谁？这年头谁都有打手，你家打手三十个，隔壁太郎二十八个，你跟他一阵乱打之后他死二十个你还剩十个，回去接着看家都嫌人手紧张，还抢个屁。

显然，各领主之间互抢那肯定是一种高成本的行为，所以至少在一开始的时候并没有被大伙所采用。

众领主那冒着绿光的狼眼，最终看中的是国司。

所谓国司，就是由中央朝廷直接任命去地方上任管辖的地方官，说白了就是这帮领主们的上司。他们也被称之为守护大名，一国一个，尾张国的叫尾张守，美浓国的叫美浓守，守护之下，设副官三职，分别叫作"介""尉"和"曹"。

比如尾张国最大的，叫尾张守，而次官则叫作尾张介，再次的叫尾张尉，最次的叫尾张曹。

顺便一说，后来日本军队的军官职位，也大致沿用这种名称，将军之下，叫佐，比如大佐、中佐之类，这个佐的发音是跟介相同的；佐之下，叫尉，即大尉、上尉什么的，最基层的军官，叫曹，比如军曹、曹长。

之所以要抢国司，理由也很简单。首先，他们的手里也有土地，而且是中央直接划拨的上好土地，粮食产量很高；其次，他们很弱。要知道，众开发领主们为了保护自家领地都有武士，并且无时无刻不死命地训练部队然后盯着别人，生怕哪天人家来打自己。拥有这种警惕性，怎么可能被轻易地夺走资产？反倒是那些中央过来的地方大员，心存无比的优越感，总觉得自己是上头来的没人敢把自己怎么样，而手底下的士兵也是疏于锻炼松散不堪，这样的人不抢他抢谁啊。

下面的开发领主赶走上头的地方官，这种行为叫作"以下克上"，克完了上之后大家发现土地依然不够，于是也顾不得别人的警惕性了，领主之间互相为了兼并土地而开了打，从小规模的冲突发展到大规模的战争，这种情况日益频繁，最终进入了一个大打三六九，小打天天有的时代，便是"战国时代"。

事实上，战国时代的本质，说穿了就是新兴地主与老地主之间就土地所有权问题而引发的战乱岁月。

现在，这个时代被终结了，要想让它不再重演，那就必须从根本上掌控土地。

当然，一夜之间把全国大名的土地全都收归幕府所有那肯定是不现实的，也是不靠谱的，所以家康选择了另一种方式：控制土地的所有者，也就是大名。

控制的手段简单说来有三种：法、人、钱。

法，就是制定法律来约束你。

七月，幕府将军德川秀忠在江户颁布了《武家诸法度》，也称元和令。

这部共有十三条的法律对全日本的大名通用，并且从十二个方面制约着他们。

这十二个方面可以用十二个字来概括：衣食住行，生老病死，婚娶丧嫁。

这不是危言耸听的夸张手法，而是确实存在的真事儿。

如果你觉得太假太虚，那现在就让我们用一位生活在德川时代的

301

普通大名的一生经历，来诠释一下这部《武家诸法度》吧。

这里插一句，这部法度在后世的一百年里一直在不断地修改完善推陈出新地搞升级版，为了避免在之后的篇幅中一次次地重复"《武家诸法度》又升级了"这样的话，所以在此我们干脆就一劳永逸地直接拿颁布于享保二年（1717年）的最终版来说事儿吧。

因为该大名的后人尚且健在于世，为了保护其个人隐私以及家族名誉，故而在此特地隐去他的真实姓名（反正不是伊达政宗），姑且称其为太郎吧。

且说太郎，是一位拥有三万石领地的外样大名。

在德川时代，每一位大名根据他和幕府将军的关系，将会被划分为三类：亲藩、谱代和外样。

亲藩，就是指这家的大名和将军有血亲关系，比如是将军的弟弟，将军的堂哥等等，通常都是姓德川或是松平的，而将军的女婿，将军的表亲之类的人，则基本不算在内。

谱代，意思就是说这家的大名是代代侍奉德川家康的。关于这个"代代"的含义，也有标准，以庆长五年（1600年）关原合战为标准线，关原之前就已经投靠家康跟随其左右打工的家臣，就是谱代，之后跟的，不算。

不是亲藩也不是谱代的大名，则一律称之为外样，也就是外人的意思。

外样大名太郎，因为父亲老太郎过世得早，所以在继承家位的时候，年仅8岁，幸而他赶上了好时候，家康老爷爷解放了全国，带来了和平，不用再担心像战国时代那样吃个早饭都会被下毒了。

和所有的孩子一样，太郎喜欢爬树，喜欢爬屋顶，喜欢玩玩具，不喜欢读书，也不怎么喜欢很累的练武。

不是说他不读书不练武，只是他不喜欢，他觉得每天看一小时书挥两小时木刀就已经足够了，自己以后既不当学究也不开道场，犯不着过分地勤学苦练，有空的时候去街上买点好吃的，看看漂亮大姐姐什么的，不都比在家蹲着练那玩意儿强？

可是不行。

根据《武家诸法度》第一条明文规定：大名应该嗜好学问和武艺，闲暇时间最好不要有其他的娱乐活动。

于是太郎就只能每天花上三个小时读圣贤书，再花上三个小时练剑道，弄得脑袋跟足球一样大，手臂搞得跟大腿一般粗。

在太郎9岁生日的时候，一直照顾着他成长的老臣勘兵卫问自己的小主人：想要什么生日礼物？太郎想都没想，就说，自己想吃一顿鹤肉宴，再要一件紫色的羽织。

勘兵卫笑着摇了摇头，说不行。你是诸侯，按法度，生活不能过于奢侈，像仙鹤这样的高级玩意儿，是只有皇上和将军才能吃的，你没有资格吃；同时，你也不能穿紫色这样看起来非常奢华颜色的衣服，还有，白色绸缎做的你也不许穿，因为那是只有地位很高的公卿才有资格披在身上的。

所以这一年太郎的生日礼物，是一本带有林罗山亲笔签名的《论语》，而生日宴会，则是一顿鲷鱼生鱼片。

13岁的时候，太郎住的城堡由于年久失修，在一场暴风雨中被刮下了好几片瓦片，而且屋顶也开始漏起了雨，于是太郎召集家臣开会，表示自己打算把这城重新大修一下。

这时候勘兵卫又站了出来，说根据法度，大名的居城在没有幕府的准许下，是不能够进行任何大规模的改造以及重建的，殿下您要是想大修，得先向幕府那边打个申请报告。

这一年的雨下得特别勤，可太郎却只能在外面下大雨里面下小雨的城堡里度过了雨季，站在天守阁上，看着城外自己的子民们正在造着各自的新房，太郎长长地叹了一口气：我怎么那么惨，居然就投胎做了大名？

还是在这一年，太郎去了江户城参勤交代，就是各地的大名每年都要去江户拜访的一种制度，我们后面会详细说。

因为江户城特别大，走着走着，太郎就觉得累了，于是便对勘兵卫说，我们坐轿子吧？

"不行，依据法度，您不是德川亲藩的大名，也没有超过50岁，更没有生病，所以在江户城里，您的行路方式只能是走。"

那天晚上，太郎泡了半个小时的脚，因为很痛。

15岁那年，因一次偶尔的机会，使得太郎认识了隔壁藩大名的女儿小百合。小百合开朗活泼，脸蛋也特别漂亮，跟太郎又年龄相仿，所以情窦初开的两人很快就坠入情网，虽说根据法度，大名没事儿不能离开自己的领地到处乱窜，可闲来无事的时候写写情书什么的，还是允许的。

16岁的某一天，勘兵卫突然兴冲冲地跑来向太郎报告了一个惊天的好消息：作为当时罕见的文武双全且相貌端庄的年轻大名，太郎被将军看上了，所以他打算让太郎和自己的宝贝女儿花子公主结为连理。

太郎说我不要，我有喜欢的人了，我要跟小百合在一起，今天早上，我才刚刚写情书向她求婚呢。

回答还是不行，不行的理由还是那本《武家诸法度》——大名以及大名子女的婚姻如果没有幕府的批准，是不能够成立的，如果私下结婚、通婚，则视为造反。

在太郎的最后一封情书里，他这样写道：太郎，我为什么是太郎？小百合，你为什么是小百合？

就这样，花子公主嫁到了太郎的家里，成为了太郎夫人。

两年后，他们有了自己的孩子——小太郎。

当小太郎呱呱坠地之后，太郎便在第一时间给幕府写起了生儿子的汇报书，因为大名如果生了儿子不上报备案的话，那么一旦过了一定期限这孩子便不会被幕府认可，若是没有幕府的认可，那他也就没有继承家业的资格了。

小太郎刚刚满月，恰逢太郎参勤交代，于是他便把花子和儿子一起都带到了江户，让他们住在了那里，是为人质。

小太郎一天天地长大了，到了十五六岁的时候，太郎为儿子找了另外一家大名的公主订了婚，又结了婚，同样也是按照幕府的规章制度先申请，再获批，然后以固定的规格举办了婚礼。

渐渐地，太郎老了，某一年的参勤交代，正赶上他病重在床，不得已，只得向幕府提出申请，希望能够暂缓几天去江户。

看着拖着病体还在伏案不懈的爷爷，太郎的孙子小小太郎歪着脑袋问："为什么不等病好了再写？"

看着孙子，爷爷只是笑了笑，摸了摸他的头，说了一句："你还小，你不懂，将来等你坐了我的这个位置，自然就会明白啦。"

太郎的身体越来越差，终于再也没法处理各种政务了，于是他决定退休，把大名的位置让给儿子小太郎。

当然，根据法度，这种行为同样需要向幕府报告，并且必须要等到幕府批准之后才准许实行。

小太郎成了大名，太郎开始了颐养天年的生活，虽然想每天都抱一抱孙子，可因为小小太郎成了大名的世子，所以和他妈妈一起去了江户，成为了人质。

直到临终之前，太郎都没有能见到自己的孙子。

他死后，小太郎依照法度，向幕府报告了父亲的死亡，然后再根据大名所拥有的固定规格安排了葬礼。

出殡的那天，当太郎的领民们看到那口巨大的棺材和长长的送葬队伍的时候，都纷纷交头接耳，窃窃私语道："看哪……是领主大人的棺材欸，真够气派哪……我这一辈子要是也能当一回领主，那该多带劲儿哪……"

这时候，天上下起了蒙蒙的细雨。

不经意间听到了老百姓说话的小太郎望着天，默默地说了一句："这应该是父亲大人的眼泪吧？"

太郎的故事说到这里就算完了。其实，生活在江户时代的每一位大名，他的一生，都将被这部《武家诸法度》给牢牢地束缚着。只要违反，一律照章办事，该削减领地的削减领地；该剥夺领地的剥夺领地；该拉出去砍了的拉出去砍了，绝不含糊手软。

法说完了再来说人，所谓"人"，就是人身自由以及人质的意思。

为了保证大名们的造反成为一种投鼠忌器的行为，德川幕府开创了即便是世界范围都相当罕见的参勤交代制度。具体说来就是让全国所有的大名每年来江户帮助将军工作，这叫参勤；让将军看到活蹦乱跳身体健康的你，这叫交代；不仅如此，还有更缺德的规矩，那就是让各大名的老婆孩子都留在江户做人质，基本上隔个几年才能回自己的领国一次，基本上就是让人家守活寡，至于那些个世子，那就更惨了，不到亲爹死了的那天，你是回不去的。

因为参勤交代是被写进《武家诸法度》内的重要条款，所以大名若是不去或是去晚了，都将受到严厉的惩罚。

当然，光靠法律，光有人质，还是不够的，毕竟要有人真的铁了心造反，把你的法律当草纸是肯定的，老婆孩子自然也能抛在脑后——老婆挂了能再讨，儿子没了能再生，所以，为了更加有效地保障幕府的统治，必须要让所有的大名都处于一个"有心造反，无力翻天"的境界，所以，这就需要第三招——钱。

自然，不是幕府出钱跟大名搞好关系，而是让大名花钱花到自己穷得没能力造反。

该项政策基本分两个部分。第一个部分叫作天下普请，也就是支援幕府建设，幕府要造城了，你给钱；幕府要修理河道了，你给钱；幕府要赈灾了，你给钱；将军要出去打猎泡妞觉得手头紧了，还是你给钱。给得少了，给得慢了，给的时候脸色不好看态度不端正了，一律依法严惩。

　　第二部分其实就是大名们在江户参勤交代的时候所消费的生活费。千万不要小看这笔钱，这钱的数目其实比为幕府修路造桥更厉害，要知道，大名并不是来江户看一看将军，批几个文件就能拍拍屁股回家的，一年里他们有几乎一半的时间是留在江户的。而且，大名毕竟是大名，是有身份的人，所以不可能孤身一人来出差，手下保镖的，打杂的，辅佐的，搞不好还有几个小老婆，这些人都得吃饭都得花钱。事实上，大名在江户逗留时候所花费的金钱，基本上是自己领国年收入的百分之四十到六十左右。

　　这么一折腾，别说造反了，能不借债过日子就已经算是很不错了。

　　总之，在德川家康的策划下，诸大名整天过的就是兢兢业业工作，谨慎细微地度日，生怕哪一天自己干错了什么，说错了什么，换来平地一声惊雷，被剥夺领地成穷光蛋了。

　　要控制一个人，固然不能让其太活分，可也不能把他给憋死，最好的办法就是让他不死不活，半死不活，求生不能，求死不得。

　　这也是家康平衡之术的一种——生与死之间的平衡。

　　同时被平衡的还有公家跟和尚。

　　公家和武士最大的区别就是，武士通常给幕府打工，公家则是为天皇服务。

　　当然，名义上大家都是天皇的子民。

　　这群人虽然号称贵族，但其实充其量也就是废柴一根，他们从小就娇生惯养好逸恶劳，除了能拿着张家谱出来糊弄别人，啥本事没有。在武士势力还没有崛起的时候，倒也一度做了好几百年的大爷，可当武士们纷纷拿着真刀真枪来到他们面前争地盘抢财产的时候，他们就彻底没辙了。

　　公家们在战国时代的那种卖儿卖女的惨象我们之前已经有过比较

详细的叙述了，在此就没有必要一而再再而三地揭人伤疤。

反正这贵族的日子普遍过得连老百姓都不如，估计全世界也就日本一家了。

好在后来和平了，不动乱了，德川家康考虑到让这些个人继续苦巴巴地过日子实在有些不合适，于是给了他们一些地产，打那时候起，公家算是奔上了温饱的道路。

当然，仅仅是温饱而已，要是吃饱了还想干点别的，比如参与参与政治，批评批评时政，那就真的对不起你了，接着回家卖儿卖女去吧。

因为考虑到公家本身能力、实力有限，没必要像针对大名那样搞出那么多办法，所以德川幕府只是在同月颁布了一部名为《禁中并公家诸法度》的法律来限制他们的行动，不要求公家参勤交代或是给人质。

然而，这部法律限制的并非单单是公家，最终针对的，其实是天皇。

天皇是日本自古的国家象征以及统治者，不过，在更多的时候，这"统治者"三个字前，还得加上"名誉"二字。

他们除了自古以来被奉为真龙天子，号称是神不是人之外，也没啥神通，所以，在讲究实在本事的战国时代，日子一样不好过。

德川家康搞定日本后，给了天皇以及全体公家总共十万石的领地，供他们吃喝住用，于是，这哥们儿总算也能在过年的时候吃上几块年糕了。

所谓十万石领地，指的是这片领地的年度总产值为十万石粮食，或许风调雨顺成了十二万，也可能因大灾大难变成了八万，总的平均基本就是这些，那些所谓的百万石大名也是这个意思。

这些领地，放在大名中间，充其量也就算个中产，而且，这十万石领地里，其中的七万属于广大的公家同志，真正给天皇的，只有三万，这基本上就属于不折不扣的小资产阶级了，要是哪天日本闹起无产阶级革命，天皇就该算得上是被团结的对象了。

更要命的是，就算是做小资，也不能白做的，得听话。

在总条数为十七条的《禁中并公家诸法度》里，第一条就明文规定，天皇的职责绝对不是什么勤理政务让人民幸福之类的，而是研究学问，搞那些鬼都看不懂的高深莫测的学问，比如钻研钻研日本神话里的那些个神到底是否真的存在之类。

根据神道教传说，日本的神灵总数在八百万左右，这真要一个个研究下来，那这辈子下辈子下下辈子估计也就没空去做别的了。

而公家的职责，就是帮助天皇一起研究学问，说白了，就是大家齐心协力，一起混吃等死盼天黑。

他要不听话怎么办呢？

简单，断了生活费呗。如果考虑到掐天皇的生活费面子上不太过得去，没事，那就每逢过年过节之类的喜庆日子，不给一分钱的红包，就让天皇和公家们自己拿着这十万石的收成穷开心去吧。

对于这种人，就要撑不着，饿不死地对待。

最后我们来说说和尚。

很多人都会有一种错觉，那就是一说到和尚就想到唐僧，从来都以为干这行的都跟孙悟空的师父一个德行。

其实，和尚们从来都不是省油的灯，在日本更是如此。

最好的例子就是战国时代由本愿寺家族操控的一向一揆，给全日本各地的大名都带来了无穷的痛苦。

和尚之所以能那么嚣张，关键的原因还是在于他们手头上有土地——盖寺庙是很占地的。

有地就有钱，有钱就有刀和人，有了刀和人，那就能折腾了。

但剥夺他们的土地肯定也是不可能的，这点很好理解：宗教的力量很大，真要跟你玩命干你也对付不过来，所以，得想别的辙。

说到这里不得不说一句，在控制宗教势力这一块上，德川家康很大程度上是占了前人的便宜，这前人，特指织田信长和丰臣秀吉。

在德川幕府建立之前，作为战国时代仅有的两位曾经掌控过中央政权的霸主，无论是信长还是秀吉，都有一套自己特有的对付和尚的手段。

信长的办法是你不听话我就砍死你。

从火烧比叡山到长岛屠城，外星人光线无处不射，只要你敢不听话他就敢灭你全家。但是，对于听话的和尚，信长却并不为难，比如他肯住本能寺，再比如他肯跟和尚们下围棋，等等。

比起信长这种非生即死的心狠手辣来，秀吉的宗教政策则要宽柔得多。他认为，和尚闹腾的最大原因是他们把手里的钱换成了武器，只要禁止他们拥有一切杀伤性的器具，那么这帮秃驴就算是想闹也没那个能耐了。

所以在他上台之后，制定的第一条宗教政策就是一切寺院都不许拥有任何武器，违反者一律严惩法办。

对此，和尚们的反应是相当顺从。

因为他们之前已经被织田信长给杀怕了，没收刀枪总比挨人刀枪要来得强吧？

就这样，日本的和尚们过了十好几年没刀没枪的和平生活，当德川家康君临天下的时候，他们基本上已经到了一个只会念念经，许许愿，给人做做法事发个丧之类的地步了。

换言之，德川家康时代的和尚，因托了信长和秀吉那两代的福，至少在武力方面，是没有什么太大的反抗能力的。

需要注意的只有一点，那就是思想。

宗教最为可怕的地方就在于它能够在相当的程度上驾驭人类的思想，宗教界人士利用这种操控人心的手段来骗财骗色甚至是谋取政治利益，古往今来都不曾少见。所以德川家康要做的，就是要让和尚们一心念经，不许胡思乱想也不许胡言乱语。

继《武家诸法度》和《禁中并公家诸法度》之后，幕府在同年同月的时候又抛出了一部《寺院诸法度》，在这部法律中，主要针对的是三个方面：第一，一切寺庙事务由幕府管辖；第二，各寺院的住持以及象征着日本僧侣最高级别的"紫衣"资格证书，其认证规则和人事安排都由幕府制定并执行；第三，幕府将定期举行各种考试，让高级僧侣撰写论文，并以文章的优劣来评定该僧侣的俸禄。

如果有任何和尚胆敢乱来的，一律剥夺资格，让你滚下山去。

你可以开庙，你也可以不去满世界化缘就有工资拿，你同样也能在闲暇的时候喝喝茶打打拳，但是你得听话，不然，就没饭吃——这同样是一个不死不活的平衡。

反正，德川家康所制定的各种制度，说一千道一万，其本质也就只有一条——把你要统治的对象弄得不死不活，这就是治国之道。

以上这些法律的制定，可以说只不过是一个框架，要想真正付诸实际，那还需要相当长的时间和相当多的精力，还有相当强的能力。

显然，德川家康是做不到了。

不是他没有能力和精力，而是他没有时间了。

第三十七章 东照大权现

元和二年（1616年）一月二十一日，已经73岁的家康不顾年事已高，坚持率队骑马出城打猎，因为老爷子身体向来不错，骑马射弓什么的都没问题，所以这次他也很自信，觉得自己能行。

其实体力上确实能行，可问题是季节。阴历一月下旬，正是初春天寒地冻的时节，故而在打完猎的回家途中，家康受了风寒，病倒了。

这样一来别说是打猎了，就连回骏府城的力气都没有了，于是随性的侍从们只能把老爷子先送到附近的田中城（静冈县藤枝市）暂行休养，等身体好点儿了之后再说。

一听说大御所病了，于是四面八方的各界要人都赶来探望，这第一个到的，是茶屋四郎次郎清次。

还记得在本能寺事变中，跟着家康一起逃命，用丢钱的方法来驱散土匪，并且说了一句"商人的钱有时候比武士的刀更厉害"的那个茶屋四郎次郎吗？他的全名叫茶屋四郎次郎清延，是这个清次的爷爷。

本能寺事变中茶屋四郎次郎清延的功劳，使得茶屋家族备受家康宠幸，代代都是德川家的御用商人。

见到家康之后，清次非常关切地询问了老爷子的身体状况，然后又说了诸如您要多多保重啊，这人一上了年纪，很多事情也就由不得自己了啊之类的话。

而家康则摆出了一副臭老头的脸表示根本不碍事，不就是伤风感冒么，是个人谁没有得过这病啊？有啥好大惊小怪的。

听了这话，清次也只能是笑而不语了，只是表示，不管怎样您都得多注意身体，看您这么健康，我也就可以放心地告辞了。哦，对了对了，这次来看您的时候还带了点礼物，若是不介意，您待会儿就尝尝吧。

礼物是一条鲷鱼，一罐香油以及一罐调料酱。

"最近在京都特别流行在鲷鱼上裹一层面粉然后放油里炸了蘸酱吃，大御所这几天也正好身体虚弱，吃点鲷鱼也能补补。"

正觉得这几天没什么好吃的家康一听这话就来了劲儿，当场便下令厨师把这鲷鱼按照清次说的方法给料理了，等端上来一尝之后，发现果然好吃，于是又命令手下前去各处采购鲷鱼，当作自己的下酒菜。

短短两天，这位73岁的老人一连吃了五条鲷鱼，而且还是油炸的。

所以风寒好了之后，他又闹上了肚子。

这回倒下，就再也没起来过。

老爷子很快就明白，纵然自己英雄一世，可却也敌不过岁月这把杀猪刀。

于是他非常认命地开始安排起了自己的后事。

二月，依家康之令，九男德川义直领原本的尾张国六十二万石不变；十男德川赖将改名德川赖宣，领骏府城及周边共五十万石的领地；小儿子鹤千代早在庆长十六年（1611年）的时候就改名为松平赖房，并领有水户藩（茨城县）二十五万石的土地，只不过因为他真的是尚且年幼，时年不过13岁，所以家康实在是放心不下这孩子，特地找来秀忠叮嘱道："赖房年幼，你身为兄长务必要多多照顾。"

秀忠连忙答应，表示一定会，一定会。

家康点了点头："你让赖房留在江户吧，和竹千代一起……"

"是，儿子明白。"

数日后，家康召见了幕府的各重臣以及诸大名。

其中，他又单独会见了伊达政宗。

"政宗。"

"在。"

"你也变成老头了啊。看这白发,快五十的人了吧?"家康看着对方,缓缓地说道。

"在下今年正好五十。"

"我德川家能有今天,你功不可没。但我却处处为难你,想必,是有些委屈吧?"

"政宗不敢。"

"呵呵,谅你也不敢。"家康虽然脸上露着微笑,可眼中却射出了凶光,"见德川家势大,便想巴结,随后再伺机夺取天下,你以为你的那些个小九九,老夫真的不知道么?"

"政宗不敢!"

"马上少年过,世平白发多,残躯天所赦,不乐是如何?政宗,这是你写的吧?"

"是。大御所居然还能记得,在下荣幸万分。"

"好诗。"

"大御所过奖了。"

"政宗,你也是上了年纪的人啦。今后,秀忠那小子还得靠你多多扶持着,可有的事,不该你管的就别再去多管了。"

伊达政宗很明白,这"不该管的事",其实就是指松平忠辉。

话说在大阪夏之阵结束之后,家康便进宫参见天皇,打算跟半仙大人说说战争的一些情形,并且阐述一下自己发动战争的正义性和合法性,同时也准备顺便带几个在战争中有功的人一起去面见圣上,并为他们求个一官半职作为封赏,这里面就包括了担任大和路军团总指挥的松平忠辉。

说实话忠辉这家伙这次的表现确实很不错,第一次上战场就打仗勇敢毫不畏惧,而且大和路军在他的带领下作战也颇为顺利,像后藤基次、薄田兼相之类的名将都是他们给打死的,所以家康相当满意,是真心打算给这个儿子弄个官职,也算是表彰他一下。

结果没想到忠辉这熊孩子还挺会玩儿的,到了面圣的那天,他谎称自己肚子疼,去不了,其实背地里却偷偷地跑大阪城边上去坐船看风景了。

这事儿当然没能瞒过家康,老爷子知道之后顿时火冒三丈,勒令忠辉立刻停止一切娱乐活动,回到领地蛰居,也就是关禁闭。虽然后来经过众家臣苦心劝说,家康才念在忠辉作战有功的分上免其处分,可此事一经发生,政宗就知道,自己的这位女婿,算是铁定没得救了。

别看现在不罚你,以后罚你的机会要多少有多少。

既然没得救,那也就没必要再搭上自己,更何况从一开始自己就真心没想掺和进去。

他将身体深深地伏了下去:"在下明白,在下谨遵大御所教诲。"

在之后的一个多月里,家康的身体一直是好好坏坏,不断反复,眼看着不行的时候,却又突然精神了,可眼瞅着就要好了,却又倒下了。就这样到了四月,终于是再也起不了身了。

十五日,御医告诉秀忠,老爷子的大限就在这几天,如果还有什么事情的话,要交代也就只有这几天了。

其实这事儿大家都明白,根本就用不着医生说,此时此刻的骏府城里到处都是等着见家康最后一面的亲戚以及重臣,他的那几个儿子更不用说,全都到了齐,就连松平忠辉也从高田城赶了过来,在屋子里静静地等待着老父亲的召唤。

十七日,家康先把德川义直给叫进了屋,接着是赖宣,再接着是赖房。

最后,秀忠进去了。

唯独没有松平忠辉。

作为德川家的继承人,秀忠非常明白自己这一进去意味着什么。

他跪在父亲的枕头边，拉着老头子的手。

"秀……秀忠。"

"父亲大人，秀忠就在这里。"

"你……你生性敦厚……如今是在太平世界……那你便一定会是一代……一代明君……只是……身为人上之人……有时候……有时候就必须在心中……藏有恶鬼。"

"是，秀忠明白。"

"伊达……伊达政宗……此人……此人要用……可又要……又要防……"

"是，秀忠明白。"

"忠辉……我死后……你一定要……一定要找……找机会流放……忠辉……如果……如果政宗对此有任何……不满……那你一定……一定要兴天下之兵……征讨之……切不可心软……"

"是，秀忠明白，一定流放忠辉。"

家康微微地点了点头："你……你听好……听好了……"

因为声音越来越轻，所以秀忠不得不将脑袋附上去侧耳倾听。

"不……不许……不许……"

"父亲大人，不许什么？"

"不许让忠辉来见我！"

元和二年（1616年）四月十七日，前德川幕府将军，江户时代开创者，德川家康公，因病医治无效，于骏府城内与世长辞，享年73岁。

之后，家康公的灵柩被立刻运往位于骏府东南的久能山安葬，而他的葬礼，则在江户的增上寺内举行，此外，幕府还在日光山（栃木县内）上建起了一座用于供奉祭祀德川家康的神宫，也就是那座著名的日光东照宫。

东照宫的名字取自于德川家康的神号——东照大权现，这个我们后面会说。

家康死了,作为本作最为重要的主角之一,理所当然地还是得来说点什么。

但仔细琢磨了一下,却发现又不知道该怎么说,确切地讲,应该是面对德川家康的这一生,我无话可说。

如果一定要评价一下的话,那我只有三个字:我服了。

自幼离家为质,他忍了下来。

好不容易独立了,却处处受到织田信长的压制,他又忍了下来。

当嫡长子被迫切腹的时候,他仍然忍了下来。

信长死后,丰臣秀吉横空出世,如一座大山压在头上,他还是忍了下来。

可以说,从出生的那天开始,德川家康的人生里就只有一个字:忍。

所以很多人都认为,若是把德川家康的一生浓缩起来看的话,实际上就是一个忍字。

对此个人深表赞同。

唯一想多嘴一句的是,这世间读德川家康的人,往往会误以为家康的"忍"是在忍今川义元,忍织田信长,忍武田信玄,忍丰臣秀吉。

其实不是,德川家康这一辈子只忍过一个人,那个人叫德川家康。

说实话,这人实际上不是一个拥有"忍辱负重"这一性格元素的家伙,事实上他的性格相当奔放张扬,从三方原拼死战信玄,小牧山斗秀吉以及关原拿铁炮打秀秋之类的事情上都能看出端倪来——他不是一个天生会忍别人的人。

但他还是忍了下来,他是在先行忍住了自己那不善忍耐的天性的基础之上,再忍住了别人。

这种忍耐,才是最为坚韧,最为强悍的忍耐。

就如《火影忍者》中大和(天藏)对鸣人说的那样:"你最强大的力量并非是九尾的查克拉,而是那股凌驾于九尾之上并能够将其压制住的本体查克拉。"

或许作为一个写历史的人，我不应该称任何一个曾经真实存在于世的历史人物为神，但对于德川家康，我却仍然愿意叫他一声东照大权现。

德川家康不是神，但是在某些方面，他兴许已经是一个超越了诸神的存在。

"人生如负重远行，走得越久，担子越重。"

老爷子这一辈子，肩上都背满了各种行李，比如领土，比如领民，比如家臣，再比如家人。

曾经有过数次，他都想把这些个担子一一抛弃，这样可以让自己活得更轻松些，就算是死，也能死得爽快点。

可他终究没有这么做，他忍受着肩膀上的沉重，把该保护的东西一样一样地保护到了底，最终为自己的人生画上了一个近乎完美的句号。

家康走后，很快又有一个人也因病倒了下来，那便是本多正信。

第三十八章 看不见的危机

虽然德川秀忠在第一时间就派出了大批医生前去看病，但已经77岁的本多正信自知所剩之日无多，只是不断地劝说秀忠不要再这么费心了。

五月，本多家大少爷本多正纯从百忙之中抽空出来回了一趟家，并来到了老爹的病榻前，此时的正信已经是连起身喝水都做不到了，只能终日躺在榻榻米上。

正纯扶起了父亲，喂他喝了一点水，然后问道："爹您找我？"

正信微微地点了点头。

于是正纯又问是什么事。

"现在……现在幕府之中……除了将军……便是你最大了……"

这是一句实话，自从大久保派全灭之后，再也没有一个家臣能够和本多父子相提并论，正信病倒之后，正纯更是一揽全局，幕府中大小事务几乎都得先经他手，再交由秀忠。

所以正纯并不否认，点头称是。

接着两个人都沉默了，一父一子互相对着看了很久，本多正信那浑浊的眼睛慢慢地透出了一道犀利的光芒。

突然，正信伸出手来，死死地抓住了儿子的胳膊，压低声音并用极为严厉的口气说道："你记住，等我死后，你切不能让自己的领地超过五万石，切切不可，切切不可！"

被这么一抓都有些犯傻了的正纯一下子没反应过来："是……是……孩儿明白……"

"你不明白。"正信说道，"你以为，当初赶走大久保忠邻，真的是我们两人所为吗？"

"回父亲的话，确实是孩儿让马场……"

"你错了！赶走忠邻的不是我们，而是大御所！"

"……"

"将军秀忠是一个宽厚且重感情的人……他和忠邻之间关系极为亲密……现在大御所已死……他是不会放过我们本多家的……只要……只要你低调处事……或许……或许我本多家还不至于家破人亡……"

"是，孩儿明白了。"

正信默默地摇了摇头，然后示意正纯扶自己躺下，便不再说话了。